लेखक परिचय

डॉ. विश्वनाथ त्रिपाठी हिंदी भाषा और साहित्य के प्राध्यापक और आलोचक के रूप में ख्यात रहे हैं। आप आचार्य हजारीप्रसाद द्विवेदी के शिष्यों में एक हैं।

आपकी कृतियों में 'प्रारंभिक अवधी', 'हिंदी आलोचना', 'लोकवादी तुलसीदास', 'मीरा का काव्य, कुछ कहानियाँः कुछ विचार' आदि प्रमुख हैं।

आपने आचार्य हजारीप्रसाद द्विवेदी के साथ 'अद्दहमाण' (अब्दुल रहमान) के अपभ्रंश काव्य 'संदेशरासक' का संपादन किया। आपकी अन्य संपादित पुस्तकों में 'कविताएँ 1963'(अजीत कुमार के साथ), 'कविताएँ 1964' (अजीत कुमार के साथ), 'कविताएँ 1965'(अजीत कुमार के साथ), 'हिंदी के प्रहरीः रामविलास शर्मा'(अरुण प्रकाश के साथ) हैं।

अभी हाल में प्रकाशित आपका स्मृति-आख्यान 'नंगातलाई का गाँव' काफ़ी चर्चित हुआ है। आप गोकुलचंद्र शुक्ल आलोचना पुरस्कार, डॉ. रामविलास शर्मा सम्मान और सोवियत लैंड नेहरू पुरस्कार(साहित्य सम्मान) से भी सम्मानित हो चुके हैं।

हिंदी साहित्य का सरल इतिहास

डॉ. विश्वनाथ त्रिपाठी
भूतपूर्व रीडर,
हिंदी विभाग, दिल्ली विश्वविद्यालय,
दिल्ली

ओरियंट ब्लैकस्वॉन

हिंदी साहित्य का सरल इतिहास

ओरियंट ब्लैकस्वॉन प्राइवेट लिमिटेड

मुख्य कार्यालय
3-6-752 हिमायत नगर, हैदराबाद 500 029, (तेलंगाना), भारत
ई-मेल: centraloffice@orientblackswan.com

शाखाएँ
बंग्लुरु, चेन्नई, गुवाहाटी, हैदराबाद, कोलकाता,
मुंबई, नई दिल्ली, नोएडा, पटना

प्रथम प्रकाशित 2007
पुनर्मुद्रित 2010, 2011, 2012, 2013, 2014, 2015, 2016, 2017, 2018, 2020, 2021, 2022 , 2023, 2024, 2025

ISBN: 978 81 250 3233 5

Walkman-Chanakya 905 में अक्षरांकित

लेज़रटाइपसेटर
लेटरक्राफ्ट, पटना

040997

मुद्रक
बी.बी. प्रेस, ट्रोनिका सिटी, गाजियाबाद 201 103

प्रकाशक
ओरियंट ब्लैकस्वॉन प्राइवेट लिमिटेड
3-6-752 हिमायत नगर, हैदराबाद 500 029 (तेलंगाना), भारत
ई-मेल: info@orientblackswan.com

आमुख

हिंदी साहित्य का इतिहास हिंदीभाषी जनता की आशाओं-आकांक्षाओं, उसके सुख-दुख, उल्लास और निराशा तथा अन्य मन:स्थितियों का शब्द-दर्पण है। कहने की आवश्यकता नहीं कि इसका परिचय प्राप्त करना अनेक दृष्टियों से आवश्यक और उपयोगी है। इसीलिए देश के विद्यार्थियों को हिंदी साहित्य के इतिहास का परिचय शिक्षा के विविध स्तरों पर अनुकूल पद्धति से दिया जाता है। यह काम जितना आवश्यक है उतना ही कठिन, क्योंकि हिंदी साहित्य के इतिहास के विकास की रेखा सरल और सीधी नहीं है। उसमें जटिलताएँ हैं और मोड़ हैं। इस पुस्तक में प्रयास किया गया है कि हिंदी साहित्य के सामान्य विद्यार्थी को हिंदी साहित्य के इतिहास का ऐसा परिचय कराया जाए कि इस विषय का उसे उपयोगी ज्ञान प्राप्त हो जाए। भाषा ऐसी हो जिसे विद्यार्थी आसानी से समझ सके और उसे विषय की निर्भ्रांत जानकारी हो जाए। इसके साथ ही यह जानकारी ऐसे स्तर की हो कि वह प्रारंभिक कक्षाओं से लेकर उच्च कक्षाओं की परीक्षाओं में भी अच्छे अंक प्राप्त कर सके। विद्यार्थी को विषय में सीधा प्रवेश मिले, उसे व्यर्थ में इधर-उधर उलझना और भटकना न पड़े। साथ ही, हिंदी साहित्य के महत्त्वपूर्ण सूत्रों, कार्य-कारण संबंधों, विभिन्न काल-खंडों की प्रधान और अप्रधान प्रवृत्तियों की सम्यक् जानकारी मिल जाए, जिसके आधार पर वह साहित्य के विभिन्न पहलुओं पर अपनी स्पष्ट अवधारणा प्रस्तुत कर सके।

आधुनिक साहित्य पर लिखते समय इस बात का विशेष ध्यान रखा गया है कि हमारे समय में भारतीय और विदेशी वैचारिक प्रवृत्तियों का परिचय पाठकों को वैज्ञानिक पद्धति से मिल जाए और वे भूमंडलीय आधुनिकता-बोध से भली-भाँति ऐसा परिचित हो जाएँ कि विभिन्न सामाजिक प्रश्नों पर मौलिक

विचार करते समय भी उसका उपयोग कर सकें।

आशा है कि इन सब बातों को ध्यान में रखकर लिखी गई **हिंदी साहित्य का सरल इतिहास** नामक यह पुस्तक सामान्य एवं विशिष्ट, दोनों स्तरों के पाठकों के लिए उपयोगी होगी।

इस पुस्तक को लिखने और तैयार करने की योजना-प्रक्रिया में डॉ. वेदप्रकाश, श्री सीताराम शरण और श्री संजयनाथ ने उपयोगी परामर्श एवं सहयोग दिया है। एददर्थ हार्दिक आभार।

❖ विश्वनाथ त्रिपाठी

विषय-क्रम

विषय-प्रवेश

हिंदी शब्द का प्रयोग हम विविध अर्थों में करते हैं। सुविदित है कि हिंदी भारत की राजभाषा है। 'राज' शब्द का प्रयोग भाषा के लिए बहुत अच्छा नहीं है, क्योंकि भारत की कोई भाषा प्रजाभाषा नहीं है। राजभाषा का अर्थ केवल केंद्र की सरकारी भाषा है। हिंदी भारत की संपर्क भाषा है। इसका अर्थ यह है कि केंद्रीय सरकार और राज्य सरकारों के बीच संपर्क की भाषा है। हिंदी मूलत: हिंदीभाषी क्षेत्र अर्थात् हिगाचल प्रदेश, हरियाणा, दिल्ली, उत्तरांचल, उत्तर प्रदेश, बिहार, झारखंड, मध्य प्रदेश और छत्तीसगढ़ की राज्य भाषा है। इन क्षेत्रों की अपनी-अपनी बोलियाँ हैं। आदिवासियों की बोलियाँ तो अपना स्वतंत्र अस्तित्व रखती हैं। हिंदी क्षेत्र की प्रमुख बोलियाँ हैं– कुमायूँनी, गढ़वाली, हिमाचली, हरियाणवी, खड़ी बोली, ब्रजी, अवधी, बघेली, बुंदेलखंडी और भोजपुरी। इन बोलियों की अनेक उप-बोलियाँ हैं। कहा जाता है कि दस कोस पर भाषा बदल जाती है। प्रश्न है कि इस बहु बोली समूह को हम हिंदी क्यों कहते हैं? या दूसरे शब्दों में, हम इन्हें हिंदी के अंतर्गत क्यों मानते हैं?

ऐसा इसलिए कि इनका व्याकरणिक रूप थोड़ी-बहुत्त भिन्नता के बावजूद समान है। इनकी शब्दावली भी अधिकांशत: समान है। इन बोलियों और उप-बोलियों का व्यवहार करने वाले एक-दूसरे की बोली समझ लेते हैं। सबसे महत्त्वपूर्ण बात यह है कि इनमें परंपरा से केंद्रोन्मुख भाषा में साहित्य रचा जाता रहा है। इस क्षेत्र में ब्रजी और अवधी दो प्रमुख विख्यात साहित्यिक भाषाएँ रही हैं, जिनमें विश्वस्तरीय समृद्ध साहित्य रचा गया है। इस विशाल भाषा प्रदेश के समाचारपत्र, दूरदर्शन केंद्र, आकाशवाणी केंद्र, विद्यालयों आदि में नागरिक हिंदी का व्यवहार करते हैं, साहित्य रचते हैं, पत्र-व्यवहार करते तथा राजनीतिक मुद्दों पर अपने विचार व्यक्त करते हैं। परंपरा से आज तक इस प्रदेश की मानक भाषा हिंदी ही रही है।

मानक हिंदी का क्षेत्रीय बोलियों से कोई विरोध नहीं है, उलटे ये बोलियाँ हिंदी के क्रमिक विकास में सहयोग ही करती आई हैं। इतने बड़े भाषा क्षेत्र में कभी-कभी विवाद उठना स्वाभाविक भी है।

आज की मानक हिंदी का आधार खड़ी बोली है, जो पश्चिमी क्षेत्र की है। इस खड़ी बोली में हिंदी की अन्य बोलियों ने अपना योगदान करके उसके मानक रूप का निर्माण किया है।

साहित्य शब्दों के माध्यम से परिस्थिति विशेष के ऐसे चित्र खींचता है या ऐसे विचार प्रस्तुत करता है कि हृदय उद्वेलित हो उठता है। मार्मिकता पैदा होती है। इस मार्मिकता के आधार और कारण बदलते रहते हैं। इस परिवर्तन का आधार हमारा इतिहास-बोध है, जो परोक्ष तौर पर हमारे मूल्य और नैतिक मानदंड भी बदलता रहता है। कहते हैं कि संसार परिवर्तनशील है। इस परिवर्तनशीलता का प्रभाव हमारे भाव-जगत पर भी पड़ता है। संसार की परिवर्तनशीलता के संदर्भ में साहित्य में परिवर्तन की खोज करना और उसकी व्याख्या करना साहित्य के इतिहास का कार्यक्षेत्र है।

इतिहास क्या है? हमारा वर्तमान निरंतर अतीत में समाता जा रहा है। हम वर्तमान को देखते हैं। अतीत को हम नहीं देख पाते। लेकिन मनुष्य स्वभावतः इतिहास में भी झाँकने का निरंतर प्रयास करता रहा है। अतीत में जाते रहने की प्रक्रिया में वर्तमान अपने कुछ चिह्न छोड़ जाता है। पुराने भवन, शिलालेख, ताम्रपत्र, सिक्के, भाषा, साहित्य, मिथक, किंवदंतियाँ आदि ऐसी ही चीज़ें हैं। इन्हें इतिहास का अवशेष समझना चाहिए। इन्हीं अवशेषों के आधार पर इतिहासकार इतिहास का पुनर्निर्माण करते हैं। आज अशोक नहीं है, किंतु उसके शिलालेख हैं; अकबर नहीं है, किंतु **आईने अकबरी** है। इनसे जो जानकारियाँ मिलती हैं, उन्हीं के आधार पर इतिहास की रचना होती है। ये अवशेष ही इतिहास-लेखन की आधारभूत सामग्रियाँ हैं।

साहित्य का इतिहास भी ऐसे ही पुनर्निर्मित किया जाता है। समस्त प्राचीन साहित्य जैसे **चौरासी वैष्णवन की वार्ता**, **दो सौ बावन वैष्णवन की वार्ता**, कबीर, सूर, तुलसी, जायसी, मीरा, भारतेंदु हरिश्चंद्र आदि की रचनाएँ हिंदी साहित्य के इतिहास-लेखन की आधारभूत सामग्री हैं।

हिंदी भाषा, साहित्य, साहित्य के इतिहास की कुछ जानकारियों के बाद अब हम हिंदी साहित्य के इतिहास का परिचय प्राप्त करेंगे।

सामान्यतः हिंदी साहित्य के इतिहास का प्रारंभ 1000 ई. के आसपास माना

जाता है। राहुल सांकृत्यायन सरहपा को पुरानी हिंदी का कवि मानते हैं। इस दृष्टि से हिंदी साहित्य का इतिहास लगभग दो शताब्दी पूर्व नौवीं शताब्दी से शुरू हो जाता है। सरहपा की पुरानी हिंदी रचनाएँ परिमाण में बहुत कम उपलब्ध हुई हैं। इसलिए हम 1000 ई. से ही हिंदी साहित्य का उद्‌भव मानना उचित समझते हैं।

कहने की आवश्यकता नहीं है कि हिंदी साहित्य का प्रारंभ हिंदी भाषा में साहित्य-रचना से शुरू हुआ होगा। इसीलिए इतिहासकारों के सामने समस्या यह है कि वे हिंदी की अपभ्रंश (पूर्व भाषा) से किन विशेषताओं के आधार पर अलग पहचान स्थापित करें। भाषा-प्रवाह नदी-जल के समान होता है। उसे हम किसी एक बिंदु से सर्वथा भिन्न या नवीन नहीं घोषित कर सकते। हमें देखना होगा कि अपभ्रंश किन भाषा-प्रवृत्तियों के कारण हिंदी में रूपांतरित हुआ।

विद्वानों के अनुसार ये प्रवृत्तियाँ तीन हैं– 1. क्षतिपूरक दीर्घीकरण, 2. परसर्गों के प्रयोग की अधिकता और 3. तत्समीकरण। अपभ्रंश में हाथ के लिए 'हत्थ' शब्द चलता था। हिंदी में वह हाथ हो गया– 'त्' हट गया और 'ह' में 'आकार' जुड़कर हाथ बन गया। यानी ध्वनियों में आधे 'त' की क्षति और 'अ' को 'आ' बनाकर उसकी क्षतिपूर्ति की गई। काज, काम, सात, आठ जैसे शब्द इसी प्रवृत्ति से बने हैं।

संस्कृत, प्राकृत में परसर्ग नहीं होते, होते भी होंगे तो वे नगण्य हैं। वहाँ परसर्गों का काम विभक्तियों से चलाया जाता था। अपभ्रंश में कहीं-कहीं परसर्ग मिलते हैं–लेकिन हिंदी में परसर्गों का प्रयोग अधिक होने लगा। यह दूसरी प्रवृत्ति है जिसके कारण हिंदी अपभ्रंश से अलग हुई। ऐसों में– *ससि के मुख से अहि से निकसैं* (चंद्रमा के मुख से मानो सर्प निकल रहे हों) जैसी पंक्ति आती है। पाली, प्राकृत तथा अपभ्रंश में तत्सम शब्द ढूँढ़ने पर भी मुश्किल से मिलते हैं। पाली में तो 'राजा' भी 'लाजा' होता है। पुरानी हिंदी में तत्सम शब्दों का पुनर्प्रचलन होता था। पं. चंद्रधर शर्मा 'गुलेरी' का अनुमान है कि ऐसा अर्थ-बोध को स्पष्ट करने के लिए हुआ होगा। अपभ्रंश में एक ही शब्द कभी-कभी अनेक अर्थों में प्रयुक्त होता था, जैसे– 'गज' और 'गत' दोनों के लिए 'गय'। इससे अर्थ-बोध में गड़बड़ी होती थी। कुछ लोगों का विचार है कि तत्सम शब्दों का पुनर्प्रचलन वैष्णव धर्म के प्रचार के कारण हुआ। **पृथ्वीराज रासो** में *वर प्रमुदिय प्रथमाधिपति* जैसी पंक्ति है।

सारांश यह कि अपभ्रंश में क्षतिपूरक दीर्घीकरण, परसर्गों के प्रयोगों की अधिकता और तत्सम शब्दों के पुनर्प्रचलन की प्रवृत्तियाँ आ जाने पर उसका विकास

पुरानी हिंदी में हुआ। ये प्रवृत्तियाँ साहित्य में दसवीं शताब्दी के आसपास मिलने लगती हैं, अतः हम हिंदी साहित्य के इतिहास का प्रारंभ 1000 ई. से मानते हैं।

पं. रामचंद्र शुक्ल ने प्रधान साहित्यिक प्रवृत्ति को विभिन्न काल-खंडों के नामकरण का आधार माना था। इसी पद्धति पर उन्होंने आदिकाल को वीरगाथा काल, पूर्वमध्यकाल को भक्तिकाल, उत्तर मध्यकाल को रीतिकाल और आधुनिक काल को गद्य काल कहा था। वीरगाथा और भक्ति को प्रधान प्रवृत्ति मानते समय उनके ध्यान में साहित्य का भाव पक्ष रहा होगा, जबकि 'रीति' और गद्य रूपगत प्रवृत्तियाँ हैं।

जहाँ तक आदिकाल का प्रश्न है, ग्रियर्सन ने इसे 'चारण काल'; मिश्र बंधुओं ने 'प्रारंभिक काल'; राहुल सांकृत्यायन ने 'सिद्ध सामंतकाल' तथा हजारी प्रसाद द्विवेदी ने 'आदिकाल' कहा है।

इस प्रकार हिंदी साहित्य के इतिहास का काल-विभाजन, नामकरण और विभिन्न काल-खंडों की कालावधियाँ इस प्रकार हैं–

1. आदिकाल (वीरगाथा काल) – सं. 1050 से सं. 1375 तक
2. पूर्व मध्यकाल (भक्तिकाल) – सं. 1375 से सं. 1700 तक
3. उत्तर मध्यकाल (रीतिकाल) – सं. 1700 से सं. 1900 तक
4. आधुनिक काल (गद्य काल) – सं. 1900 से सं. .... तक

शुक्ल जी का काल विभाजन तो प्रायः सर्वमान्य है, किंतु परवर्ती इतिहासकारों ने आदिकाल और रीतिकाल के नामकरण और प्रधान प्रवृत्ति के विषय में शुक्ल जी से गंभीर मतभेद प्रकट किया है जिसकी चर्चा हम यथाअवसर करेंगे।

यद्यपि हिंदी साहित्य के इतिहास का प्रारंभ 1000 ई. के आसपास से माना जाता है, किंतु हिंदी साहित्य के इतिहास के प्रारंभिक काल को ठीक से समझने के लिए हमें कुछ पहले की साहित्यिक गतिविधियों का परिचय प्राप्त कर लेना चाहिए। पहले कहा जा चुका है कि इस काल में रचित अनेक अपभ्रंश रचनाओं और नाथ-सिद्धों की भाषा को पंडित चंद्रधर शर्मा 'गुलेरी' ने पुरानी हिंदी कहा था। वस्तुतः पुरानी हिंदी से उनका तात्पर्य परिनिष्ठित अपभ्रंश से विकसित या अपभ्रंशोत्तर भाषा से है। सिद्धों-नाथों, जैन-मुनियों के दोहे, पद्य, **संदेशरासक**, **उक्ति-व्यक्ति प्रकरण**, **राउर वेल**, **प्राकृत पैंगलम** के अनेक छंद, हेमचंद्र के छंद, हेमचंद्र के **प्राकृत व्याकरण** में संकलित अनेक दोहे पुरानी हिंदी के अंतर्गत हैं। पं. रामचंद्र शुक्ल ने अपने इतिहास में आदिकाल को अपभ्रंश काव्य और

देशभाषा काव्य में विभाजित किया है और देशभाषा काव्य को 'वीरगाथा काव्य' कहा है। इस 'वीरगाथा काव्य' को पुरानी हिंदी के ही अंतर्गत मानना चाहिए। पुरानी हिंदी में अपभ्रंश और हिंदी की भाषायें एवं साहित्यिक प्रवृत्तियाँ घुली-मिली हैं। इसीलिए आदिकाल को 'अपभ्रंश' और हिंदी का 'संधिकाल' भी कहा जाता है। हिंदी भाषा और साहित्य का स्वरूप वस्तुतः भक्तिकाल में सामने आता है।

अब हम आदिकाल तथा उत्तरवर्ती काल-खंडों के इतिहास का क्रमवार परिचय प्राप्त करेंगे।

अध्याय 1

आदिकाल
(1000–1400)

सामाजिक स्थिति

आदिकाल विविध और परस्परविरोधी प्रवृत्तियों का काल है। हर्षवर्धन के बाद किसी ने केंद्रीय सत्ता स्थापित नहीं की। युद्ध या बाहरी हमलों का कोई प्रभाव जनता पर नहीं पड़ता था। भूमि और नारी का हरण राजाओं पर लिखे गए काव्यों के सामान्य विषय हैं। सामंतवादी व्यवस्था में भूमि संपत्ति का स्रोत होती है। रक्त या वंश की शुद्धता और उच्चता में नारी की भूमिका निर्णायक होती है। अर्थव्यवस्था की बात छोड़ दें तो कहा जा सकता है कि सामान्य जनता के दैनंदिन जीवन पर राज्य की अपेक्षा धार्मिक मतों का अधिक प्रभाव था। इस काल में संस्कृत, प्राकृत और अपभ्रंश में भी रचनाएँ हो रही थीं और साथ–ही–साथ अपभ्रंश के केंचुल को छोड़ती हुई हिंदी भी अपना रूप ग्रहण कर रही थी।

इस काल में आवागमन के साधन आज जैसे विकसित नहीं थे। इसका परिणाम यह दिखलाई पड़ता है कि इस विशाल क्षेत्र के विभिन्न स्थानों पर रची हुई कृतियों में भाषागत विभिन्नता अर्थात् क्षेत्रीयता का रंग अधिक है। इसलिए आदिकाल का हिंदी साहित्य अनेक बोलियों का साहित्य प्रतीत होता है। वस्तुत: यह काल अनेक दृष्टियों से संधिकाल है। धार्मिक दृष्टि से इस काल में अनेक ज्ञात–अज्ञात साधनाएँ प्रचलित थीं। सिद्ध, जैन, नाथ आदि मतों का इस काल में व्यापक प्रचार किया गया था। इनका साहित्य भी प्रचुर मात्रा में उपलब्ध होता है।

धार्मिक साधना के रूप में वैष्णव मत का प्रचार सामान्य जनता में कम नहीं रहा होगा, किंतु इस काल में वैष्णव मतावलंबी साहित्य अपेक्षाकृत कम मिलता है। इस्लाम का प्रवेश हो चुका था, किंतु उसका प्रभाव साहित्य पर आदिकाल के अंतिम चरण के प्रसिद्ध कवि अमीर खुसरो में ही दिखलाई पड़ता है। **संदेशरासक** का रचयिता अद्दहमाण (अब्दुर्रहमान) अपने नाम से इस्लाम धर्मावलंबी ज्ञात होता है, किंतु उसकी रचना पर इस्लाम का प्रभाव नहीं के बराबर है।

सिद्ध कवि

बौद्ध धर्म कालांतर में तंत्र-मंत्र की साधना में बदल गया था। वज्रयान इसी प्रकार की साधना था। महापंडित राहुल सांकृत्यायन के अनुसार–"बौद्ध धर्म अपने हीनयान और महायान के विकास को चरम सीमा तक पहुँचाकर अब एक नई दिशा लेने की तैयारी कर रहा था, जब उसे मंत्रयान, वज्रयान या सहजयान की संज्ञा मिलने वाली थी।" सिद्धों का संबंध इस वज्रयान से था। उनकी संख्या 84 बताई जाती है। प्रथम सिद्ध 'सरहपा'(8वीं शताब्दी) सहज जीवन पर बहुत अधिक बल देते थे। इन्हें ही सहजयान का प्रवर्तक कहा जाता है। सिद्धों ने नैरात्म्य भावना, कायायोग, सहज, शून्य तथा समाधि की भिन्न-भिन्न अवस्थाओं का वर्णन किया है। इन्होंने वर्णाश्रम व्यवस्था पर तीव्र प्रहार किया है। इन्होंने संधा भाषा-शैली में रचनाएँ की हैं। संधा भाषा वस्तुत: अंतस्साधनात्मक अनुभूतियों का संकेत करनेवाली प्रतीक-भाषा है। इसीलिए प्रतीकार्थ खुलने पर ही यह समझ में आती है। इस भाषा-शैली का उपयोग नाथों ने भी किया है। कबीर आदि निर्गुण संतों की इसी भाषा-शैली को 'उलटबाँसी' कहा जाता है। मध्य देश के पूर्वी भाग में ही सिद्धों के होने का पता चलता है। इनकी भाषा में भी उन्हीं क्षेत्रों के तत्कालीन रूप मिलते हैं।

नाथ कवि

नाथों का समय थोड़ा बाद का है। चौरासी सिद्धों की जो सूची मिलती है, उसमें कई नाम नाथों के भी हैं। वज्रयानी सिद्धों के साथ नाथों का संबंध था। नाथपंथ में 'गोरखनाथ' शिव के रूप माने जाते हैं। अत: इसका शैव होना स्पष्ट है। गोरखनाथ ने पतंजलि के योग को लेकर हठयोग का प्रवर्तन किया और ब्रह्मचर्य, वाक्संयम, शारीरिक-मानसिक शुचिता तथा मद्य-मांस के त्याग का आग्रह किया। ब्राह्मणों के कर्मकांड एवं वर्णाश्रम व्यवस्था पर उन्होंने भी तीव्र प्रहार

किया। उनका सिद्धांत था– 'जोई-जोई पिंडे सोई ब्रह्मांडे' अर्थात् जो शरीर में है, वही ब्रह्मांड में है। इड़ा-पिंगला, नाद-बिंदु की साधना, षट्चक्रभेदन, शून्य चक्र में कुंडलिनी का प्रयोग आदि नाथों की अंतस्साधना के मुख्य अंग हैं। संधा भाषा या उलटबाँसी की शैली का प्रयोग इन्होंने भी किया है।

नाथों का निवास-स्थान मध्य देश का पश्चिमोत्तर भाग बताया जाता है। परंपरा से प्रसिद्ध है कि गोरखनाथ मत्स्येंद्रनाथ या मछंदरनाथ के शिष्य थे। मछंदरनाथ जलंधर के शिष्य थे। यह भी कहा जाता है कि इन्हीं जलंधर से जालंधर नगर का नामकरण हुआ है। राहुल सांकृत्यायन गोरखनाथ का समय विक्रम की दसवीं शताब्दी मानते हैं। रामचंद्र शुक्ल ने इन्हें पृथ्वीराज चौहान के समय का बताया है और पं. हजारीप्रसाद द्विवेदी इन्हें दसवीं शताब्दी का मानने के पक्ष में हैं।

जैन मतावलंबी कवि

जैन मत के प्रभाव में अधिकांश काव्य गुजरात, राजस्थान और दक्षिण में रचा गया। यह प्राय: प्रामाणिक रूप में उपलब्ध है। जैन मतावलंबी रचनाएँ दो प्रकार की हैं– एक, जिनमें नाथ-सिद्धों की तरह अंतस्साधना, उपदेश, नीति सदाचार पर बल और कर्मकांड का खंडन है। ये प्राय: दोहों में रचित मुक्तक हैं। दूसरी, जिनमें पौराणिक, जैन साधकों की प्रेरक जीवन-कथा या लोक प्रचलित कथाओं को आधार बनाकर जैन मत का प्रचार किया गया है। जैन पौराणिक काव्य एवं चरित काव्य इसी श्रेणी के काव्य हैं।

जैन आचार्य हेमचंद्र (12वीं शती) के **प्राकृत व्याकरण** और **मेरुतुंग** (13वीं शती) के **प्रबंध चिंतामणि** में जैनेतर रचनाएँ भी संकलित हैं। सदाचार, उपदेश, रहस्य-साधना वाली मुक्तक रचनाएँ सिद्धों की रचनाओं से बहुत मिलती हैं। इनमें भी सहज पर बल दिया गया है। जोइंद (10वीं शताब्दी), रामसिंह (लगभग 12वीं शताब्दी) आदि इस कोटि के प्रमुख जैन कवि हैं। पौराणिक काव्य-धारा में अपभ्रंश के महान कवि 'स्वयंभू' आते हैं, जिन्होंने रामकथा को आधार बनाकर **पउम चरिउ** की रचना की। स्वयंभू आठवीं शती के कवि हैं। **पउम चरिउ** जायसी के **पद्मावत** और तुलसीदास के **रामचरितमानस** की ही तरह कड़वकबद्ध है। अपभ्रंश के अन्य प्रसिद्ध कवि पुष्पदंत (10वीं शती) ने **महापुराण** की रचना की। इसके अतिरिक्त जैन अपभ्रंश कवियों ने भारी संख्या में चरितकाव्य लिखे हैं। इनमें पुष्पदंत का **नागकुमार चरित**, **जसहर चरिउ** तथा

कनकामर मुनि (11वीं शती) का **करकंडचरित** अधिक प्रसिद्ध हैं। **भविष्यदत्त कथा** नामक प्रसिद्ध अपभ्रंश कथाकाव्य धनपाल (10वीं शती) की ऐसी रचना है, जिसमें लोकप्रचलित कथा को भी सरल बनाए रखा गया है और जैन मत में दीक्षित होने की प्रेरणा भी दी गई है।

इस काल का लिखा गया वैष्णव साहित्य बहुत ही कम मात्रा में उपलब्ध है। लेकिन लक्ष्मीधर द्वारा चौदहवीं शताब्दी में संकलित **प्राकृत पैंगलम्** के अनेक छंदों में विष्णु के विभिन्न अवतारों से संबंधित पंक्तियाँ मिलती हैं। इसी प्रकार हेमचंद्र (12वीं शती) के **प्राकृत व्याकरण** में संकलित अपभ्रंश दोहों में भी कृष्ण, राधा, दशमुख आदि की चर्चा आती है। इससे अनुमान किया जा सकता है कि इस काल के साहित्य में विष्णु के विभिन्न अवतारों को लेकर प्रचुर मात्रा में रचनाएँ हुई थीं, जो अब उपलब्ध नहीं हैं।

बहुत कुछ यही स्थिति श्रृंगारपरक लौकिक काव्यों की भी है। सौभाग्यवश **राउल वेल** (11वीं शती) और **संदेशरासक** (13वीं शती) नामक दो शुद्ध लौकिक श्रृंगारी काव्य प्रामाणिक तौर पर उपलब्ध हो गए हैं। **संदेशरासक** का महत्त्व इस से भी आँका जाना चाहिए कि वह किसी भारतीय भाषा में रचित इस्लाम धर्मावलंबी कवि की प्रथम रचना है। **संदेशरासक** तीन प्रक्रमों में विभाजित 223 छंदों का संदेश काव्य है। **राउर वेल** का रचयिता 'रोडा' नामक कवि है, जिसने किसी राजा के अंत:पुर में रहने वाली विभिन्न प्रदेशों की रानियों का वर्णन किया है।

प्राकृत पैंगलम् के छंदों को देखने से पता चलता है कि आश्रयदाता राजाओं को आधार बनाकर काव्य रचने की परंपरा भी इस काल में विद्यमान थी। **प्राकृत पैंगलम्** में विद्याधर द्वारा रचित किसी राजा संभवत: 'जयचंद' की, एवं अनुमानत: शाङ्र्गधर द्वारा रचित **हम्मीर** की प्रशंसा में लिखे पद्य मिलते हैं।

हेमचंद्र के **प्राकृत व्याकरण** में अपभ्रंश के जो दोहे संकलित हैं, उनसे एक तो यह बात स्पष्ट हो जाती है कि दोहा उस समय का लोकप्रिय छंद था। दूसरे, वीरता और श्रृंगार नीति-विषयक दोहों में रचित कृतियाँ भी लोकप्रिय थीं। इन दोहों की अभिव्यक्ति इतनी निश्छल और सहज है कि इन्हें लोक-साहित्य की कोटि में रखा जा सकता है। यहाँ धर्म, वीर, श्रृंगार और नीतिपरक दोहों के कुछ उदाहरण दिए जा रहे हैं–

धर्म: *प्राइव मुणिहँवि भंतडी ते मणिअडा गणंति*
अखइ निरामइ परम-पइ अज्जवि लउ न लहंति

(प्रायः मुनियों को भी भ्रांति हो जाती है, वे मनका गिनते हैं। अक्षय निरामय परम पद में आज भी लौ नहीं लगा पाते।)

वीरः *पाइ विलग्गी अंत्रडी सिरु ल्हसिउँ खंघस्स्*
तोवि कटारइ हत्थडउ बलि किज्जउँ कंतस्स।
(पाँव में अँतड़ियाँ लगी हैं, सिर कंधे से लटक गया है तो भी हाथ कटार पर है। ऐसे की मैं बलि जाती हूँ।)

शृंगारः *पिय-संगमि कउ निद्दडी पिअहो परोक्खहो केम*
मइँ विन्निवि विन्नासिआ निद्द न एम्ब न तेम्ब।
[प्रिय के संगम में नींद कहाँ! प्रिय के परोक्ष में (सामने न रहने पर) नींद कहाँ! मैं दोनों प्रकार से नष्ट हुई, नींद न यों न त्यों।]

नीतिः *जो गुण गोवइ अप्पणा पयडा करइ परस्सु*
तसु हउँ कलजुगि दुल्लहहो बलि किज्जउँ सुअणस्सु।
(जो अपना गुण छिपाए, दूसरे का प्रकट करे, कलियुग में दुर्लभ सृजन पर मैं बलि जाऊँ।)

दोहा, पद्धड़िया, गेयपद अपभ्रंश काल के प्रमुख छंद हैं।

वीरगाथा काव्य

पं. रामचंद्र शुक्ल ने आदिकाल के तृतीय प्रकरण को 'वीरगाथा काल' कहा है। उनके अनुसार इस नामकरण का आधार यह है, कि इस काल की प्रधान साहित्यिक प्रवृत्ति वीरगाथात्मक है। शुक्ल जी ने इस काल की प्रधान साहित्यिक प्रवृत्ति की पहचान जिन 12 ग्रंथों के आधार पर की है, वे इस प्रकार हैं– **विजयपाल रासो**, **हम्मीर रासो**, **कीर्तिलता**, **कीर्तिपताका**, **खुमान रासो**, **बीसलदेव रासो**, **पृथ्वीराज रासो**, **जयचंद प्रकाश**, **जयमयंक-जस-चंद्रिका**, **परमाल रासो**, **खुसरो की पहेलियाँ** और **विद्यापति पदावली**।

इनमें से विद्यापति की रचनाएँ(14वीं, 15वीं शताब्दी) अर्थात् **कीर्तिलता**, **कीर्तिपताका**, **पदावली** और नरपति नाल्ह द्वारा रचित **बीसलदेव रासो** प्रामाणिक रूप में उपलब्ध हैं। **कीर्तिपताका** अभी तक संपादित होकर प्रकाशित नहीं हुई है। **बीसलदेव रासो** का पाठ डॉ. माताप्रसाद गुप्त द्वारा संपादित-प्रकाशित है। कुछ लोग इसे तेरहवीं शती की रचना मानते हैं, तो कुछ लोग सोलहवीं-सत्रहवीं शती की। जगनिक कृत **परमाल रासो** 'आल्हा' के रूप में ही पहचाना जाता है। आल्हा लोकगान है, अतः यह विभिन्न क्षेत्रों में विभिन्न रूपों में गाया जाता है। जगनिक

संभवतः परमाल और पृथ्वीराज के समकालीन(12वीं शती के) थे। **विजयपाल रासो** के रचयिता का नाम नल्लसिंह है। इसमें जो लड़ाई विजयपाल ने पंग राजा से की थी, उसका वर्णन है। मिश्र बंधुओं ने इसका रचनाकाल चौदहवीं शती ही माना है। भाषा-शैली पर विचार करने से यह रचना परवर्ती लगती है। **हम्मीर रासो, जयचंद प्रकाश** और **जयमयंक-जस-चंद्रिका** उपलब्ध नहीं हैं। हम्मीर विषयक एक पद्य **प्राकृत पैंगलम्** में मिलता है, जिसके बारे में पं. रामचंद्र शुक्ल का विश्वास है कि वह **हम्मीर रासो** का ही है। **खुमान रासो** के रचयिता दलपति विजय हैं। इसमें नौवीं शताब्दी के खुमान के युद्ध का वर्णन है। लेकिन मेवाड़ के परवर्ती शासकों जैसे महाराणा प्रताप सिंह और राजसिंह का भी वर्णन है। इससे प्रकट होता है कि यह रचना सत्रहवीं शती के आसपास की है।

पृथ्वीराज रासो आदिकाल का सर्वाधिक प्रसिद्ध काव्य है। इस काव्य का रचनाकाल और इसका मूलरूप सर्वाधिक विवादास्पद है। इसके रचयिता चंदबरदायी पृथ्वीराज चौहान के अंतरंग बताए जाते हैं। प्राच्य विद्या के यूरोपीय पंडितों ने इस ग्रंथ से मध्यकालीन इतिहास पर पर्याप्त प्रकाश डालने की आशा बाँध रखी थी। इसलिए डॉ. बूलर को जब यह पता चला कि रासो की तिथियाँ, व्यक्तियों के नाम, घटनाएँ आदि इतिहास-सम्मत नहीं हैं, तो उन्होंने तत्काल इस ग्रंथ को न प्रकाशित करने की सिफ़ारिश की। इसकी प्रामाणिकता पर संदेह करने वाले विद्वानों में गौरीशंकर हीराचंद ओझा, रामचंद्र शुक्ल आदि भी हैं। बाबू श्यामसुंदर दास और मोहनलाल विष्णुलाल पांड्या इसे प्रामाणिक माननेवालों में हैं।

महामहोपाध्याय गौरीशंकर ओझा के अनुसार, **पृथ्वीराज रासो** 1600 वि. सं. के आसपास लिखा गया। इसकी ऐतिहासिकता की खोज अब बंद कर दी गई है। इधर हाल में मुनि जिन विजय ने **पुरातन प्रबंध संग्रह** के एक अंश **जयचंद प्रबंध** के चार छप्पयों की ओर ध्यान आकृष्ट कराया, जो वर्तमान **रासो** में भी मिलते हैं। **पुरातन प्रबंध संग्रह** का संकलन काल संभवतः पंद्रहवीं शती है। इससे यह तो प्रकट हो गया कि पंद्रहवीं शती के पूर्व 'चंद्र' नामक कवि ने पृथ्वीराज पर कोई काव्य लिखा था, जिसके कुछ अंश वर्तमान रासो में हैं, किंतु **रासो** का मूल रूप क्या रहा होगा यह समस्या अभी भी बनी हुई है। पं. हजारीप्रसाद द्विवेदी ने अनुमान किया है कि चंद्र ने रासो की रचना शुक-शुकी संवाद के रूप में की थी। मध्यकालीन प्रबंध-काव्य की यह बहुप्रयुक्त रूढ़ि है। रासो के जो अंश शुक-शुकी संवाद के रूप में मिलते हैं, वे ही मूलरूप हैं। डॉ. माताप्रसाद गुप्त ने रासो के चार पाठों–वृहत्तम, वृहत, लघु तथा लघुतम में से लघुतम पाठ को

रासो का मूलरूप बताया है।

रासो में मध्यकालीन साहित्य में प्रयुक्त अनेक कथानक-रूढ़ियों और काव्य-रूढ़ियों का प्रयोग किया गया है। इसमें अनेक छंदों का प्रयोग मिलता है। **पृथ्वीराज रासो** रासो काव्य-परंपरा का काव्य तो है ही, इसमें चरितकाव्य, आख्यायिका आदि के भी लक्षण मिलते हैं।

रासो में पृथ्वीराज के विभिन्न युद्धों और विवाहों का वर्णन है। वीर और श्रृंगार **रासो** के प्रमुख रस हैं, यद्यपि इसका अंगीरस वीर ही माना जाएगा। **रासो** में नायिका का नख-शिख वर्णन, सेना के प्रयाण, युद्ध, षड्ऋतुओं आदि का सुंदर वर्णन है। चंदबरदाई अनेक मन:स्थितियों का संश्लिष्ट चित्र खींचने में सिद्ध हैं। यद्यपि वे विभिन्न छंदों के प्रयोग में कुशल हैं, किंतु छप्पय उनका अपना छंद है।

रासो के एक खंड 'कैमास बध' का छप्पय इस प्रकार है–

एकु वान पुहवी नरेस कयमासह मुक्कउ।
उर उपरि परहरिउ वीर कष्षतर चुक्कउ।।
बीउ बान संधानि हनउ सोमेसुरनंदन।
गाडउ करि निग्गहउ षनिव षोदउ संभरि धनि।।
थर छंडि न जाइ अभागरउ गारइ गहउ जुगुन षरउ।
*इम जंपइ चंद विरद्दिया सु कहा निमिट्टिइ इह प्रलउ।।**

बीसलदेव रासो: बीसलदेव रासो के रचयिता का नाम नरपति नाल्ह है। पाठ के अनुसार ग्रंथ की रचना संवत् 1212 अर्थात् 1155 में हुई थी। किंतु श्री मोतीलाल मेनारिया के अनुसार, इसकी रचना सोलहवीं शताब्दी में हुई होगी। **बीसलदेव रासो** में शाकंभरी नरेश बीसलदेव और भोज परमार की पुत्री राजमती के विवाह, वियोग और पुनर्मिलन का वर्णन है। यह प्रधानत: श्रृंगारी काव्य है। **बीसलदेव रासो** में हिंदी काव्य में प्रयुक्त होने वाले 'बारहमासा' का वर्णन सबसे पहले मिलता है।

---

* पृथ्वी नरेश चौहान ने कयमास को एक बाण मारा।
बाण मारते समय पृथ्वीराज के हृदय में हड़बड़ी हुई। तीर कयमास की काँख के बीच से निकल गया।
सोमेश्वर पुत्र (पृथ्वीराज) ने दूसरा बाण निशाना लगाकर मारा।
सांभर धनी पृथ्वीराज ने गड्ढा खन-खोदकर उसे (कयमास के शव को) गहरे गाड़ दिया।
उस अभागे से अब वह स्थल छोड़ा नहीं जाता। भारी पत्थर और खरे गुणों ने उसे दबा रखा है।
चंदवरदाई ऐसा कहता है कि यह प्रलय (अनुचित कार्य) कहाँ निपटेगा। अर्थात् इसका फल क्या होगा!

वीरगाथाकाल के अन्य कवि

विद्यापति (14वीं शती)

इनकी तीन रचनाएँ प्रसिद्ध हैं– **कीर्तिलता**, **कीर्तिपताका** एवं **पदावली**। **कीर्तिलता** ऐतिहासिक महत्त्व का छोटा-सा प्रबंध-काव्य है। विद्यापति ने इसे 'कहाणी' कहा है। मध्यकाल में ऐतिहासिक व्यक्तियों को आधार बनाकर जो काव्य लिखे गए हैं, वे ऐतिहासिकता से रहित होकर कथानक-रूढ़ियों, किंवदंतियों, अनुश्रुतियों आदि के विषय बन गए हैं। इसी प्रकार घटनाओं को भी तोड़ा-मरोड़ा गया है। **कीर्तिलता** इस दृष्टि से महत्त्वपूर्ण अपवाद है। उसकी ऐतिहासिकता बहुत-कुछ सुरक्षित है। इसमें विद्यापति ने कीर्तिसिंह द्वारा अपने पिता का बदला लेने का वर्णन बहुत यथार्थपरक ढंग से किया है। **कीर्तिलता** को कवि ने 'अवहट्ट' भाषा में रचा है। 'अवहट्ट' देशी भाषा यानी मैथिल-युक्त विकसित अपभ्रंश है। इसके गद्य में तत्सम शब्दों का प्रयोग खुलकर हुआ है।

पदावली विद्यापति के यश का आधार है। **पदावली** ऐसी रचना है, जो काव्योत्कर्ष और साहित्य का इतिहास, दोनों दृष्टियों से अत्यंत महत्त्वपूर्ण है। इसमें राधा-कृष्ण अपना अलौकिकत्व छोड़कर लौकिक व्यक्तियों के समान प्रेम-भावना से विह्वल होते हैं। लोक में जिस प्रकार किशोरी दुर्निवार प्रियमिलन और लोकलाज के कारण तीव्र अंतर्द्वंद्व झेलती है, उसी प्रकार राधा को चित्रित किया गया है। कवि का मन वयःसंधि का चित्रण करने में विशेष रूप से रमा है। इसलिए इस बात को लेकर काफ़ी विवाद है कि **पदावली** भक्तिपरक रचना है या श्रृंगारपरक। वस्तुतः जयदेव का **गीतगोविंद**, विद्यापति की **पदावली** और सूरदास का **सूरसागर** एक ही कोटि की रचनाएँ हैं, जिनमें भक्ति का आधार श्रृंगार है। **पदावली** के एक पद की कुछ पंक्तियाँ इस प्रकार हैं–

सरस बसंत समय भल पावलि दछिन पवन बह धीरे।
सपनहु रूप बचन इक भाषिय मुख से दूरि करु चीरे॥
तोहर बदन सम चाँद होअथि नाहिं कै यो जतन बिह केला।
कै बेरि काटि बनावल नव कै तैयो तुलित नहिं भेला॥
भनइ विद्यापति सुन वर जोवित ई सम लछमि समाने।
राजा सिवसिंह रूप नरायन 'लखिमा देइ' प्रति भाने॥

अमीर खुसरो (14वीं शती)

अमीर खुसरो इस युग के अत्यंत महत्त्वपूर्ण एवं बहुमुखी प्रतिभा के धनी व्यक्ति हैं। उनके काव्योत्कर्ष का प्रमाण उनकी फ़ारसी रचनाएँ हैं। वे संगीतज्ञ, इतिहासकार, कोशकार, बहुभाषाविद्, सूफ़ी औलिया, कवि–बहुत कुछ थे। उनकी हिंदी रचनाएँ अत्यंत लोकप्रिय रही हैं। उनकी पहेलियाँ, मुक़रियाँ, दो सुखने अभी तक लोगों की ज़बान पर हैं। उनके नाम से निम्नलिखित दोहा बहुत प्रसिद्ध है (कहते हैं कि यह दोहा खुसरो ने ख्वाज़ा निज़ामुदीन चिश्ती के देहांत पर कहा था)–

गोरी सोवे सेज पर, मुख पर डारे केस।
चल खुसरो घर आपने, रैन भई चहुँ देस॥

किंतु उनकी हिंदी रचनाओं का ऐतिहासिक महत्त्व अधिक है। उनकी भाषा, हिंदी की आधुनिक काव्य-भाषा के रूप में पूर्णत: प्रतिष्ठित होने का संकेत देती है। उनका व्यक्तित्व और उनकी हिंदी इस बात को प्रमाणित करती है कि हिंदी काव्य प्रारंभ से ही मध्य देश की मिली-जुली संस्कृति का चित्र रहा है। उन्होंने ऐसी पंक्तियाँ रची हैं, जिनमें फ़ारसी और हिंदी को एक ही ध्वनि प्रवाह में गुंफित कर दिया गया है। यह कला संस्कृति-साधक को ही सिद्ध हो सकती है–

ज़े हाल मिसकीं मकुन तगाफ़ुल दुराय नैना, बनाय बतियाँ।
कि ताबे हिज्राँ न दारम ऐ जाँ! न लेहु काहे लगाय छतियाँ॥
शबाने हिज्राँ दराज़ चूं ज़ुल्फ़ व रोज़े वसलत चूँ उम्र कोतह।
*सखी! पिया को जो मैं न देखूँ तो कैसे काटूँ अँधेरी रतियाँ॥**

आदिकाल की सामान्य विशेषताएँ

यों तो इतिहास का प्रत्येक युग परस्परविरोधी एवं प्रधान-अप्रधान प्रवृत्तियों का युग होता है, किंतु आदिकाल के विषय में यह बात विशेष रूप से रेखांकित करने योग्य है। वह राजनीतिक दृष्टि से छोटे-छोटे सामंतों में विभक्त प्रदेश का

---

* मेरी इस (वियोग की) स्थिति में उपेक्षा मत कर, बातें बनाकर और आँखों से दूर हटने का संकेत देकर।
हे प्रिय! मुझमें वियोग को सहने की शक्ति नहीं है। मुझे छाती से क्यों नहीं लगा लेतीं।
वियोग की रातें तुम्हारी ज़ुल्फों की तरह लंबी हैं और मिलन के दिन उम्र के समान कम हैं।
हे सखि! यदि मैं अपने प्रिय को न देखूँ तो वियोग की अंधकारमयी रातें कैसे बिताऊँ।

साहित्य है। किसी केंद्रीय सत्ता का अभाव है। उसके पूर्व में पाल, पश्चिम में प्रतिहार और दक्षिण में राष्ट्रकूट प्रबल हैं। केवल गाहडवार वंशीय गोविंद चंद्रदेव इस काल में मध्य देश के प्रतापी नरेश हुए, किंतु उनके पूर्वजों और वंशजों का वैसा प्रताप नहीं था। धार्मिक दृष्टि से यह अनेक ज्ञात-अज्ञात सांप्रदायिक साधनाओं का काल है। बौद्ध धर्म का पूर्व प्रभाव नहीं रह गया था। बौद्ध धर्म से विकसित महायान, वज्रयान एवं नाथ-सिद्धों की साधना सामान्य जनता में स्वीकृत हो पाएं, यह संभव नहीं था। जैन मत का प्रभाव मध्य देश की अपेक्षा पश्चिम में था। भाषा की दृष्टि से यह काल अपभ्रंश और हिंदी का संधिकाल है। दसवीं शती के आसपास से अपभ्रंश का प्रभाव क्रमशः क्षीण होता जा रहा था और हिंदी भाषा की प्रवृत्तियाँ उसका स्थान लेती जा रही थीं। हिंदी साहित्य के आदिकाल में जो साहित्य मिलता है वह अधिकांशतः अपभ्रंश-हिंदी का साहित्य है, शुद्ध अपभ्रंश या शुद्ध हिंदी का नहीं। आदिकाल समाप्त होते-होते दिल्ली के सिंहासन पर अलाउद्दीन खिलजी जैसा शासक दिखलाई पड़ता है, जो मध्य देश ही नहीं, लगभग समूचे देश में अपना शासन स्थापित करता है। विद्यापति-खुसरो की रचनाओं एवं **उक्ति-व्यक्ति प्रकरण** जैसी कृतियों में आधुनिक भारतीय आर्य भाषाओं का रूप स्थापित दिखलाई पड़ता है। उधर धार्मिक क्षेत्र में महान भक्ति आंदोलन छोटी-छोटी साधनाओं का सार ग्रहण करके धर्म को लोक का व्यापक क्षेत्र प्रदान करता है।

अध्याय 2

वास्तविक हिंदी साहित्य का प्रारंभ–भक्तिकाल (1400–1700)

भक्ति के उदय का सामाजिक आधार

भक्ति काव्य भक्ति आंदोलन पर आधारित है। यह आंदोलन सामाजिक और वैचारिक है। भक्ति में धर्म साधना का नहीं, भावना का विषय बन गया है। इसीलिए उसे धर्म का रसात्मक रूप कहा जाता है। हिंदी भक्ति साहित्य की परंपरा महाराष्ट्र के संत नामदेव से मिलने लगती है। संत नामदेव का जन्म 1267 में हुआ था। संत नामदेव ने हिंदी में भी रचनाएँ की हैं। भक्ति काव्य-धारा के अंतर्गत हिंदी में कबीर, जायसी, सूर, तुलसी, रैदास और मीरा जैसी महान प्रतिभाओं ने रचनाएँ कीं। इन्हीं की रचनाओं के कारण भक्ति-युग को हिंदी साहित्य का स्वर्ण-युग कहा जाता है।

प्रश्न यह है कि भक्ति आंदोलन का सामाजिक-ऐतिहासिक आधार क्या था? पं. रामचंद्र शुक्ल के अनुसार, भक्ति-भावना का कारण भारत में आक्रमणकारी मुसलमानों का विजेता होना है। वे यह तो मानते थे कि भक्ति आंदोलन का सूत्रपात दक्षिण भारत में हुआ, लेकिन उनका विचार था कि अपने पौरुष से हताश हिंदू जाति के लिए भगवान की भक्ति और करुणा की ओर ध्यान ले जाने के अतिरिक्त दूसरा मार्ग ही क्या था! संभवतः आचार्य शुक्ल उत्तर भारत की हिंदू जनता की पराजित मानसिकता को रेखांकित करना चाहते हों, जो भक्ति के प्रचार-प्रसार के लिए अनुकूल भूमि बनी।

पं. हजारीप्रसाद द्विवेदी के अनुसार भक्ति आंदोलन भारतीय चिंता-धारा का स्वाभाविक विकास है। उत्तर भारत के नाथ-सिद्धों की साधना, अवतार, लीला की अवधारणा और जातिगत कठोरता दक्षिण भारत से आई हुई भक्ति धारा में घुल-मिल गई। द्विवेदी जी के अनुसार, भक्ति आंदोलन और भक्तिकाल का साहित्य लोकोन्मुख है। वह करुणा एवं परदुखकातरता से युक्त है। द्विवेदी जी कबीर की तेजस्विता को जुलाहा जाति की सामाजिक मर्यादा के प्रति असंतोष की भावना से जोड़ते हैं। हिंदुओं की पराजित भावना भक्ति का कारण होती तो वह उत्तर भारत में पहले आती।

इस बीच मध्यकाल पर काम करने वाले इतिहासकारों, विशेषत: इरफ़ान हबीब और रामशरण शर्मा ने अपने कार्यों से इस क्षेत्र पर ऐसा प्रकाश डाला है कि हिंदी के भक्ति काव्य के विषय में हमें नई बातों का पता चलता है। इरफ़ान हबीब के अनुसार उत्तर भारत में भक्ति आंदोलन की निर्गुण धारा के उत्थान में शिल्पियों और जाटों-किसानों की प्रमुख भूमिका रही है। वे निर्गुण धारा को 'एकेश्वरवादी धारा' कहते हैं। तेरहवीं-चौदहवीं शताब्दी में नए शासकों की सत्ता स्थापित होने पर विलास-सामग्री और सुविधाओं की माँग बढ़ी। केंद्रीय सत्ता (खिलजी-तुगलक-सूरी शासकों की) स्थापित होने पर सड़कों, भवनों आदि का निर्माण तेज़ी से होने लगा। इससे अवर्ण, शिल्पियों की आर्थिक स्थिति में सुधार हुआ। आर्थिक स्थिति बेहतर होने पर उनमें अपनी सामाजिक मर्यादा को ऊपर उठाने की भावना पैदा हुई। निर्गुण-पंथ के अवर्ण संतों की भावना का सामाजिक आधार यही था।

इस देश में जुलाहों की आर्थिक स्थिति प्राचीनतर काल से अच्छी रही है। उनमें अपनी सामाजिक मर्यादा के प्रति असंतोष का भाव भी पहले से रहा है। तेरहवीं-चौदहवीं शताब्दी में उनके साथ-साथ अन्य अवर्ण शिल्पियों की स्थिति भी बेहतर हुई होगी। खेतों की सिंचाई के नए तरीकों के उपयोग के कारण (इरफ़ान हबीब के अनुसार) जाटों-किसानों की स्थिति भी बेहतर हुई होगी। और ठीक इसी समय दक्षिण भारत से प्रवाहित दर्शन और विचारधारा ने भक्ति आंदोलन को तेज़ी से प्रचारित-प्रसारित किया।

यह तो उत्तर भारत की बात हुई। लेकिन यदि भक्ति आंदोलन की लहर दक्षिण भारत से उत्तर में आई तो हमें यह भी पता लगाना होगा कि दक्षिण भारत में वे कौन-सी परिस्थितियाँ थीं जिनके कारण भक्ति भावना ने वहाँ आंदोलन का रूप ग्रहण किया।

दक्षिण भारत में पहली शताब्दी के बाद अनेक शताब्दियों तक सत्ता पराक्रमी शासकों के हाथों में रही। परवर्ती चोल साम्राज्य के शासकों के पहले ही करिकाल(चोलवंशी शासक) ने कावेरी के जल को नियंत्रित करके सिंचाई की बेहतर व्यवस्था की। श्रीलंका के युद्धबंदियों से कावेरी के मुहाने पर पुहार का बंदरगाह तैयार करवाया। उसके राज्य में व्यापार-उद्योग की अभूतपूर्व उन्नति हुई। पल्लव शासक नरसिंह वर्मन ने स्थापत्य को अभूतपूर्व बढ़ावा दिया। उसने कांची का राजसिंहेश्वर मंदिर बनवाया। उसके राज्य में शिल्पियों का सम्मान बहुत बढ़ा। बुनकरों को दक्षिण में वैश्यों-व्यापारियों जैसा सम्मान मिला।

इन सब से प्रकट है कि उत्तर भारत में शिल्पियों और किसानों की आर्थिक बेहतरी के काफी पहले दक्षिण भारत के शिल्पियों और किसानों की आर्थिक स्थिति बेहतर हो गई थी। भक्ति के आद्य आचार्य रामानुज कांचीपुरम के ही थे। उनके एक गुरु कांचीपूर्ण शूद्र थे। अलवार दक्षिण के प्रारंभिक भक्त-कवि थे। उनमें से अनेक अवर्ण थे। एक महिला भक्त अंदाल थीं जिन्हें दक्षिण की मीरा कहा जाना चाहिए। वे मीरा से कई शताब्दी पूर्व की थीं।

हम जानते हैं कि हिंदी के भक्ति काव्य में अवर्णों और नारियों का सर्वाधिक महत्त्वपूर्ण योगदान है। भक्तिकाल के बाद फिर आधुनिक काल में ऊपर की बातें उस सामाजिक-आर्थिक स्थिति को प्रकट करती हैं जिसने शिल्पियों, अवर्णों को सामाजिक मर्यादा की दृष्टि से ऊपर उठने की प्रेरणा दी। लेकिन यह बिना किसी पुष्ट विचारधारा के संभव नहीं था। रामानुजाचार्य(11वीं शती) का विशिष्टाद्वैत दर्शन भक्ति का दार्शनिक या विचारधारात्मक आधार प्रस्तुत करता है। विशिष्टाद्वैत शांकर अद्वैत की तरह जगत को मिथ्या नहीं मानता। रामानुज का ब्रह्म विशेषण से युक्त अर्थात् विशिष्ट है। उनके अनुसार जगत मिथ्या नहीं, वास्तविक है। ब्रह्म जीव और जगत को धारण करता हुआ उसका नियमन करता है। जगत को वास्तविक मानकर उसको महत्त्व देने में ही भक्ति की लोकोन्मुखता निहित है। यदि लोक सत्य है, तो लोक-पीड़ा उपेक्षणीय नहीं। भक्तों ने लोक-पीड़ा को इतना महत्त्व नहीं दिया है। इसलिए वे करुणा के अन्यतम रचनाकार हैं।

कहा जाता है कि 'भक्ति द्रविड़ उपजी, लाए रामानंद'। रामानंद(1400-1470) रामानुज की ही परंपरा के आचार्य थे। भक्ति साधना के रूप में तो पहले से ही थी। रामानुजाचार्य ने उसे लोकोन्मुख बनाकर दार्शनिक-वैचारिक आधार दिया और रामानंद के व्यक्तित्व से वह उत्तर भारत में आंदोलन और साहित्य का स्रोत

बनी। एक महत्त्वपूर्ण बात यह कि आधुनिक भारतीय भाषा हिंदी (और अन्य भारतीय भाषाएँ) धार्मिक वाङ्मय की अभिव्यक्ति का माध्यम बनीं।

नाथ-सिद्धों की साधना में अंतस्साधना पर बहुत बल था। सरहपा सहज साधना के विश्वासी साधक थे। वे माया को भी त्याज्य नहीं मानते थे। उनके यहाँ चित्त की निर्मलता और करुणा को महत्त्व दिया गया है। नाथ बाह्याचार का विरोध करते थे। उनकी साधना भक्ति-भावना में घुल-मिल गई। फलतः उत्तर भारत में आकर भक्ति-साधना उतनी निरीह नहीं रह गई। वह वर्ण-व्यवस्था और कर्मकांड के प्रति आक्रामक बनी। उत्तर भारत में सूफ़ी साधना के रूप में इस्लाम भी भक्ति-मार्ग का सहचर बना।

भक्ति की धाराएँ: विभिन्न संप्रदाय

भक्ति की दो धाराएँ प्रवाहित हुईं–निर्गुण धारा और सगुण धारा। निर्गुण और सगुण धारा में अंतर इस बात का नहीं है कि निर्गुणियों के राम गुणहीन हैं और सगुण मतवादियों के राम या कृष्ण गुण सहित। निर्गुण का अर्थ संतों के यहाँ गुणरहित नहीं, गुणातीत है। निर्गुण और सगुण मतवाद का अंतर अवतार एवं लीला की दो अवधारणाओं को लेकर है। निर्गुण मत के इष्ट भी कृपालु, सहृदय, दयावान, करुणाकर हैं, वे भी मानवीय भावनाओं से युक्त हैं, किंतु वे न अवतार ग्रहण करते हैं न लीला। वे निराकार हैं। सगुण मत के इष्ट अवतार लेते हैं, दुष्टों का दमन करते हैं, साधुओं की रक्षा करते हैं और अपनी लीला से भक्तों के चित्त का रंजन करते हैं। अतः सगुण मतवाद में विष्णु के 24 अवतारों में से अनेक की उपासना होती है, यद्यपि सर्वाधिक लोकप्रिय और लोक-पूजित अवतार राम एवं कृष्ण ही हैं।

निर्गुण एवं सगुण, दोनों प्रकार की भक्ति का मुख्य लक्षण है– भगवद्विषयक रति एवं अनन्यता। नाथ-सिद्धों के आसन-प्राणायाम, सहज-समाधि, शरीर, प्राण, मन, वाणी की अचंचलता का योग–सब इसी महाराग में विलीन हो गए हैं।

भक्ति के अनेक संप्रदाय हैं। उनमें से चार प्रमुख संप्रदायों और उनके आचार्यों का परिचय संक्षेप में दिया जा रहा है। ये हैं–श्री, ब्राह्म, रुद्र, सनकादि या निंबार्क।

1. **श्रीसंप्रदाय**– श्रीसंप्रदाय के आचार्य रामानुजाचार्य हैं। कहा जाता है कि लक्ष्मी ने इन्हें जिस मत का उपदेश दिया उसी के आधार पर इन्होंने अपने मत का प्रवर्तन किया। इसलिए इनके संप्रदाय को **श्रीसंप्रदाय** कहते हैं।

   इन्हीं की परंपरा में रामानंद हुए। रामानंद प्रयाग में उत्पन्न हुए थे। इनके गुरु

का नाम राघवानंद था। रामानंद संस्कृत के पंडित, उच्च कुलोत्पन्न ब्राह्मण थे, किंतु वे आकाशधर्मा गुरु थे। उन्होंने अवर्ण-सवर्ण, स्त्री-पुरुष, राजा-रंक सभी को शिष्य बनाया। उनका विचार था कि ऋषियों के नाम पर गोत्र और परिवार बन सकते हैं, तो ऋषियों के भी पूजित परमेश्वर के नाम पर सब का परिचय क्यों नहीं दिया जा सकता! इस प्रकार सभी भाई-भाई हैं, सभी एक जाति के हैं। श्रेष्ठता भक्ति से होती है, जाति से नहीं। इनके जो बारह शिष्य प्रसिद्ध हुए वे हैं– रैदास, कबीर, धन्ना, सेना, पीपा, भावानंद, नरहर्यानंद, सुखानंद, अनंतानंद, सुरसुरानंद, पद्मावती और सुरसुरी। रामानंद के रचनात्मक व्यक्तित्व का अत्यंत महत्त्वपूर्ण पक्ष यह है कि उन्होंने हिंदी को अपने मत के प्रचार का माध्यम बनाया।

2. **ब्राह्म संप्रदाय**– ब्राह्म संप्रदाय के प्रवर्तक मध्वाचार्य थे। उनका जन्म गुजरात में हुआ था। चैतन्य महाप्रभु पहले इसी संप्रदाय में दीक्षित हुए थे। इस संप्रदाय का सीधा संबंध हिंदी साहित्य से नहीं है।
3. **रुद्र संप्रदाय**– इसके प्रवर्तक विष्णुस्वामी थे। वस्तुतः यह महाप्रभु वल्लभाचार्य के पुष्टि संप्रदाय के रूप में हिंदी में जीवित है। जिस प्रकार रामानंद ने 'राम' की उपासना पर बल दिया था, उसी प्रकार वल्लभाचार्य ने 'कृष्ण' की उपासना पर बल दिया। उन्होंने प्रेमलक्षणा भक्ति ग्रहण की। भगवान के अनुग्रह के भरोसे नित्यलीला में प्रवेश करना जीव का लक्ष्य माना। सूरदास एवं अष्टछाप के कवियों पर इसी संप्रदाय का प्रभाव है।

   वल्लभाचार्य ने देश का काफ़ी भ्रमण किया था। वे महान विद्वान एवं दार्शनिक थे। उनका व्यक्तित्व अत्यंत लोकप्रिय एवं मानवीय रहा होगा। उनके जीवन की जो बातें इधर-उधर बिखरी मिलती हैं, उनसे लगता है कि मानव-मन में उनकी गहरी पैठ रही होगी।
4. **सनकादि संप्रदाय**– यह निंबार्काचार्य द्वारा प्रवर्तित है। हिंदी भक्ति साहित्य को प्रभावित करने वाले राधावल्लभी संप्रदाय का संबंध इसी से जोड़ा जाता है। राधावल्लभी संप्रदाय के प्रवर्तक गोसाईं हितहरिवंश का जन्म 1502 में मथुरा के पास बाँदगाँव में हुआ। कहा जाता है कि हितहरिवंश पहले माध्वानुयायी थे। इसमें राधा की प्रधानता है।

सूफ़ी साधना

भक्ति आंदोलन इतना व्यापक एवं मानवीय था कि इसमें हिंदुओं के साथ

मुसलमान भी आए। सूफ़ी यद्यपि इस्लाम मतानुयायी हैं, किंतु अपने दर्शन एवं साधना-पद्धति के कारण भक्ति आंदोलन में गणनीय हैं। इस्लाम एकेश्वरवादी है। किंतु सूफ़ी संतों ने 'अनलहक' अर्थात् 'मैं ब्रह्म हूँ' की घोषणा की। यह बात अद्वैतवाद से मिलती-जुलती है। सूफ़ी साधना के अनुसार मनुष्य के चार विभाग हैं– 1. नफ्स (इंद्रिय), 2. अक्ल (बुद्धि या माया), 3. कल्ब (हृदय), 4. रूह (आत्मा)। यह साधना नफ्स और अक्ल को दबाकर कल्ब की साधना से रूह की प्राप्ति पर बल देती है। हृदय-रूपी दर्पण में परम सत्ता का प्रतिबिंब आभासित होता है। यह दर्पण जितना ही निर्मल होगा, रूप उतना ही स्पष्ट होगा, अर्थात् सूफ़ी साधना भी हृदय की साधना है। इसी से वह भक्ति है। आचार्य शुक्ल ने इसीलिए जायसी आदि सूफ़ी कवियों को कबीर, सूर, तुलसी की कोटि में रखा है। यह बात भी महत्त्वपूर्ण है कि सूफ़ी संतों में भी प्राय: निम्न वर्ग के लोग थे और इसमें राबिया जैसी महिला साधिका प्रसिद्ध हैं। मुल्ला दाऊद (1379) हिंदी के प्रथम सूफ़ी कवि हैं। सूफ़ी कवियों की परंपरा उन्नीसवीं शती तक मिलती है। सूफ़ी साधना का प्रवेश इस देश में बारहवीं शती में मोइनुद्दीन चिश्ती के समय से माना जाता है। सूफ़ी साधना के चार संप्रदाय प्रसिद्ध हैं– 1. चिश्ती, 2. सोहरावर्दी, 3. कादरी और 4. नक्शबंदी। हिंदी का सूफ़ी काव्य अवधी भाषा में रचित मिलता है। सूफ़ी मुसलमान थे, लेकिन उन्होंने हिंदू घरों में प्रचलित कथा-कहानियों को अपने काव्य का आधार बनाया। उनकी भाषा और वर्णन में भारतीय संस्कृति रची-बसी है। प्रेम की पीर की व्यंजना इनकी विशेषता है।

अन्य मत

आधुनिक हिंदी क्षेत्र के बाहर पड़ने वाले दो संत कवियों– महाराष्ट्र के नामदेव (13वीं शती) और पंजाब के गुरु नानक (15वीं शती) ने हिंदी में रचनाएँ की हैं। अनुमानत: नामदेव पहले सगुणोपासक थे, बाद में ज्ञानदेव के प्रभाव के कारण नाथ पंथ में आए। इसी कारण नामदेव की रचनाएँ सगुणोपासना और निर्गुणोपासना, दोनों से संबंधित हैं। गुरु नानक का संबंध किसी संप्रदाय से जोड़ना कठिन है। वे दृष्टिकोण में कबीर से काफ़ी मिलते-जुलते हैं, यद्यपि उनका स्वर कबीर जैसा प्रखर नहीं, बल्कि शामक है। ये सिख संप्रदाय के प्रथम गुरु हैं।

इनके अतिरिक्त भी भक्ति के अनेक छोटे-छोटे संप्रदाय हैं, किंतु भक्ति का लक्षण भगवद्‌विषयक रति, अनन्यता, पूर्ण समर्पण सब में मिलता है। सदाचार, परदुखकातरता, प्राणिमात्र पर करुणा, समभाव, अनावश्यक लौकिक संपत्ति के प्रति

उपेक्षा, अहिंसा आदि का भाव सभी प्रकार के भक्तों में पाया जाता है। इनमें निर्भीकता भी है।

भक्ति का प्रभाव मध्यकाल की सभी सांस्कृतिक गतिविधियों में देखा जा सकता है। इस काल के संगीतकार प्रायः भक्त भी हैं, जैसे स्वामी हरिदास। मूर्ति, चित्र, नृत्य सभी का विषय प्रधानतः भक्ति या भक्त है। विभिन्न कलाओं में राधा-कृष्ण की लीला अत्यंत लोकप्रिय है। कहा जा सकता है कि जिस प्रकार हिंदी साहित्य का भक्तिकाल है, वैसे ही अन्य कलाओं के इतिहास का भी भक्तिकाल होगा।

भक्ति साहित्य के रूपात्मक स्रोतः भाषा, काव्य-रूप और छंद

भक्ति आंदोलन अखिल भारतीय था। इसका परिणाम यह हुआ कि लगभग पूरे देश में मध्यदेश की काव्य भाषा हिंदी-ब्रजभाषा का प्रचार-प्रसार हुआ। नामदेव यदि अपनी भाषा अर्थात् मराठी में और नानकदेव पंजाबी में रचना करते थे, तो वे ब्रजभाषा में भी रचनाएँ करते थे। चौदहवीं शती में दिल्ली में केंद्रीय सत्ता स्थापित होने के बाद जब सड़कें आदि बड़े पैमाने पर बनीं, व्यापार की बढ़ोतरी हुई, तो देश के विभिन्न क्षेत्रों के लोगों का मिलना-जुलना भी ज़्यादा बढ़ा। इनमें सैनिक, व्यापारी तथा साधु-संत अधिक होते थे। डॉ. रामविलास शर्मा के अनुसार– “पंद्रहवीं शती, सोलहवीं शती और सत्रहवीं शती में यहाँ व्यापार की बड़ी-बड़ी मंडियाँ कायम होती हैं, पचीसों नगर व्यापार और सांस्कृतिक आदान-प्रदान के केंद्र बनकर उठ खड़े होते हैं। लोहे और कपास का सामान काफ़ी बड़े पैमाने पर तैयार किया जाता है। सैकड़ों वर्ष के बाद सामाजिक जीवन की धुरी गाँव से घूमकर नगर की ओर आ जाती है। इस समय सामाजिक जीवन की बागडोर सामंतों के साथ-साथ व्यापारियों के हाथ में आ जाती है, सिक्कों का प्रचलन बढ़ जाता है, समाचार भेजने के लिए हरकारों की व्यवस्था होती है। आज की भाषा में कहें तो एक प्रकार की दूरसंचार व्यवस्था कायम होती है। इससे मध्यदेश की भाषा के प्रचारित-प्रसारित होने की स्थिति तैयार होती है। भक्ति साहित्य अखिल भारतीय है। किंतु उत्तर भारत के भक्ति साहित्य की विशेषता यह है कि इसमें मुसलमान भी शामिल हुए। दक्षिण भारत के भक्ति साहित्य में जायसी, रहीम और रसखान जैसे मुसलमान रचनाकारों का नाम नहीं सुनाई पड़ता। संभवतः भक्त कवियों की इतनी अधिक संख्या केवल हिंदी में है।”

भक्तिकालीन हिंदी काव्य की प्रमुख भाषा ब्रजभाषा है। इसके अनेक कारण हैं। परंपरा से पछाँही बोली शौरसेनी मध्यदेश की काव्य-भाषा रही है। ब्रजभाषा आधुनिक आर्यभाषा काल में उसी शौरसेनी का रूप थी। इसमें सूरदास जैसे महान लोकप्रिय कवि ने रचना की और वह कृष्ण-भक्ति के केंद्र ब्रज की बोली थी, जिससे यह कृष्ण-भक्ति की भाषा बन गई। भक्ति काव्य की ब्रजभाषा प्रवाह के कारण ब्रजभूमि के बाहर भी काव्य-भाषा के रूप में स्वीकृत हुई। इसीलिए बाद में कहा गया कि "ब्रजभाषा हेतु ब्रजवास ही न अनुमानौं"। पूर्व-मध्यकालीन साहित्य में ब्रजभाषा एक प्रकार से भक्ति काव्य का पर्याय बन गई है। यहाँ तक कि सुदूर दक्षिण और पूर्व के रचनाकारों ने भी ब्रजभाषा में रचना की। बंगाल-असम में ब्रजभाषा प्रभावित बंगला-असमिया को 'ब्रजबुलि' कहा गया।

भक्तिकाल की दूसरी भाषा अवधी है, यद्यपि यह ब्रजभाषा जितनी व्यापक नहीं। अवधी में काव्य रचना प्रधानतः रामपरक और अवध क्षेत्र के ही कवियों द्वारा हुई है। हिंदी के सूफ़ी कवि अवध क्षेत्र के ही थे। फिर भी यदि उन्होंने अवधी में प्रबंध-काव्य लिखे तो उसकी कोई परंपरा अवश्य रही होगी। **प्राकृत पैंगलम्** के अनेक छंदों की भाषा अवधी कहीं-कहीं व्यवस्थित रूप में दिखलाई पड़ती है। राहुल जी ने **पउम चरिउ** की भाषा में 'कुंजी' के शब्दों को अवधी कहा है। संभवतः अवध-क्षेत्र व्यापारिक या सैनिक दृष्टि से चौदहवीं और पंद्रहवीं शती में महत्त्वपूर्ण रहा हो। धार्मिक दृष्टि से राम की जन्मभूमि अयोध्या के कारण तो वह क्षेत्र महत्त्वपूर्ण था ही।

खड़ी बोली में उस समय रचना अवश्य होती रही होगी जैसा कि अमीर खुसरो की कविताओं से प्रकट है, किंतु उसकी कोई परंपरा नहीं मिलती। भक्तिकाल में किसी महान कवि ने शुद्ध खड़ी बोली में कोई रचना नहीं की। उसका मिश्रित रूप सधुक्कड़ी अवश्य मिलता है, जो वस्तुतः पंजाबी, राजस्थानी, खड़ी बोली, ब्रज और कहीं-कहीं अवधी का भी पंचमेल है।

भक्ति साहित्य अनेक विधाओं और छंदों में लिखा गया है, किंतु गेयपद और दोहा-चौपाई में निबद्ध कड़वकबद्धता उसके प्रधान रचना-रूप हैं। गेयपदों की परंपरा हिंदी में सिद्धों से प्रारंभ होती है। नामदेव, नानक, कबीर, सूर, तुलसी, मीराबाई आदि ने गेयपदों में रचना की है। गेयपदों में काव्य और संगीत एक-दूसरे से घुल-मिल-से गए हैं। संभवतः ये कवि राग-रागिनियों को ध्यान में रखकर इन गेयपदों की रचना करते थे। गेयपदों की प्रारंभिक पंक्ति आवर्ती या टेक होती है अर्थात् वह केंद्रीय कथ्य होती है। बीच की पंक्तियों में उस कथ्य की व्याख्या

होती है और अंतिम पंक्ति में रचनाकार अपना नाम डालकर गेयपद समाप्त करता है। वह अपने अनुभव से गेयपद के केंद्रीय कथ्य को सत्यापित करता है।

दोहा-चौपाइयों की परंपरा भी सरहपा से मिलने लगती है, किंतु सरहपा ने कोई प्रबंध-काव्य नहीं लिखा। लगता है, दोहा-चौपाइयों में प्रबंध-काव्य लिखने के लिए अवधी की प्रकृति अधिक अनुकूल है। जायसी-पूर्व अवधी कवियों के भी अनेक काव्य चौपाई-दोहे में कड़वकबद्ध मिले हैं– जैसे भीम कवि का **दंगवै पुराण**, सूरजदास की **एकादशी कथा**, पुरुषोत्तम का **जैमिनि पुराण**, ईश्वरदास की **सत्यवती कथा** आदि। किंतु यह रचना-रूप सूफ़ी कवियों, विशेषत: जायसी के हाथों अत्यंत परिष्कृत हुआ। तुलसीदास ने इसे चरमोत्कर्ष पर पहुँचा दिया।

दोहे की परंपरा अपभ्रंश में मिलने लगती है। सरहपाद का **दोहा-कोष** प्रसिद्ध है। दोहा नाम से आदिकाल में **ढोला मारु रा दूहा** जैसा प्रबंध-काव्य भी मिलता है। भक्ति काव्य में कबीर के दोहे 'साखी' के नाम से जाने जाते हैं। तुलसी ने रामकथा 'दोहावली' में रची। दोहे का ही एक रूप सोरठा है।

छप्पय, सवैया, कवित्त, भुजंग प्रयात, बावै, हरिगीतिका आदि भक्ति काव्य के बहुप्रयुक्त छंद हैं। सवैया, कवित्त हिंदी के अपने छंद हैं, जो भक्ति काव्य में दिखलाई पड़ते हैं। इनकी स्पष्ट परंपरा पहले नहीं मिलती। तुलसीदास ऐसे भक्त कवि हैं, जिनकी रचनाओं में मध्यकाल में प्रचलित प्राय: सभी काव्य-रूप मिल जाते हैं। तुलसी ने मंगलकाव्य, नहछू, कलेऊ, सोहर जैसे काव्य-रूपों का भी उपयोग किया है। नहछू, कलेऊ विवाह के समय गाए जानेवाले और सोहर पुत्रजन्म के समय गाया जानेवाला गीत है।

आदिकाल में विविध छंदों में प्रबंध-काव्य रचने की प्रवृत्ति थी। उदाहरण के लिए, **पृथ्वीराज रासो** में छंद बहुत जल्दी-जल्दी बदलते हैं। सूरदास और तुलसीदास भी छंद परिवर्तन करते हैं, किंतु जल्दी-जल्दी नहीं। केशव की **रामचंद्रिका** में बहुत जल्दी-जल्दी छंद परिवर्तित हुए हैं।

इस प्रकार, हम देखते हैं कि भक्ति आंदोलन के विकास में अनेक स्थितियों का योगदान है। भक्ति मूलत: एक धार्मिक साधना-पद्धति, ज्ञान योग, कर्म योग के समान एक योग है, किंतु ऐतिहासिक विकास के एक विशिष्ट दौर में वह एक लोकोन्मुख अखिल भारतीय धार्मिक आंदोलन बन गई। धर्म उसका रूप है और मानवीय करुणा उसकी अंतर्वस्तु। हिंदी साहित्य के इतिहास का भक्तिकाल इसी धार्मिक आंदोलन पर आधारित है। साहित्य में यह विविध विधाओं एवं कलात्मकता से युक्त होकर उत्कृष्ट रचनाओं के रूप में प्रकट हुआ।

अब हम भक्ति की निर्गुण और सगुण, दोनों काव्य-धाराओं तथा उनकी उपधाराओं के कवियों और उनकी रचनाओं पर विचार करेंगे।

निर्गुण काव्यः ज्ञानाश्रयी शाखा

भक्ति साहित्य की दो धाराओं, निर्गुण काव्य और सगुण काव्य का उल्लेख किया जा चुका है। इन दोनों धाराओं की दो-दो उपधाराएँ हैं। निर्गुण काव्य की इन उपधाराओं को 'ज्ञानाश्रयी शाखा' और 'प्रेमाश्रयी शाखा' कहा जाता है। प्रेमाश्रयी काव्य ही हिंदी का सूफ़ी काव्य है। सगुण धारा की दो उपधाराएँ हैं– राम-भक्ति शाखा और कृष्ण-भक्ति शाखा। कबीर आदि निर्गुण संतों के साहित्य को ज्ञानाश्रयी कहने का कारण यह प्रतीत होता है कि इन संतों ने 'ज्ञान' पर सूफ़ियों की अपेक्षा अधिक बल दिया है। कबीर आदि के यहाँ भगवत्प्रेम पर कम बल नहीं है किंतु सूफ़ी कवि प्रेम का जितना विशद चित्रण करते हैं, कबीर आदि नहीं करते।

कबीर (1398-1518)

कबीर का जन्म 1398 में माना जाता है। उनके जन्म और माता-पिता को लेकर बहुत विवाद है। लेकिन यह स्पष्ट है कि कबीर जुलाहा थे, क्योंकि उन्होंने अपने को कविता में अनेक बार जुलाहा कहा है। कहा जाता है कि वे विधवा ब्राह्मणी के पुत्र थे, जिसे लोकापवाद के भय से जनमते ही काशी के लहरतारा ताल के पास फेंक दिया गया था। अली या नीरू नामक जुलाहा बच्चे को अपने यहाँ उठा लाया। इस प्रकार कबीर ब्राह्मणी के पेट से पैदा हुए थे, लेकिन उनका पालन-पोषण जुलाहे के यहाँ हुआ। बाद में वे जुलाहा ही प्रसिद्ध हुए। कबीर की मृत्यु के बारे में भी कहा जाता है कि हिंदू उनके शव को जलाना चाहते थे और मुसलमान दफ़नाना। इस पर विवाद हुआ, किंतु पाया गया कि कबीर का शव अंतर्धान हो गया है। वहाँ कुछ फूल पड़े मिले। उनमें से कुछ फूलों को हिंदुओं ने अग्नि के हवाले किया और कुछ फूलों को मुसलमानों ने ज़मीन में दफ़ना दिया। कबीर की मृत्यु मगहर ज़िला बस्ती में सन् 1518 में हुई।

कबीर का अपना पंथ या संप्रदाय क्या था, इसके बारे में कुछ भी निश्चयपूर्वक नहीं कहा जा सकता। वे रामानंद के शिष्य के रूप में विख्यात हैं, किंतु उनके 'राम' रामानंद के 'राम' नहीं हैं। शेख तकी नाम के सूफ़ी संत को भी कबीर का गुरु कहा जाता है, किंतु इसकी पुष्टि नहीं होती। संभवतः कबीर

ने इन सबसे सत्संग किया होगा और इन सबसे वे किसी-न-किसी रूप में प्रभावित भी हुए होंगे।

इससे प्रकट होता है कि कबीर की जाति के विषय में यह दुविधा बराबर बनी रही है। इसका कारण उनके व्यक्तित्व, उनकी साधना और काव्य में कुछ ऐसी विशेषताएँ हैं, जो हिंदू या मुसलमान कहने-भर से प्रकट नहीं होतीं। उनका व्यक्तित्व दोनों में से किसी एक में नहीं समाता।

उनकी जाति के विषय में आचार्य हजारीप्रसाद द्विवेदी ने अपनी पुस्तक **कबीर** में प्राचीन उल्लेखों, कबीर की रचनाओं, प्रथाओं, वयनजीवी (बुनकर) जातियों की रीति-रिवाजों का विवेचन-विश्लेषण करके दिखाया है कि आज की वयनजीवी जातियों में से अधिकांश किसी समय ब्राह्मण श्रेष्ठता को स्वीकार नहीं करती थीं। जोगी नामक आश्रम-भ्रष्ट घर-बारियों की एक जाति सारे उत्तर और पूर्व भारत में फैली थी। ये नाथपंथी थे, कपड़ा बुनकर और सूत कातकर या गोरखनाथ और भरथरी के नाम पर भीख माँगकर जीविका चलाया करते थे। इनमें निराकार भाव की उपासना प्रचलित थी, जाति-भेद और ब्राह्मण-श्रेष्ठता के प्रति उनकी कोई सहानुभूति नहीं थी और न ही अवतारवाद में कोई आस्था थी। आसपास के वृहत्तर हिंदू समाज की दृष्टि में ये नीच और अस्पृश्य थे। मुसलमानों के आने के बाद ये धीरे-धीरे मुसलमान होते रहे। पंजाब, उत्तर प्रदेश, बिहार और बंगाल में इनकी कई बस्तियों ने सामूहिक रूप से मुसलमानी धर्म ग्रहण किया। कबीरदास इन्हीं नवधर्मांतरित लोगों में पालित हुए थे।

कबीर के काव्य पर इन सबका प्रभाव देखा जा सकता है। उनमें वेदांत का अद्वैत, नाथपंथियों की अंतस्साधनात्मक रहस्य-भावना, हठयोग, कुंडलिनी योग, सहज साधना, इस्लाम का एकेश्वरवाद सब कुछ मिलता है।

अंतस्साधनात्मक पारिभाषिक शब्दावली का प्रयोग उन्होंने खूब किया है, साथ ही अहिंसा की भावना और वैष्णव प्रतिवाद भी। कबीर की वाणी का संग्रह 'बीजक' कहलाता है। इसके तीन भाग हैं– 1. रमैनी, 2. सबद और 3. साखी। रमैनी और सबद में गेय पद हैं, साखी दोहों में है। रमैनी और सबद ब्रजभाषा में हैं, जो तत्कालीन मध्यदेश की काव्य-भाषा थी।

साखियों में पूर्वी का प्रयोग अधिक है, जिसे स्थानीय या क्षेत्रीय प्रभाव मानना चाहिए। कबीर साहसपूर्वक जन-बोली के शब्दों का प्रयोग अपनी कविता में करते हैं। बोली के ठेठ शब्दों के प्रयोग के कारण ही कबीर को 'वाणी का डिक्टेटर' कहा जाता है। उनकी अनंत तेजस्विता उनकी भाषा-शैली में भी प्रकट

है। काजी, पंडित, मुल्ला को संबोधित करते हुए वे प्रायः तन जाते हैं– *पांडे कौन कुमति तोहि लागि, कस रे मुल्ला बाँग नेवाजा।*

किंतु सामान्य जन को या हरिजन को संबोधित करते समय वे 'भाई' या 'साधो' जैसे शब्दों का प्रयोग करते हैं।

कबीर तथा अन्य निर्गुण संतों की उलटबाँसियाँ प्रसिद्ध हैं। उलटबाँसियों का पूर्व रूप हमें सिद्धों की 'संधा भाषा' में मिलता है। उलटबाँसियाँ अंतस्साधनात्मक अनुभूतियों को असामान्य प्रतीकों में प्रकट करती हैं। वे वर्णाश्रम व्यवस्था को माननेवाले संस्कारों को धक्का देती हैं। इन प्रतीकों का अर्थ खुलने पर ही उलटबाँसियाँ समझ में आती हैं।

कबीर ने भक्ति-पूर्व धार्मिक साधनाओं को आत्मसात अवश्य किया था, किंतु वे इन साधनाओं को भक्ति की भूमिका या तैयारी मात्र मानते थे। जीवन की सार्थकता वे भक्ति या भगवद्विषयक रति में ही मानते थे। यद्यपि उनके 'राम' निराकार हैं, तथापि वे मानवीय भावनाओं के अवलंबन हैं। इसीलिए कबीर ने निराकार निर्गुण राम को भी अनेक प्रकार के मानवीय संबंधों में याद किया है। वे 'भरतार' हैं, कबीर 'बहुरिया' हैं। वे कबीर की माँ हैं– *हरिजननी मैं बालक तोरा।* वे पिता भी हैं, जिनके साथ कबीर बाज़ार जाने की ज़िद करते हैं।

कबीर भक्ति के बिना सारी साधनाओं को व्यर्थ और अनर्थक मानते हैं। इसी प्रेम एवं भक्ति के बल पर वे अपने युग के सारे मिथ्याचार, कर्मकांड, अमानवीयता, हिंसा, पर-पीड़ा को चुनौती देते हैं। उनके काव्य, उनके व्यक्तित्व और उनकी साधना में जो अक्खड़पन, निर्भीकता और दोटूकपन है वह भी इसी भक्ति या महाराग के कारण। वे पूर्व-साधनाओं की पारिभाषिक शब्दावली को अपनाकर भी उसमें जो नई अर्थवत्ता भरते हैं, वह भी वस्तुतः प्रेम-भक्ति की ही अर्थवत्ता है।

कबीर अपने अनुभव, पर्यवेक्षण और बुद्धि को निर्णायक मानते हैं, शास्त्र को नहीं। इस दृष्टि से वे यथार्थ-बोध के रचनाकार हैं। उनके यहाँ जो व्यंग्य की तीव्रता और धार है वह भी कथनी-करनी के अंतर को देख पाने की क्षमता के कारण है। अपने देखने या अनुभव को न झुठलाने के कारण ही वे परंपरा द्वारा दिए गए समाधान को अस्वीकार करके नए प्रश्न पूछते हैं– *चलन-चलन सब लोग कहत हैं, न जानों बैकुंठ कहाँ है?* या *न जाने तेरा साहब कैसा है?*

कबीर बहुत गहरी मानवीयता और सहृदयता के कवि हैं। अक्खड़ता और निर्भयता उनके कवच हैं, उनमें मानवीय करुणा, निरीहता, जगत के सौंदर्य से

अभिभूत होने वाला हृदय विद्यमान है। कबीर की एक और विशेषता है– काल का तीव्र-बोध। वे काल को सर्वग्रासी रूप में चित्रित करते हैं और भक्ति को उस काल से बचने का मार्ग बताते हैं।

परंपरा पर संदेह, यथार्थ-बोध, व्यंग्य, काल-बोध की तीव्रता और गहरी मानवीय करुणा के कारण कबीर आधुनिक भाव-बोध के बहुत निकट लगते हैं। किंतु कबीर में अंतस्साधनात्मक रहस्य-भावना भी है और राम में अनन्य भक्ति तो उनकी मूल भाव-भूमि ही है।

नाद, बिंदु, कुंडलिनी, षड्चक्रभेदन आदि का बार-बार वर्णन कबीर-काव्य का अंतस्साधनात्मक रहस्यवादी पक्ष है। कबीर में स्वाभाविक रहस्य-भावना बड़े मार्मिक तौर पर व्यक्त की गई है। ऐसे अवसरों पर वे प्रायः जिज्ञासु होते हैं– *कहो भैया अंबर कासौ लागा।*

कबीर में जीवन के द्वंद्वात्मक पक्ष को समझ लेने की अद्भुत क्षमता थी। इस परस्पर-विरोधिता को न रागझने पर कबीर का मर्म नहीं खुलता। जिसे जीना कहा जाता है, वह वस्तुतः जीवित रहने और मृत्यु की ओर निरंतर बढ़ते रहने की प्रक्रिया है। फिर भी लोग कुशल पूछते हैं और कुशल बताते हैं। लोग जीने का केवल एक पक्ष देखते हैं, दूसरा नहीं। कबीर इसपर व्यंग्य करते हैं, हँसते हैं और करुणा करते हैं–

कुसल-कुसल ही पूछते, कुसल रहा न कोय।
जरा मुई न भय मुआ, कुसल कहाँ ते होय॥

कबीर विशाल गतिशील बिंब प्रस्तुत करते हुए आकाश और धरती को चक्की के दो पाट बताते हैं–

चलती चाकी देखकर, दिया कबीरा रोय।
दो पाटन के बीच में साबुत बचा न कोय॥

वे समाधि, सत्संग, गुरु-उपदेश, हरिभजन आदि की सुखानुभूति का चित्रण उत्कृष्ट इंद्रियबोधात्मक तीव्रता के साथ करते हैं–

सतगुर हमसूं रीझकर, कहा एक परसंग।
बादर बरसा प्रेम का, भीज गया सब अंग॥

कबीर सादृश्य-विधान प्रायः अवर्ण जातियों के व्यवसाय के आधार पर खड़ा करते हैं। जुलाहा, माली, कुम्हार, लोहार, व्याध, कलवर आदि के व्यवसायों का उपयोग वे प्रायः अलंकार योजना में करते हैं। यह प्रायः सभी कवियों में पाया जाता है।

रैदास (1388-1518)

रैदास भी रामानंद के शिष्य कहे जाते हैं। उन्होंने अपने एक पद में कबीर और सेन का उल्लेख किया है, जिससे स्पष्ट हो जाता है कि वे कबीर के समकालीन थे। अनुमानतः पंद्रहवीं शती उनका समय रहा होगा। धन्ना और मीराबाई ने रैदास का उल्लेख आदरपूर्वक किया है। यह भी कहा जाता है कि मीराबाई रैदास की शिष्या थीं। रैदास ने अपने को एकाधिक स्थानों पर चमार जाति का कहा है–

कह रैदास खलास चमारा या ऐसी मेरी जाति विख्यात चमारा।

रैदास काशी के आसपास के थे। रैदास के पद **आदि गुरुग्रंथ साहब** में संकलित हैं। कुछ फुटकल पद **सतबानी** में हैं।

रैदास की भक्ति का ढाँचा निर्गुणवादियों का ही है, किंतु उनका स्वर कबीर जैसा आक्रामक नहीं। रैदास की कविता की विशेषता उनकी निरीहता है। वे अनन्यता पर बल देते हैं। रैदास में निरीहता के साथ-साथ कुंठाहीनता का भाव द्रष्टव्य है। भक्ति-भावना ने उनमें वह बल भर दिया था जिसके आधार पर वे डंके की चोट पर घोषित कर सके कि उनके कुटुंबी आज भी बनारस के आसपास ढोर (मुर्दा पशु) ढोते हैं और दासानुदास रैदास उन्हीं का वंशज है–

जाके कुटुंब सब ढोर ढोवंत फिरहिं अजहुँ बानारसी आसपासा।
आचार सहित बिप्र करहिं डंड उति तिन तनै रविदास दासानुदासा।।

रैदास की भाषा सरल, प्रवाहमयी और गेयता के गुणों से युक्त है।

गुरु नानक (1469-1538)

गुरु नानक का जन्म 1469 में तलवंडी ग्राम, जिला लाहौर में हुआ था। इनकी मृत्यु 1538 में हुई। इनके पिता का नाम कालूचंद खत्री तथा माँ का नाम तृप्ता था। इनकी पत्नी का नाम सुलक्षणी था। कहते हैं कि इनके पिता ने इन्हें व्यवसाय में लगाने का बहुत उद्यम किया, किंतु इनका मन भक्ति की ओर अधिकाधिक झुकता गया। इन्होंने हिंदू-मुसलमान, दोनों की समान धार्मिक उपासना पर बल दिया तथा वर्णाश्रम व्यवस्था और कर्मकांड का विरोध करके निर्गुण ब्रह्म की भक्ति का प्रचार किया। गुरु नानक ने व्यापक देशाटन किया और मक्का-मदीना तक की यात्रा की। कहते हैं कि मुगल सम्राट बाबर से भी इनकी भेंट हुई थी। यात्रा के दौरान साथ में इनके साथी और शिष्य रागी नामक मुस्लिम रहते थे, जो इनके द्वारा रचित पदों को गाते थे। गुरु नानक ने सिख धर्म का प्रवर्तन किया। गुरु नानक ने पंजाबी के साथ हिंदी में भी कविताएँ लिखीं। इनकी हिंदी में

ब्रजभाषा और खड़ी बोली, दोनों का मेल है। इनके भक्ति और विनय के पद बहुत मार्मिक हैं। शामकता इनके व्यक्तित्व और रचना की विशेषता है। गुरु नानक ने उलटबाँसी शैली नहीं अपनाई है। इनके दोहों में जीवन के अनुभव उसी प्रकार गुँथे हैं, जैसे कबीर की रचनाओं में। **आदि गुरुग्रंथ साहब** के अंतर्गत 'महला' नामक प्रकरण में इनकी बानी संकलित है। उसमें सबद, सलोक मिलते हैं। गुरु नानक की रचनाएँ हैं– **जपुजी**, **आसादीवार**, **रहिरास** और **सोहिला**। गुरु नानक की ही परंपरा में उनके उत्तराधिकारी गुरु कवि हुए। इनगें गुरु अंगद (जन्म 1504), गुरु अमरदास (जन्म 1479), गुरु रामदास (जन्म 1514), गुरु अर्जुन (जन्म 1563), गुरु तेगबहादुर (जन्म 1622) और दसवें गुरु गोविंदसिंह (जन्म 1664) हैं। गुरु गोविंदसिंह ने अनेक ग्रंथों की रचना की।

दादूदयाल (1544-1603)

कबीर की भांति दादू के जन्म और उनकी जाति के विषय में विवाद और अनेक किंवदंतियाँ प्रचलित हैं। कुछ लोग उन्हें गुजराती ब्राह्मण मानते हैं, कुछ लोग मोची या धुनिया। प्रो. चंद्रिकाप्रसाद त्रिपाठी और क्षितिजमोहन सेन के अनुसार दादू मुसलमान थे और उनका नाम दाऊद था। कहते हैं दादू बालक के रूप में साबरमती नदी में बहते हुए लोदीराम नामक नागर ब्राह्मण को मिले थे। दादू के गुरु का भी निश्चित रूप से पता नहीं लगता। कुछ लोग मानते हैं कि वे कबीर के पुत्र कमाल के शिष्य थे। पं. रामचंद्र शुक्ल का विचार है कि उनकी बानी में कबीर का नाम बहुत जगह आया है और इसमें कोई संदेह नहीं कि वे उन्हीं के मतानुयायी थे। वे आमेर, मारवाड़, बीकानेर आदि स्थानों में घूमते हुए जयपुर आए। वहीं के भराने नामक स्थान पर इन्होंने 1603 में शरीर छोड़ा। वह स्थान दादूपंथियों का केंद्र है। दादू की रचनाओं का संग्रह उनके दो शिष्यों संतदास और जगनदास ने **हरडेवानी** नाम से किया था। कालांतर में रज्जब ने इसका संपादन **अंगवधू** नाम से किया।

दादू की कविता जन सामान्य को ध्यान में रखकर लिखी गई है, अतएव सरल एवं सहज है। दादू भी कबीर के समान अनुभव को ही प्रमाण मानते थे। दादू की रचनाओं में भगवान के प्रति प्रेम और व्याकुलता के भाव हैं। कबीर की भाँति उन्होंने भी निर्गुण निराकार भगवान को वैयक्तिक भावनाओं का विषय बनाया है। उनकी रचनाओं में इस्लामी साधना के शब्दों का प्रयोग खुलकर हुआ है। उनकी भाषा पश्चिमी राजस्थानी से प्रभावित हिंदी है। इसमें अरबी-फ़ारसी

के काफ़ी शब्द आए हैं, फिर भी वह सहज और सुगम है।

सुंदरदास (1596-1689)

सुंदरदास 6 वर्ष की आयु में दादू के शिष्य हो गए थे। उनका जन्म 1596 में जयपुर के निकट द्यौसा नामक स्थान पर हुआ था। दादू की मृत्यु के बाद एक संत जगजीवन राम के साथ वे 10 वर्ष की आयु में काशी चले गए। वहाँ 30 वर्ष की आयु तक उन्होंने जमकर अध्ययन किया। काशी लौटकर वे राजस्थान में शेखावटी के निकट फतहपुर नामक स्थान पर गए। वे फ़ारसी भी बहुत अच्छी जानते थे। उनका देहांत सांगामेर में 1689 में हुआ।

निर्गुण संत कवियों में सुंदरदास सर्वाधिक शास्त्रज्ञ एवं सुशिक्षित थे। कहते हैं कि वे अपने नाम के अनुरूप अत्यंत सुंदर थे। सुशिक्षित होने के कारण उनकी कविता कलात्मकता से युक्त और उनकी भाषा परिमार्जित है। निर्गुण संतों ने गेयपद और दोहे ही लिखे हैं। सुंदरदास ने कवित्त और सवैये भी रचे हैं। उनकी काव्य-भाषा में अलंकारों का प्रयोग खूब हुआ है। उनका सर्वाधिक प्रसिद्ध ग्रंथ **सुंदरविलास** है। काव्य-कला में शिक्षित होने के कारण उनकी रचनाएँ निर्गुण साहित्य में विशिष्ट स्थान रखती हैं। निर्गुण साधना और भक्ति के अतिरिक्त उन्होंने सामाजिक व्यवहार, लोकनीति और भिन्न-भिन्न क्षेत्रों के आचार-व्यवहार पर भी उक्तियाँ कही हैं। लोकधर्म और लोकमर्यादा की उन्होंने उपेक्षा नहीं की है।

रज्जब (1567-1689)

रज्जब (17 वीं शती) दादू के शिष्य थे। ये भी राजस्थान के थे। इनकी कविता में सुंदरदास की शास्त्रीयता का तो अभाव है, किंतु पं. हजारीप्रसाद द्विवेदी के अनुसार, "रज्जब दास निश्चय ही दादू के शिष्यों में सबसे अधिक कवित्व लेकर उत्पन्न हुए थे। उनकी कविताएँ भावापन्न, साफ़ और सहज हैं। भाषा पर राजस्थानी प्रभाव अधिक है और इस्लामी साधना के शब्द भी अपेक्षाकृत अधिक हैं।"

निर्गुण संतों की ज्ञानाश्रयी शाखा के अन्य प्रसिद्ध संत मलूकदास (जन्म 1574), अक्षर अनन्य (जन्म 1653), जंभनाथ (1451), सिंगाजी (1519) और हरिदास निरंजनी (17 वीं शती) हैं। कबीर के पुत्र कमाल और शिष्य धर्मदास की गणना इसी परंपरा में होती है। इनमें धर्मदास (16 वीं शती) की रचनाओं का संतों में बहुत आदर है। इन्होंने कबीर का शिष्य बनने पर अपनी

विशाल संपत्ति लुटा दी। इनकी कविताएँ सरल और भावापन्न हैं।

प्रेमाश्रयी शाखा या सूफ़ी काव्य-धारा

ऐतिहासिक या कल्पित व्यक्तियों के साथ किसी राजकुमारी, श्रेष्ठि-पुत्री, गणिका या अप्सरा की प्रेम-कथा की परंपरा प्राचीन है। कालिदास ने **मेघदूत** में 'उदयनकथाकोविद'(उदयन की कहानी कहने में पटु) जनों का उल्लेख किया है। सोलहवीं शती के बनारसीदास ने **अर्ध-कथानक** में लिखा है कि वे **मधुमालती**, **मिरगावत** पढ़ते थे। ये सूफ़ी नहीं, शुद्ध लौकिक प्रेम-काव्य थे। एक ही कहानी को आधार बनाकर मध्यकाल में अनेक रचनाकारों ने काव्य लिखे हैं। अनेक सूफ़ी कवियों ने यह लिख दिया है, *आदि अंत जस कथा रही* या *पुनि हम खोलि अरथ सब कहा*। इससे यही स्पष्ट होता है कि ये कथाएँ पहले से प्रचलित थीं। अनुमानतः जैन मतावलंबी रचनाकारों ने आदिकाल में **भविस्सयत्त कहा** जैसी रचनाएँ की हैं, वे भी लोक-प्रचलित कथाओं पर आधारित हैं। जैसे सूफ़ी कवियों ने उन्हें सूफ़ी ढाँचे में बाँधा, वैसे जैन मतावलंबी कवियों ने उन्हें जैन धर्म के ढाँचे में प्रस्तुत किया होगा। ऐसा ही राम-कथा और कृष्ण-कथा के साथ भी हुआ है।

लौकिक प्रेम-कथाओं की परंपरा भी सूफ़ी काव्य के समानांतर चलती रही है। ईश्वरदास की **सत्यवती कथा** को इसी परंपरा में माना जाना चाहिए। कुशल लाभ का **ढोला मारू रा दूहा** (16वीं शती) जिसमें ढोला और मारवड़ी की प्रेम-कथा चित्रित है, प्रसिद्ध प्रेम आख्यानक है। कुशल लाभ की ही दूसरी रचना **माधवानल-कामकंदला** है। माधवानल-कामकंदला की प्रेमकथा पर 1547 में आलम ने भी काव्य-रचना की है। सारंगा-सदावृक्ष की भी प्रेमकथा पर अनेक रचनाएँ मिलती हैं। यह कथा गद्य में भी मिलती है। इसी प्रकार किसी अज्ञात कवि ने दिल्ली के सुल्तान फ़िरोज़शाह के पुत्र कुतुबद्दीन और साहिबा की प्रेमकथा पर **कुतुब सतक** की रचना की है। कहने का आशय यह है कि सूफ़ी काव्य के साथ-साथ शुद्ध लौकिक प्रेम आख्यानों की परंपरा भी चलती रही। सूफ़ी कवियों ने इसी आख्यान परंपरा का उपयोग किया और उसे सूफ़ी सिद्धांतों के ढाँचे में इस सफ़ाई से गढ़ा कि कथा प्रतीकात्मक हो गई। प्रतीकात्मकता में दोहरापन होता है। वह प्रस्तुत और अप्रस्तुत, दोनों अर्थ देती है। सूफ़ी परंपरा के पहले कवि मुल्ला दाऊद हैं। इनकी रचना का नाम **चंदायन** है। **चंदायन** का रचनाकाल 1379 है।

बरिस सात से होई इक्यासी। तिन्हि जाह कबि सरसेउ भासी।।

मुल्ला दाऊद रायबरेली ज़िले के डलमऊ के थे। वहीं उन्होंने **चंदायन** की रचना की। यह काव्य बहुत ही लोकप्रिय एवं सम्मानित था। दिल्ली में मख्दूम शेख तकीउद्दीन रब्बानी जन-समाज के बीच इसका पाठ किया करते थे। **चंदायन** पूर्व भारत में प्रचलित लोरिक, उसकी पत्नी मैना और उसकी विवाहिता प्रेमिका चंदा की प्रेमकथा पर आधारित है। बीच-बीच में चंदा को इस काव्य में भी **पद्मावत** की भाँति अलौकिक सत्ता का प्रतीक बनाया गया है। **चंदायन** की भाषा परिष्कृत अवधी है, जिससे लगता है कि चौदहवीं शती तक अवधी काव्य-भाषा के रूप में परिष्कृत और प्रतिष्ठित हो चली थी।

कुतुबन (1567-1689)

कुतुबन ने **मिरगावत** की रचना 909 हिजरी अर्थात् 1503-04 में की थी। ये सोहरावर्दी पंथ के ज्ञात होते हैं। पं. रामचंद्र शुक्ल के अनुसार ये जौनपुर के बादशाह हुसैन शाह के आश्रित थे। **मिरगावत** में नायक मृगी-रूपी नायिका पर मोहित हो जाता है और उसकी खोज में निकल पड़ता है। अंत में शिकार खेलते समय सिंह के द्वारा मारा जाता है। यह रचना अनेक कथानक-रूढ़ियों से युक्त है। इसकी भाषा प्रवाहमयी है।

मलिक मुहम्मद जायसी (1492-1542)

हिंदी में सूफ़ी काव्य परंपरा के श्रेष्ठ कवि मलिक मुहम्मद जायसी हैं। ये अमेठी के निकट जायस के रहने वाले थे, इसलिए इन्हें जायसी कहा जाता है। पं. रामचंद्र शुक्ल ने लिखा है कि जायसी अपने समय के सिद्ध फ़कीरों में गिने जाते थे। अमेठी के राजघराने में इनका बहुत मान था। इनकी तीन रचनाएँ उपलब्ध हैं– **अखरावट**, **आखिरी कलाम** और **पद्मावत**। कहते हैं कि एक नवोपलब्ध काव्य **कन्हावत** भी इन्हीं की रचना है। किंतु **कन्हावत** का पाठ प्रामाणिक नहीं लगता। **अखरावट** में देवनागरी वर्णमाला के एक-एक अक्षर को लेकर सैद्धांतिक बातें कही गई हैं। **आखिरी कलाम** में कयामत का वर्णन है। कवि के यश का आधार है **पद्मावत**। इसकी रचना कवि ने 1520 (927 हिजरी) के आसपास की थी। कुछ लोग 27 को 47 पढ़कर इसका रचनाकाल 1547 मानने के पक्ष में हैं।

पद्मावत प्रेम की पीर की व्यंजना करने वाला विशद प्रबंध-काव्य है। यह दोहे-चौपाइयों में निबद्ध मसनवी शैली में लिखा गया है, जिसमें कवि ने

अल्लाह, हज़रत मुहम्मद, उनके चार मित्रों, शाहेवक्त, शेरशाह सूरी और समसामयिक गुरुओं एवं पीरों की वंदना की है। **पद्मावत** की काव्य-भूमिका विशद एवं उदात्त है। कवि ने प्रारंभ में ही प्रकट कर दिया है कि जीवन और जगत को देखनेवाली उसकी दृष्टि व्यापक और परस्पर-विरोध को आँकने वाली है। कवि अल्लाह को इस विविधतामयी सृष्टि का कर्ता कहता है, विविध प्राणियों, वस्तुओं, स्थितियों का परिगणन करता है, फिर उनमें परस्पर-विरोध देखता है–

कीन्हेसि नाग मुखहिं विष बसा। कीन्हेसि मंत्र हरह जेहिं डसा।।
कीन्हेसि अमिअ जिअन जेहि पाएँ। कीन्हेसि विष जो मीचु तेहि खाएँ।।
कीन्हेसि अखि मीठि रस भरी। कीन्हेसि करइ बेलि बहु फरी।।

उपर्युक्त पंक्तियों में जायसी वस्तुओं का परस्पर-विरोध देख-दिखा रहे हैं। उनकी दृष्टि सामाजिक विषमता की ओर भी जाती है–

कीन्हेसि कोइ भिखारि कहि धनी। कीन्हेसि संपति बिपति पुन धनी।।
काहू भोग भुगुति सुख सारा। कहा काहू भूख भवन दुख भारा।।

जायसी इन सबको अल्लाह का ही किया हुआ मानते थे।

पद्मावत की कथा चित्तौर के शासक रतनसेन और सिंहल देश की राजकन्या पद्मिनी की प्रेम-कहानी पर आधारित है। इसमें कवि ने कौशलपूर्वक कल्पना एवं ऐतिहासिकता का मिश्रण कर दिया है। इसमें अलाउद्दीन खिलजी द्वारा चित्तौर पर आक्रमण और विजय ऐतिहासिक घटना है। रतनसेन अपनी विवाहिता पत्नी नागमती को छोड़कर पद्मिनी की खोज में योगी बनकर निकल पड़ता है। पद्मिनी से उसका विवाह होता है। राघवचेतन नामक पंडित पद्मिनी के रूप की प्रशंसा अलाउद्दीन से करता है। अलाउद्दीन छल से रतनसेन को पकड़कर दिल्ली ले जाता है। गोरा-बादल वीरतापूर्वक रतनसेन को छुड़ा लेते हैं। बाद में रतनसेन एक अन्य राजा देवपाल से लड़ाई में मारा जाता है। पद्मिनी और नागमती राजा के शव को लेकर सती हो जाती हैं। अलाउद्दीन जब चित्तौर पहुँचता है तो उसे उनकी राख मिलती है।

जायसी ने इस प्रेम-कथा को आधिकारिक एवं आनुषंगिक कथाओं के ताने-बाने में बहुत जतन से बाँधा है। **पद्मावत** आद्यंत 'मानुष-प्रेम' अर्थात् मानवीय प्रेम की महिमा व्यंजित करता है। हीरामन शुक शुरू में कहता है–

मानुस प्रेम भएउँ बैकुंठी। नाहिं त काह छार भरि मूठी।।

रचना के अंत में वह *छार भरि मूठी* फिर आती है। अलाउद्दीन पद्मिनी के

सती होने के बाद चित्तौर पहुँचता है, तो यह राख ही मिलती है–

छार उठाइ लीन्हि एक मूठी। दीन्हि उड़ाइ पिरिथमी झूठी।।

कवि ने कौशल से यह मार्मिक व्यंजना की है कि जो पद्मिनी रतनसेन के लिए 'पारस रूप' है, वही अलाउद्दीन जैसों के लिए मुट्ठी भर धूल। मध्यकालीन रोमांचक आख्यानों का कथानक प्रायः बिखर जाता है, किंतु **पद्मावत** का कथानक सुगठित है।

पद्मावत में नगर वर्णन, षड्ऋतु वर्णन, बारहमासा, नख-शिख वर्णन केवल रूढ़िपालन के रूप में नहीं मिलता है। उसमें कवि की कल्पना सहृदयता के सहारे मार्मिक एवं करुण दृश्य-विधान खड़ा करती है। **पद्मावत** में प्रकृति का प्रतीकात्मक उपयोग है, किंतु वह अपना स्वतंत्र व्यक्तित्व भी रखती है। जायसी के नख-शिख वर्णन की विशेषता यह है कि वह मांसल होते हुए भी मनुष्य की पाशविक वृत्तियों को उत्तेजित नहीं करता, बल्कि एक रहस्य और करुणा के लोक में हमें ले जाता है। **पद्मावत** की नागमती के विरह-वर्णन का प्रसंग अत्यंत मार्मिक है। उसकी मार्मिकता का आधार है मध्यकालीन भारतीय नारी की विवशता। एक ओर नारी का विवश और पूर्ण आत्म-समर्पण, दूसरी ओर पुरुष द्वारा उसकी उपेक्षा। मार्मिकता का दूसरा कारण नागमती को लोकसामान्य भाव-भूमि पर स्थित करके उसके विरह का चित्रण करना है। वह रानी है, किंतु उसे जिस रूप में प्रस्तुत किया गया है वह मध्यकालीन सामान्य वर्ग की नारी का रूप है, राजभवन में रहने वाली का नहीं–

पुरव नछत्र सिर ऊपर आवा। हौं बिनु नाँह मंदिर को छावा।।

बरिसै मेघा झँकोरी-झँकोरी। मोर दुइ नैन चुवहिं जसि ओरी।।

प्रतीकात्मकता की बात पहले आ चुकी है। **पद्मावत** का रचनाकार लौकिक कथा का वर्णन कहीं-कहीं इस प्रकार करता है कि अलौकिक पर परोक्ष-सत्ता का अर्थ संकेतित हो जाता है। जैसे मानसरोदक खंड का यह वर्णन–

सरवर तीर पद्मिनी आई। खोंपा छोरि केस मुकलाई।।

ससिमुख अंग मलयगिरि बासा। नागिन झाँपि लीन्ह चहुँ पासा।।

ओनई घटा परी जग छाँहा। ससि के सरन लीन्ह जनु राहा।।

प्रथम दो पंक्तियों में रूप-वर्णन है, किंतु तीसरी पंक्ति पद्मिनी के लोकोत्तर सौंदर्य का आभास देती है। इसी प्रकार बरौनियों का यह वर्णन भी–

उन बानन्ह अस को जो न मारा। बेधि रहा सगरौ संसारा।।

ऐसे वर्णनों से **पद्मावत** भरा है।

पद्मिनी परम सत्ता का प्रतीक है, रतनसेन साधक का तथा राघवसेन शैतान का। कथा लौकिक धरातल पर चलने के साथ-साथ लोकोत्तर अर्थ की भूमि पर भी चलती है। इसीलिए **पद्मावत** को प्रतीकात्मक काव्य कहा जाता है, किंतु यह प्रतीकात्मकता सर्वत्र नहीं है और इससे लौकिक कथा-रस में व्याघात नहीं पड़ता।

पद्मावत में हठयोग, कुंडलिनी योग एवं रसायन-साधना का पर्याप्त प्रभाव है। वैष्णव निरीहता और अहिंसा का भी संदेश है। हिंदू पौराणिक पात्रों का उल्लेख कहीं-कहीं संस्कारी मानसिकता के अनुकूल नहीं है। इस्लाम के एक संप्रदाय की सूफ़ी साधना तो उसकी रचना की प्रेरणा ही है। इस प्रकार **पद्मावत** मध्यदेश की अनेक धार्मिक साधनाओं का रूप प्रस्तुत करता है।

पद्मावत विशुद्ध अवधी में रचित काव्य है। इसमें **रामचरितमानस** की भाँति अनेक क्षेत्र की भाषाओं का मेल नहीं। इसीलिए विशुद्ध अवधी का जो सहज और चलता रूप **पद्मावत** में मिलता है, **मानस** में नहीं। इसमें तत्सम शब्दों का इस्तेमाल भी बहुत कम या नहीं के बराबर है। जायसी का प्रिय अलंकार हेतूत्प्रेक्षा है, जैसे–

पिउ सो कहहु संदेसड़ा, हे भौंरा हे काग।
सो धनि बिरहे जरि मुई, तेहिक धुआँ हम लाग।।

जायसी के अतिशयोक्तिपूर्ण वर्णनों की विशेषता यह है कि वे वस्तु की अतिरंजना नहीं करते, अतिशयोक्तियों द्वारा भाव-सत्य का रूप खींचते हैं। इसीलिए उनकी अतिशयोक्तियाँ भी मार्मिक होती हैं।

मंझन (16 वीं शती)

मंझन ने 1545 में **मधुमालती** की रचना की थी। ये जायसी के परवर्ती थे। **मधुमालती** में नायक को अप्सराएँ उड़ाकर मधुमालती की चित्रसारी में पहुँचा देती हैं और वहीं नायक नायिका को देखता है। इसमें मनोहर और मधुमालती की प्रेम-कथा के समानांतर प्रेमा और ताराचंद की भी प्रेम-कथा चलती है। इसमें प्रेम का बहुत उच्च आदर्श सामने रखा गया है। सूफ़ी काव्यों में नायक की प्राय: दो पत्नियाँ होती हैं, किंतु इसमें मनोहर अपने द्वारा उपकृत प्रेमा से बहन का संबंध स्थापित करता है। इसमें जन्म-जन्मांतर के बीच प्रेम की अखंडता प्रकट की गई है। इस दृष्टि से इसमें भारतीय पुनर्जन्मवाद की बात कही गई है। इस्लाम पुनर्जन्म नहीं मानता। लोक के वर्णन द्वारा अलौकिक सत्ता का संकेत सभी सूफ़ी काव्यों के समान इसमें भी पाया जाता है।

इनके अतिरिक्त सूफ़ी काव्य परंपरा के अन्य उल्लेखनीय कवि और काव्य इस प्रकार हैं– उस्मान ने 1613 में **चित्रावली** की रचना की। शेख नवी ने 1619 में **ज्ञानद्वीप** नामक काव्य लिखा। कासिम शाह ने 1731 में **हंस जवाहिर** रचा। नूर मुहम्मद ने 1744 में **इंद्रावती** और 1764 में **अनुराग बाँसुरी** लिखा। **अनुराग बाँसुरी** में शरीर, जीवात्मा और मनोवृत्तियों को लेकर रूपक बाँधा गया है। इन्होंने चौपाइयों के बीच दोहे न रखकर बरवै रखे हैं।

निर्गुण काव्य की सामान्य विशेषताएँ

निर्गुण काव्य की दोनों शाखाएँ निर्गुण मत पर आधारित हैं। ये दोनों परम सत्ता को मानवीय भावना का आलंबन तो मानती हैं, किंतु लीलावाद एवं अवतारवाद पर विश्वास नहीं करतीं। कबीर और सूफ़ी कवि भगवत्प्रेम को मानव-जीवन की सार्थकता मानते हैं। वे निर्गुण को गुणरहित नहीं, गुणातीत मानते हैं और उससे अनेक प्रकार के संबंध जैसे माता, पिता, प्रिय, गुरु आदि का संबंध स्थापित करते हैं। कबीर के यहाँ प्रेम की उत्कटता कम तीव्र नहीं, किंतु वे ज्ञान एवं अंतस्साधना की उपेक्षा नहीं करते। कबीर के काव्य में निर्गुण मतवाद का विश्वबोध प्रकट है। वे सृष्टि की उत्पत्ति, नाश, जन्म, मृत्यु, मनुष्य की नाड़ियों, चक्रों आदि की बात काफ़ी करते हैं। वे ज्ञान को व्याकुल करने वाला या दाहक मानते हैं। उनके यहाँ ज्ञान की आँधी सब कुछ को अस्त-व्यस्त कर देती है। इसीलिए वे अपने घर को और अपने साथ चलने वालों के घरों को जलाने की बात करते हैं। प्रेम एवं भक्ति पर ज़ोर होने के बावजूद उन्हें ज्ञानाश्रयी धारा का संत कहा जाता है। इस धारा के कवि अधिकांशत: अवर्ण हैं। उन्होंने वर्ण-व्यवस्था की पीड़ा सही थी। अत: उनमें वर्ण-व्यवस्था पर तीव्र आक्रमण करने का भाव है। इस धारा के कवियों पर नाथ-संतों की अंतस्साधना के साथ उनकी दुरूह प्रतीक-शैली उलटबाँसी का भी प्रभाव है। इन्होंने गेयपद, दोहा, चौपाई के अतिरिक्त कुछ लोक-प्रचलित छंदों का भी उपयोग किया है। ज्ञानाश्रयी धारा के किसी कवि द्वारा रचित कोई प्रबंध-काव्य प्रसिद्ध नहीं है।

प्रेमाश्रयी धारा के कवियों पर इस्लाम के सूफ़ी मत का सबसे अधिक प्रभाव है। सूफ़ी मत का अपना विश्व तत्त्वज्ञान है, किंतु वह सूफ़ी कवियों में अलग से दिखलाई नहीं पड़ता। इसका एक कारण यह हो सकता है कि सूफ़ी कवियों ने प्रबंध-काव्य लिखा है और तत्त्वज्ञान का आग्रह कथा-प्रबंधत्व में घुल-मिल गया है या छिप गया है। इसकी विशेषता यह है कि इन्होंने परम-सत्ता

में मधुर या दांपत्य भाव ही जोड़ा है, अन्य भाव नहीं। संसार में उसकी प्रतिछवि है। प्रतिछवि में उसका प्रतीक है। सूफ़ी इस प्रतीक को प्रतीकार्थ का साधन बनाते हैं। यह प्रतीकार्थ परम सत्ता है। इसलिए उनके यहाँ प्रेम और उसमें भी विरह-स्थिति की प्रधानता है। इस मत पर आधारित काव्य में भी प्रेम की उत्कट विरह व्यंजना और प्रतीकात्मकता है। इसीलिए सूफ़ी कवि 'प्रेम की पीर' के या प्रेमाश्रयी धारा के कवि कहे गए हैं। इन कवियों ने प्रबंध-काव्य लिखे हैं। इनकी भाषा अवधी है। ये चौपाई-दोहे में कड़वकबद्ध हैं। एक सूफ़ी कवि नूर मुहम्मद ने **अनुराग बाँसुरी** में दोहे की जगह बरवै का व्यवहार किया है। इन्होंने प्राय: भारत में लोक-प्रचलित कथाओं को अपने प्रबंध-काव्य का आधार बनाया है। उस कथा को बड़े कौशल से सूफ़ी मत के अनुकूल रूपायित किया है। इनमें भारतीय संस्कृति सुरक्षित ही नहीं, समृद्ध भी हुई है। सूफ़ी कवियों के साहित्य की आत्मा विशुद्ध भारतीय है, यद्यपि इसमें प्रेम और धर्म की विदेशी साधना भी घुल-मिल गई है। प्रबंध-काव्य मसनवी शैली में रचित है, अर्थात् सर्गबद्ध नहीं है। काव्य को घटनाओं के शीर्षकों में विभाजित किया गया है, किंतु इनका काव्य-रूप मध्यकाल की प्राकृत अपभ्रंश परंपरा के रोमांचक आख्यानों से जुड़ा है। तुलसीदास ने **रामचरितमानस** की रचना के लिए **पद्मावत** के ही काव्य-रूपात्मक ढाँचे को चुना।

राम-भक्ति धारा

राम की उपासना निर्गुण और सगुण, दोनों भक्त करते रहे हैं। राम नाम की उपासना कबीर और तुलसी, दोनों करते हैं। अंतर 'राम' के अर्थ को लेकर है। कबीर के राम दशरथ के सुत नहीं, किंतु तुलसी के राम दशरथ के सुत हैं। हिंदी क्षेत्र के भक्त कवियों का संबंध रामानंद से है। रामानंद जी राघवानंद के शिष्य एवं रामानुजाचार्य की परंपरा के आचार्य थे। वे अत्यंत उदारमना एवं आकाशधर्मा गुरु थे। सभी वर्णों के लोग उनके शिष्य हो सकते थे। हिंदी के निर्गुण और सगुण, दोनों प्रकार के संत कवियों का संबंध उनसे जुड़ता है।

रामानंद पंद्रहवीं शताब्दी में विद्यमान रहे होंगे। उनके नाम से अनेक रचनाएँ प्रचलित हैं। उनका एक पद हनुमान जी पर मिलता है। उनका कोई काव्य ग्रंथ नहीं मिलता। **योग चिंतामणि** भी उनकी रचना के रूप में प्रसिद्ध है, जिसमें बिंदु हठयोग की बातें हैं। इसी तरह उनके नाम से प्रसिद्ध एक रचना **रामरक्षा-स्तोत्र** है। उनके नाम के दो पद **गुरुग्रंथ साहब** में भी संकलित हैं। किंतु उनकी

प्रामाणिक रचनाएँ दो ही मानी जाती हैं– **वैष्णव मताब्ज भास्कर** और **श्रीरामार्चन पद्धति**। दोनों ग्रंथ संस्कृत में हैं।

भक्ति के लिए रामानंद ने वर्णाश्रम व्यवस्था को व्यर्थ बताया। उन्होंने भक्ति को सभी प्रकार की संकीर्णवादिता से दूर करके इतना व्यापक बनाया कि उसमें गरीब-अमीर, स्त्री-पुरुष, निर्गुण-सगुण, सवर्ण-अवर्ण, हिंदू-मुसलमान सभी आ सकें। रामानंद का दूसरा महत्त्व यह है कि उन्होंने लोकभाषा को अभूतपूर्व महत्त्व प्रदान किया। रामानंद के शिष्यों की सूची **भक्तमाल** में इस प्रकार दी हुई है–

अनंतानंद कबीर सुखा सुरसुरा पदमावति नरहरि
पीपा भावानंद रैदास धना सेन सुरसुर की घरहरि।

'सुरसुर की घरहरि' अर्थात् सुरसुरानंद की घरवाली। रामानंद ने सुरसुरानंद की पत्नी को भी दीक्षा दी। ऐसे ही उदारमना माननीय महान गुरु को कबीर अपना गुरु बना सकते थे।

रामानंद के शिष्य अनंतानंद थे। इनके शिष्य कृष्णदास पयहारी हुए जिन्होंने जयपुर के निकट गलता नामक स्थान पर रामानंद संप्रदाय की गद्दी स्थापित की। रामानंद और उनके शिष्यों द्वारा प्रचारित राम-भक्ति के ही वातावरण में रामकथा के श्रेष्ठ हिंदी गायक तुलसीदास का आविर्भाव हुआ।

पीछे हम यह बता चुके हैं कि तुलसीदास ने **रामचरितमानस** का काव्य-रूपात्मक ढाँचा जायसी से लिया। मुल्ला दाऊद और जायसी के सूफ़ी प्रबंध-काव्यों का मूल ढाँचा अपभ्रंश कवि स्वयंभू के **पउम चरिउ** का है, जो कड़वकबद्ध है। स्वयंभू का **पउम चरिउ** पद्धड़िया छंद में है, जो चौपाई से बहुत मिलता-जुलता है।

तुलसीदास के पूर्व **सत्यवती कथा** जैसी लोक-प्रचलित कथाएँ चौपाई-दोहे में ही रचित हैं। कुछ पौराणिक एवं रामकथा पर आधारित रचनाएँ भी जायसी के पूर्व रचित मिलती हैं। यह बात भी महत्त्वपूर्ण समझी जानी चाहिए कि ये कथाएँ अवधी में हैं।

तुलसीदास (1532-1623)

गोस्वामी तुलसीदास के जन्म के विषय में एकाधिक मत हैं। बेनीमाधव दास द्वारा रचित **गोसाईं चरित** और महात्मा रघुबरदास द्वारा रचित **तुलसी चरित**, दोनों के अनुसार तुलसीदास का जन्म 1497 में हुआ था। शिवसिंह 'सरोज' के अनुसार सं. 1583 (1526) के लगभग हुआ था। पं. रामगुलाम द्विवेदी इनका जन्म

सं. 1589 (1532) मानते थे। यह निश्चित है कि ये महाकवि सोलहवीं शताब्दी में विद्यमान थे।

तुलसीदास मध्यकाल के उन कवियों में से हैं, जिन्होंने अपने बारे में जो थोड़ा-बहुत लिखा है, वह बहुत काम का है।

तुलसी का बचपन घोर दरिद्रता एवं असहायावस्था में बीता था। उन्होंने लिखा है, "माता-पिता ने दुनिया में पैदा करके मुझे त्याग दिया। विधाता ने भी मेरे भाल (भाग्य) में कोई भलाई नहीं लिखी"–

मातु पिता जग जाइ तज्यो, विधि हू न लिखी कछु भाल भलाई।

"जैसे कुटिल कीट को पैदा करके छोड़ देते हैं, वैसे ही मेरे माँ-बाप ने मुझे त्याग दिया"–

तनु जन्यों कुटिल कीट ज्यों तज्यो माता पिता हूँ।

हनुमानबाहुक से भी स्पष्ट है कि अंतिम समय में वे भयंकर बाहु-पीड़ा से ग्रस्त थे–पाँव, पेट, सकल शरीर में पीडा होती थी, पूरी देह में फोड़े हो गए थे।

यह मान्य है कि तुलसी की मृत्यु सं. 1680 अर्थात् 1623 में हुई। उनकी मृत्यु के विषय में यह दोहा प्रसिद्ध है–

संवत सोरह सौ असी असी गंग के तीर।
श्रावण शुक्ला सप्तमी तुलसी तज्यो सरीर।।

उनके जन्मस्थान के विषय में काफ़ी विवाद है। कोई उन्हें सोरों का बताता है, कोई राजापुर का और कोई अयोध्या का। ज़्यादातर लोगों का झुकाव राजापुर की ही ओर है। उनकी रचनाओं में अयोध्या, काशी, चित्रकूट आदि का वर्णन बहुत आता है। इन स्थानों पर उनके जीवन का पर्याप्त समय व्यतीत हुआ होगा। बालकांड के एक दोहे में उन्होंने लिखा है, "मैंने रामकथा 'सूकर खेत' में अपने गुरु के मुँह से सुनी।" इस सूकर खेत (शूकर क्षेत्र) को कुछ विद्वान सोरों मानते हैं, कुछ गोंडा ज़िले का 'सूकर खेत'।

गोस्वामी तुलसीदास द्वारा रचित 12 ग्रंथ प्रामाणिक माने जाते हैं– **दोहावली**, **कवित्त रामायण** (कवितावली), **गीतावली**, **रामचरितमानस**, **रामाज्ञाप्रश्न**, **विनयपत्रिका**, **रामललानहछू**, **पार्वतीमंगल**, **जानकीमंगल**, **बरवै रामायण**, **वैराग्य संदीपिनी** एवं **श्रीकृष्णगीतावली**। **रामचरितमानस** की रचना गोसाईं जी ने सं. 1631 अर्थात् 1574 में प्रारंभ की, जैसा कि उनकी इस अर्धाली से प्रकट है–

संवत सोरह सौ इकतीसा। करउँ कथा हरिपद धरि सीसा।।

तुलसी का काव्य-वैभव

गोस्वामी तुलसीदास हिंदी के अत्यंत लोकप्रिय कवि हैं। उन्हें हिंदी का जातीय कवि कहा जाता है। उन्होंने हिंदी क्षेत्र की मध्यकाल में प्रचलित दोनों काव्य भाषाओं–ब्रजभाषा और अवधी में समान अधिकार से रचना की है। एक अन्य महत्त्वपूर्ण बात यह है कि उन्होंने मध्यकाल में व्यवहृत प्राय: सभी काव्य-रूपों का उपयोग किया है। केवल तुलसीदास की ही रचनाओं को देखकर समझा जा सकता है कि मध्यकालीन हिंदी साहित्य में किन काव्य-रूपों में रचनाएँ होती थीं। उन्होंने वीरगाथा काव्य की छप्पय-पद्धति, विद्यापति और सूरदास की गीत-पद्धति, गंग आदि कवियों की कवित्त-सवैया पद्धति, रहीम के समान दोहे और बरवै, जायसी की तरह चौपाई-दोहे के क्रम से प्रबंध-काव्य रचे। पं. रामचंद्र शुक्ल के शब्दों में, "हिंदी काव्य की सब प्रकार की रचना-शैली के ऊपर गोस्वामी जी ने अपना ऊँचा आसन प्रतिष्ठित किया है। यह उच्चता और किसी को प्राप्त नहीं।"

तुलसीदास ने अपने जीवन और अपने युग के विषय में हिंदी के किसी भी मध्यकालीन कवि से अधिक लिखा है। तुलसी राम के सगुण भक्त थे, लेकिन उनकी भक्ति में लोकोन्मुखता थी। वे राम के अनन्य भक्त थे। राम ही उनकी कविता के विषय हैं। नाना काव्य-रूपों में उन्होंने राम का ही गुणगान किया है, किंतु उनके राम परमब्रह्म होते हुए भी मनुज हैं और अपने देशकाल के आदर्शों से निर्मित हैं। तुलसी के राम ब्रह्म भी हैं और मानव भी। **रामचरितमानस** में अनेक मार्मिक अवसरों पर तुलसी पाठक को टोककर सावधान कर देते हैं कि राम लीला कर रहे हैं, इन्हें सचमुच मनुष्य न समझ लेना। कारण यह है कि राम ब्रह्म होते हुए भी अवतार ग्रहण करके मानवी लीला में प्रवृत्त हैं। वस्तुत: **रामचरितमानस** के प्रारंभ में ही तुलसी ने कौशलपूर्वक राम के ब्रह्मत्व और मनुजत्व की सह-स्थिति के विषय में पार्वती द्वारा शंकर से प्रश्न करा दिया है और **रामचरितमानस** की पूरी कथा शंकर ने पार्वती को इस शंका के निवारणार्थ सुनाई है।

तुलसी ने वाल्मीकि और भवभूति के राम को पुन: प्रतिष्ठित नहीं किया। उन्होंने **रामचरितमानस** में जिस राम को निर्मित किया, वे ब्रह्म होते हुए भी ऐतिहासिक स्थितियों के आधार पर व्यक्ति हैं। वे अपार मानवीय करुणा वाले हैं, 'गरीब निवाज' हैं, दरिद्रता रूपी रावण का नाश करने वाले और बड़वाग्नि से भी भयंकर पेट की आग को बुझानेवाले हैं। तुलसी के राम, तुलसी के व्यक्तिगत संघर्ष और उनके युग की विषमता के आलोक में प्रकाशित हैं।

महान रचनाकारों की रचना में कोई-न-कोई द्वंद्व होता है। रचना इस द्वंद्व को पाटती है। दार्शनिक धरातल पर तुलसी के यहाँ यह द्वंद्व राम के ब्रह्मत्व और मनुजत्व को लेकर है, जिसे पार्वती के प्रश्न द्वारा प्रस्तुत किया गया है। लौकिक धरातल पर यह द्वंद्व 'कलिकाल' और 'रामराज्य' में है। तुलसी की सभी रचनाएँ इस द्वंद्व को चित्रित करने और उन्हें शमित करने का आद्यंत प्रयास हैं।

तुलसी ने कलियुग का वर्णन विशेष रूप से **कवितावली** और **रामचरितमानस** के उत्तरकांड में किया है। दरिद्रता, रोग, अज्ञान, कामासक्ति आदि का मार्मिक वर्णन किया है। **कवितावली** में 'लंका-दहन' के प्रसंग में आग लगने का जो वर्णन किया है, वह अन्यत्र दुर्लभ है। चूँकि तुलसी ने अपने जीवन में अभावग्रस्तता और भूख का अनुभव किया था, इसलिए वे लोक में व्याप्त दरिद्रता का बहुत तीव्रता से अनुभव करते हुए व्यथित हुए। इसीलिए उन्होंने राम को 'गरीब-निवाज' और 'पेट की आग को बुझाने वाला' कहा है। इसीलिए उन्होंने दरिद्रता को जगत का सबसे पीड़ादायी दुख कहा।

तुलसी की रचनाओं में हमारा देश, उसकी प्रकृति, वन-नदियाँ, पशु-पक्षी, फसलें, भाषा, मुहावरे, सौंदर्य, कुरूपता सब बिखरे पड़े हैं। वे देश में बहुत घूमे थे और उन्हें देश से अपार प्रेम था। यद्यपि तुलसी को तत्कालीन नगर-जीवन का भी पर्याप्त अनुभव रहा होगा, तथापि वे प्रधानत: किसान जीवन के कवि हैं। अपनी प्रसिद्धतम रचना के प्रारंभ में जो विशाल रूपक उन्होंने बाँधा है, उससे प्रकट होता है कि उनका पर्यवेक्षण कितना गहरा था! इसी प्रकार, चित्रकूट के कोल-किरातों का उन्होंने जो वर्णन किया है उससे लगता है कि उनसे तुलसी की गहरी आत्मीयता रही होगी। इसी प्रकार उन्होंने नारी-जीवन के विविध चित्र खींचे हैं। उन्होंने नारी की निंदा भी बहुत की है, किंतु विभिन्न संदर्भों में उन्होंने नारी के प्रति अपार करुणा का भी भाव दिखलाया है। मध्यकाल में शायद ही किसी अन्य कवि ने नारी की पराधीनता का उल्लेख इतने स्पष्ट तौर पर किया हो–

कत बिधि सजी नारि जग माँही। पराधीन सपनेहुँ सुख नाहीं॥

कैकेयी-मंथरा संवाद और शूर्पनखा प्रसंग यह प्रकट करते हैं कि वे इस देश की नारियों को अनेक रूपों में जानते थे।

तुलसी नारी-निंदक ही नहीं, नारी-सौंदर्य से अत्यंत प्रभावित रचनाकार भी हैं, किंतु वे रीतिकालीन रीतिबद्ध कवियों के समान नारी को केवल भोग्यारूप में ही चित्रित नहीं करते थे। उन्होंने सीता जी की जो वंदना की है, वह कन्या,

माँ और प्रिया तीनों रूपों में–

जनकसुता, जगजननी जानकी। अतिसय प्रिय करुणानिधान की।।

तुलसीदास ने तत्कालीन सामंतों की लोलुपता पर प्रहार किया है। प्रजा-द्रोही शासक तुलसी की रचनाओं में प्राय: उनके कोपभाजन बनते हैं। उन्होंने अकाल, महामारी के साथ-साथ प्रजा से अधिक कर वसूलने की भी निंदा की है। अपने समय की विभिन्न धार्मिक साधनाओं के पाखंड का भी उन्होंने उद्घाटन किया है। तुलसी के अनुसार जो बुरा है, वह कलिकाल का प्रभाव है। यहाँ तक कि यदि लोग वर्णाश्रम का पालन नहीं कर रहे हैं तो वह भी कलिकाल का प्रभाव है। विषमताग्रस्त कलिकाल तुलसीदास का युग है, जिसमें वे दैहिक, दैविक एवं भौतिक तापों से रहित सर्वसुखद रामराज्य का स्वप्न बुनते हैं। रामराज्य तुलसी की आदर्श व्यवस्था है। इसके नायक एवं व्यवस्थापक तुलसी के राम हैं।

तुलसी आदर्श व्यवस्था का स्वप्न ही नहीं देखते, उसके अनुसार वे अपने पात्रों को गढ़ते भी हैं। वे राम को आदर्श राजा, पुत्र, भाई, पति, स्वामी, शिष्य; सीता को आदर्श पत्नी और हनुमान को आदर्श सेवक के रूप में चित्रित करते हैं। इससे यह न मानना चाहिए कि इन पात्रों के रूप में तुलसी केवल आदर्श निर्मित कर रहे हैं। वस्तुत: रामोन्मुखता तुलसी का सबसे बड़ा आदर्श और मूल्य है। राम से विमुख होकर सभी संबंध त्याज्य हैं–

तजिए ताहि कोटि बैरी सम जद्यपि परम सनेही।

प्रबंधकार कवि के लिए कथा के उचित अवयवों में समीकरण की जो आवश्यकता पड़ती है, वह तुलसी में प्रचुर मात्रा में थी। कथा में कौन-सा प्रसंग कितनी दूर तक चलना चाहिए, इसकी उन्हें सच्ची पहचान थी। इसके साथ उन्हें कथा के मार्मिक स्थलों की भी पहचान थी। **रामचरितमानस** या अन्य काव्यों में उन्होंने अधिक विस्तार उन्हीं अंशों को दिया है जो मार्मिक हैं, अर्थात् जिनमें मनुष्य का मन देर तक रम या रस-मग्न हो सकता है, जैसे–पुष्पवाटिका प्रसंग, राम-वन-गमन, दशरथ मरण, भरत की ग्लानि, वन-मार्ग, लक्ष्मण-शक्ति।

किसी स्थिति में पड़ा हुआ पात्र कैसी चेष्टा करेगा–इसे जानने और चित्रित करने में तुलसी अद्वितीय हैं। वे मानव-मन के परम कुशल चितेरे हैं। चित्रकूट के राम और भरत-मिलन के अवसर पर जो सभा जुड़ती है उसमें राम, भरत, विश्वामित्र आदि के वक्तव्य मध्यकालीन शालीनता एवं वचन-रचना का आदर्श प्रस्तुत करते हैं।

तुलसीदास जिस प्रकार ब्रजभाषा और अवधी, दोनों भाषाओं पर समान

अधिकार रखते हैं, उसी प्रकार प्रबंध और मुक्तक दोनों की रचना में भी वे कुशल हैं। वस्तुतः तुलसी ने **गीतावली**, **कवितावली** आदि में मुक्तकों में कथा कही है। यह विरोधाभास इसलिए संभव हुआ, क्योंकि इन मुक्तकों को एक साथ पढ़िए तो प्रबंध का और अलग-अलग पढ़िए तो ये स्वतंत्र मुक्तकों का आनंद देते हैं। इनमें **विनयपत्रिका** की स्थिति विशिष्ट है। डॉ.रामविलास शर्मा के अनुसार **रामचरितमानस** में तुलसी की करुणा समाजोन्मुख है, **विनयपत्रिका** में यह आत्मोन्मुख है। व्यक्तिगत एकांतिक अनुभूतियों की अभिव्यक्ति की दृष्टि से **विनयपत्रिका** भक्ति काव्य में अनूठी है।

तुलसीदास अपने वर्ण-विन्यास में तन्मय होकर रचना करने वाले कवि हैं। वे अंतर्दृष्टि से विषय को साक्षात् करके शब्दबद्ध करते हैं। अपने कवि-कर्म की असमर्थता बार-बार प्रकट करना उनकी महान रचनात्मक क्षमता की सूचना मात्र है। तुलसी विद्वान और दार्शनिक रचनाकार हैं। वे सामान्य जन जैसा अनुभव कर सकते हैं, सामान्य काव्य-भाषा में उसे व्यक्त कर सकते हैं, यह उनकी बहुत बड़ी शक्ति है। वे भक्त हैं, लेकिन उनके राम तक पहुँचानेवाला रास्ता इसी लोक से होकर जाता है। इसीलिए वे महान लोकसंग्रही कवि हैं। तुलसी की काव्य-कला में उनकी नाद-योजना अत्यंत महत्त्वपूर्ण है। वे वर्णानुप्रास के कवि हैं। उन्होंने बोली, विशेषतः अवधी शब्दों में संस्कृत शब्दावली को ऐसा घुलाया है कि पूरी पदावली अवधी के ध्वनिप्रवाह में ढल जाती है। इसीलिए वे हिंदी के सर्वाधिक स्मरणीय कवि हैं। उनकी पंक्तियाँ हिंदी भाषी जनता की बोली में घुल-मिलकर भाषा का मुहावरा बन गई हैं। कोई भी शब्दकार इससे बड़ी सिद्धि की कल्पना नहीं कर सकता है। तुलसीदास ने एक आदर्श व्यवस्था का स्वप्न देखा था। उनका आदर्श प्रधानतः सवर्ण समाज का आदर्श है। वे वर्ण-व्यवस्था की अमानवीयता नहीं देखते। कबीर आदि निर्गुण भक्त स्वयं अवर्ण थे। इसलिए वे इस अमानवीयता का अनुभव तुलसी की अपेक्षा कहीं अधिक करते थे। लेकिन निर्गुण भक्त कोई लौकिक व्यवस्था का स्वप्न नहीं देखते। वे लौकिक तापों से मुक्ति केवल शून्य चक्र में ही पाते हैं।

तुलसी की रचनाओं से जहाँ एक ओर रामभक्ति-शाखा की अभूतपूर्व श्रीवृद्धि हुई, वहीं दूसरी ओर यह भी हुआ कि रामभक्ति-शाखा के साहित्य में होने वाले परवर्ती कवि उनके आगे धूमिल पड़ गए। इस प्रकार तुलसी परवर्ती सगुण राम-भक्त कवियों का साहित्यैतिहासिक महत्त्व अधिक है, साहित्यिक महत्त्व अपेक्षाकृत कम।

नाभादास(16 वीं शती)

रामानंद के शिष्यों में से एक अनंतानंद थे। उनके शिष्य कृष्णदास पयहारी थे। ये सन् 1575 के आसपास वर्तमान थे। उनकी चार रचनाओं का पता चला है। उन्हीं कृष्णदास पयहारी के शिष्य प्रसिद्ध भक्त नाभादास थे। नाभादास की रचना **भक्तमाल** का हिंदी साहित्य में अभूतपूर्व ऐतिहासिक महत्त्व है। इसकी रचना नाभादास ने 1585 के आसपास की। इसकी टीका प्रियादास ने 1712 में लिखी। इसमें 200 भक्तों के चरित 316 छप्पयों में वर्णित हैं। इसका उद्देश्य तो जनता में भक्ति का प्रचार था, किंतु आधुनिक इतिहासकारों के लिए यह हिंदी साहित्य के इतिहास का महत्त्वपूर्ण आधार-ग्रंथ सिद्ध हुआ। अवश्य ही इसमें भक्तों के चरित्र का वर्णन चमत्कारपूर्ण है, किंतु उसे मध्यकालीन वर्णन शैली के रूप में ग्रहण करना उचित है। इन चमत्कारिक वर्णनों से तत्कालीन जनता की मानसिकता का पता चलता है। मध्यकाल में तथ्यपरकता पर कम ध्यान रहता था। वहाँ भाव प्रधान था, तथ्य गौण। फिर भी इस ग्रंथ से रामानंद, कबीर, तुलसी, सूर, मीरा आदि के विषय में अनेक तथ्यों का भी पता चलता है। सबसे बड़ी बात यह है कि इससे यह पता तो अचूक तौर पर लग ही जाता है कि वर्णित भक्तों एवं भक्त-कवियों की छवि जन सामान्य में कैसी थी। और, जिस समाज में भक्तों, कवियों, महापुरुषों के जीवन-वृत्त के विषय में इतना कम ज्ञात हो, उसमें इतना पता लग जाना भी बहुत काम की बात है।

भक्तमाल के रचयिता आलोचक नहीं थे। फिर भी उन्होंने विभिन्न भक्त कवियों के विषय में जो कुछ लिखा है, उससे उनकी सारग्रहिणी प्रतिभा का संकेत मिल जाता है। वे प्राय: विभिन्न भक्तों एवं कवियों की विशेषता ही बताकर उनके व्यक्तित्व का वास्तविक परिचय देते हैं। किसी भी मध्यकालीन चरित-लेखन की तुलना में इस दृष्टि से नाभादास इस विषय में आज हमारे लिए अधिक महत्त्वपूर्ण हैं। कबीर के विषय में वे कहते हैं– *कबीर कानि राखी नहीं वर्णाश्रम षट्दरशनी*। कबीर ने षट्दर्शनों और वर्णाश्रम का सम्मान नहीं किया। मीरा के बारे में लिखा– *निरअंकुश अति निडर रसिक जस रसना गायो*। इन्होंने रामकथा से संबंधित काव्य लिखा। इनके लिखे दो अष्टयाम मिलते हैं।

नाभादास को कुछ लोग डोम जाति का मानते हैं, कुछ क्षत्रिय जाति का। कहते हैं, इनकी तुलसीदास से भेंट हुई थी।

राम-भक्ति शाखा के कुछ अन्य उल्लेखनीय कवि प्राणचंद चौहान (17 वीं शती) एवं हृदय राम (17 वीं शती) हैं। प्राणचंद चौहान ने सन् 1610

में **रामायण महानाटक** लिखा, जो संवाद के रूप में है। हृदय राम ने 1613 में **भाषा हनुमन्नाटक** लिखा। **रामचंद्रिका** को ध्यान में रखें तो केशवदास रामभक्ति शाखा के कवि ठहरते हैं, यद्यपि केशवदास का साहित्य के इतिहास की दृष्टि से अधिक महत्त्व उनके आचार्यत्व में है। **रामचंद्रिका** के संवाद बहुत नाटकीय हैं और उसमें विविध छंदों का प्रयोग किया गया है। केशवदास ने **रामचंद्रिका** की रचना 1601 में की थी।

सगुण रामभक्ति शाखा का साहित्य सामाजिक मर्यादा और लोकमंगल का साहित्य है। रामकथा में ये गुण विद्यमान हैं। राम का चरित्र इतना मर्यादित है, इसीलिए उन्हें 'मर्यादापुरुषोत्तम' कहा जाता है। तुलसी ने अपने युग के संदर्भ को रचनात्मकता में ढालकर उसे लोकोन्मुख एवं लोकग्राही बना दिया है। 'विवेक' और 'लोकमंगल' तुलसी के प्रिय शब्द हैं। परिणामतः यह धारा भक्ति की वैधीभूमि पर चली। प्रबंधात्मकता भी इस धारा में मिलती है, यद्यपि यह गुण इसमें प्रधानतः **रामचरितमानस** के ही कारण पाया जाता है। इस धारा में नाटकीय संवाद से युक्त रचनाएँ भी हुई हैं।

कालांतर में कृष्णभक्ति की मधुरोपासना का प्रभाव रामभक्ति साहित्य पर भी पड़ा। इस धारा में भी सखी भाव से राम की उपासना प्रारंभ हुई और तत्सुखी शाखा की स्थापना हुई, जिसमें भक्त अपने को सीता की सखी के रूप में रखकर राम की भक्ति में प्रवृत्त होता है। जनकपुर के भक्तों ने सीता को प्रधानता देकर कुछ राम काव्य रचे। 1703 में श्री रामप्रिया शरण दास ने **सीतायन** नामक काव्य रचा। 'तत्सुखी शाखा' के समान 'स्वसुखी शाखा' भी प्रवर्तित हुई।

कृष्ण-भक्ति धारा

महाप्रभु वल्लभाचार्य ने कृष्ण-भक्ति धारा की दार्शनिक पीठिका तैयार की और देशाटन करके इस भक्ति का प्रचार किया। भागवत धर्म का उदय प्राचीनकाल में ही हो गया था। **श्रीमद्भागवत** के व्यापक प्रचार से माधुर्य भक्ति का मार्ग प्रशस्त हुआ। वल्लभाचार्य ने दार्शनिक प्रतिपादन और प्रचार से उस रास्ते को सामान्य जन-सुलभ बनाया।

महाप्रभु वल्लभाचार्य का जन्म 1477 में और देहांत 1530 में हुआ था।

वल्लभाचार्य द्वारा प्रवर्तित मार्ग को 'पुष्टिमार्ग' कहते हैं। वल्लभाचार्य के अनुसार यह सारी सृष्टि लीला के लिए ब्रह्म की आत्मकृति है। जीव ब्रह्म का अंश है। ब्रह्म अपनी अचिंत्य शक्ति से जगत के रूप में भी परिणत होता है और

उससे परे भी रहता है। वह सच्चिदानंद है। जड़ में सत् किंतु जीव में सत् और चित्, दोनों होते हैं। आनंद का पूर्ण आविर्भाव पुरुषोत्तम कृष्ण में है। वे अपने भक्तों के रंजनार्थ नित्य लीला करते हैं। वल्लभाचार्य ने ब्रह्म के सगुण रूप को पारमार्थिक और निर्गुण को उसका अपूर्ण रूप कहा।

वल्लभाचार्य के अनुसार जीव तीन प्रकार के हैं– 1. 'प्रवाह जीव' जो सांसारिक प्रवाह में पड़े रहते हैं; 2. 'मर्यादा जीव' जो विधि-निषेध का पालन करते हैं और 3. 'पुष्टि जीव' जो भगवान का अनुग्रह प्राप्त कर लेते हैं। वे कृष्ण की नित्य लीला का अनुभव कर सकते हैं। वल्लभाचार्य ने भक्ति में निहित माहात्म्य या श्रद्धा के अवयव की उपेक्षा करके प्रेम के तत्त्व को ही अपनाया है। वल्लभाचार्य के अनेक ग्रंथ हैं। उनमें से कुछ इस प्रकार हैं– **पूर्व मीमांसा भाष्य**, **अणुभाष्य**, **श्रीमद्भागवत की टीका**, **अणुभाष्य एवं मीमांसा** या **ब्रह्मसूत्र का भाष्य**।

महाप्रभु वल्लभाचार्य परम विद्वान, सत्संगी एवं परदुखकातर व्यक्ति थे। उन्होंने देश के विभिन्न क्षेत्रों में घूमकर जन-संपर्क और शास्त्रार्थ किया। श्रीकृष्ण की जन्मभूमि में गोवर्धन पर्वत पर श्रीनाथ जी का विशाल गोवर्धन मंदिर बनवाया और वहीं अपनी गद्दी भी स्थापित की। इस मंदिर में श्रीकृष्ण की जो उपासना होती थी उससे हिंदी साहित्य की कृष्ण-भक्ति धारा का बहुत गहरा संबंध है।

सूरदास (1478-1583)

हिंदी साहित्य में श्रेष्ठ कृष्णभक्त कवि सूरदास का जन्म 1478 के आसपास हुआ था। इनकी मृत्यु अनुमानत: 1583 के आसपास हुई। इनके बारे में **भक्तमाल** और **चौरासी वैष्णवन की वार्ता** से थोड़ी-बहुत जानकारी मिल जाती है। **आइने अकबरी** और **मुंशियात अबुल फज़ल** में भी किसी संत सूरदास का उल्लेख है, किंतु वे बनारस के कोई और सूरदास प्रतीत होते हैं। अनुश्रुति यह अवश्य है कि अकबर बादशाह सूरदास का यश सुनकर उनसे मिलने आए थे। **भक्तमाल** में इनकी भक्ति, कविता एवं गुणों की प्रशंसा है तथा इनकी अंधता का उल्लेख है। **चौरासी वैष्णवन की वार्ता** के अनुसार वे आगरा और मथुरा के बीच साधु या स्वामी के रूप में रहते थे। वे वल्लभाचार्य के दर्शन को गए और उनसे लीलागान का उपदेश पाकर कृष्ण-चरित विषयक पदों की रचना करने लगे। कालांतर में श्रीनाथ जी के मंदिर का निर्माण होने पर महाप्रभु वल्लभाचार्य ने इन्हें यहाँ कीर्तन का कार्य सौंप दिया था।

सूरदास के विषय में कहा जाता है कि वे जन्मांध थे। उन्होंने अपने को 'जनम को आंधर' कहा भी है। किंतु इसके शब्दार्थ पर नहीं जाना चाहिए। सूर के काव्य में प्रकृति और जीवन का जो सूक्ष्म सौंदर्य चित्रित है उससे यह नहीं लगता कि वे जन्मांध थे। उनके विषय में ऐसी कहानी भी मिलती है कि तीव्र अंतर्द्वंद्व के किसी क्षण में उन्होंने अपनी आँखें फोड़ ली थीं। उचित यही मालूम पड़ता है कि वे जन्मांध नहीं थे। कालांतर में अपनी आँखों की ज्योति खो बैठे थे। सूरदास अब अंधों को कहा जाता है। यह परंपरा सूर के अंध हो जाने के बाद से चली है। सूर का आशय 'शूर' से है। शूर और सती मध्यकालीन भक्तों के आदर्श थे।

सूरदास के पहले ब्रजभाषा में काव्य-रचना की परंपरा तो मिल जाती है, किंतु भाषा की यह प्रौढ़ता, चलतापन और काव्य का यह उत्कर्ष नहीं मिलता। ऐसा लगता है कि सूर ब्रजभाषा के प्रवर्तक न हों, किसी परंपरा के चरमोत्कर्ष हों। शुक्ल जी ने सूर को एक ओर जयदेव, चंडीदास और विद्यापति की परंपरा से जोड़ा है, तो दूसरी ओर लोक-गीतों की परंपरा से भी उन्हें जोड़ा है। विद्यापति और सूरदास में जो निरीहता, तन्मयता मिलती है, अनुभूतियों को जिस प्रकार बाह्य प्रकृति के ताने-बाने में बुना गया है, वह लोकगीतों की विशेषता है। लोकगीतों में अभिव्यक्ति इतनी निश्छल होती है कि वह शास्त्रीयता और सामाजिक विधि-निषेध की मर्यादा का निर्वाह नहीं कर सकती। लगता है कि लोकजीवन और साहित्य में राधा-कृष्ण की जो परंपरा पहले से चली आ रही थी, वह भक्तिकाल में प्रकट हुई। जयदेव का **गीत-गोविंद**, विद्यापति की **पदावली**, चंडीदास का काव्य और सूरदास का **सूरसागर** उसी परंपरा से जुड़े हैं।

सूर का काव्य-वैभव

सूरदास वात्सल्य और श्रृंगार के कवि हैं। भारतीय साहित्य तो क्या, संभवतः विश्व-साहित्य में भी कोई कवि वात्सल्य के क्षेत्र में उनके समकक्ष नहीं है। यह उनकी ऐसी विशेषता है कि केवल इसी के आधार पर वे साहित्य-क्षेत्र में अत्यंत उच्च स्थान के अधिकारी माने जा सकते हैं। बाल-जीवन का पर्यवेक्षण एवं चित्रण महान सहृदय और मानव-प्रेमी व्यक्ति ही कर सकता है। सूरदास ने वात्सल्य और श्रृंगार का वर्णन लोक सामान्य की भाव-भूमि पर किया है। मार्मिकता, मनोवैज्ञानिकता, स्वाभाविकता जीवन के यथार्थ में ही होते हैं। फिर यथार्थ अपने विविध आयामों को अंतस्संबंधित किए होता है। तुलसी की अपेक्षा

सूर का विषय-क्षेत्र सीमित अवश्य है, किंतु सूर ने राधाकृष्ण की प्रेम-लीला और कृष्ण की बाल-लीला को प्रकृति और कर्म के विशद् क्षेत्र का संदर्भ प्रदान कर दिया है। लोक-साहित्य में यह संदर्भ सहज तौर पर जुड़ा दिखलाई पड़ता है। सूर ने अपनी रचना में प्रकृति और जीवन के कर्म के क्षेत्रों को अचूक कौशल से उतार लिया है। लोक-साहित्य की सहज जीवंतता जितनी सूर के साहित्य में मिलती है, उतनी हिंदी के किसी कवि में नहीं मिलती।

सूर का बाल-लीला वर्णन अपनी सहजता, मनोवैज्ञानिकता एवं स्वाभाविकता में अद्वितीय है। उनका काव्य बाल-चेष्टाओं के स्वाभाविक मनोहर चित्रों का भंडार है। भक्ति ने भगवान का मानवीकरण कर दिया था। सूर के कृष्ण सामान्य बालक बन गए हैं, जो हठ करके आँगन में लोटने लगते हैं–

काहे को आरि करत मेरे मोहन! यों तुम आँगन लोटी।

यशोदा दही मथ रही थीं। कृष्ण हठ करने लगे। आँचल पकड़ लिया। दही भूमि पर लुढ़क गया।

कृष्ण चलना सीख रहे हैं। पैर डगमगाते हैं। यशोदा हाथ पकड़कर उन्हें चलना सिखलाती हैं–

सिखवत चलन जसोदा मैया
अरबराय करि पानि गहावति डगमगात धरै पैयाँ।

सूरदास के बाल-लीला वर्णन में चित्रण ऐसा है जिसकी दृश्यता में जीवन स्पंदित है। पंक्तियाँ इतनी सहज हैं कि सपाट लगती हैं, किंतु उनमें मार्मिकता रची-बसी होती है। पाठक और श्रोता उस मार्मिकता को अचूक तौर पर ग्रहण कर लेते हैं।

मैया मोरी मैं नहिं माखन खायो– यह पंक्ति मार्मिक क्यों है? समूचे जीवन-चित्र के संदर्भ में ही रखकर इसे समझा जा सकता है। बालक होते तो निरीह हैं लेकिन वे अपने को बहुत चालाक समझते हैं। यह सब वयस्क खूब समझते हैं। कच्ची चालाकी से मिलकर बच्चों की निरीहता वयस्कों के लिए पहले से अधिक निरीह, अतः प्रिय हो उठती है। कृष्ण के मुख पर माखन लगा है– पकड़ लिए गए हैं रँगे हाथों। लेकिन वे अपनी तरफ़ से ज़बरदस्त तर्कों की झड़ी लगा रहे हैं। उनकी सारी तर्कपटुता उनका ऐसा अपराध ही स्पष्ट कर रही है, जिससे माँ को और प्यार ही उमड़ेगा।

जैसे श्रृंगार का संयोग और वियोग होता है, वैसे ही वात्सल्य का भी होता है। सूरदास के श्रृंगारी काव्य-वर्णन को वियोग-वर्णन की अपेक्षा अधिक उत्कृष्ट

माना जाता है, किंतु उनके वात्सल्य के विषय में यह बात नहीं कही जा सकती। कृष्ण के चले जाने पर नंद-यशोदा की व्याकुलता का जो वर्णन है वह बहुत ही मार्मिक है। नंद-यशोदा दोनों कृष्ण की पिछली बातों का स्मरण करते हैं, एक-दूसरे पर खीझते हैं, कृष्ण के न आने के लिए एक-दूसरे को दोष देते हैं। उनकी व्याकुलता में ग्वाल-बाल और प्रकृति भी शामिल हैं। गेयपदों में सूरदास ने पूरे ब्रज की जो दारुण व्यथा उभारी है, वह व्यथा प्रभाव की दृष्टि से नाटकों और महाकाव्यों में मिलनेवाली करुणा के समान है।

सूरदास के यहाँ राधा-कृष्ण का प्रेम परिचय से विकसित होता है। वह प्रकृति और कर्मक्षेत्र की पृष्ठभूमि में पुष्पित-पल्लवित होता है। गोचारण जीवन में प्रकृति का पूरा अवकाश है। सूर के राधा-कृष्ण की प्रेम-लीला में प्रकृति, गाएँ और ग्वाल-बाल का महत्त्वपूर्ण स्थान है। इसी से उनकी प्रेम-लीला जीवन से कहीं कटी अलग-थलग नहीं है। राधा और कृष्ण के प्रथम परिचय का जो चित्र सूर ने खींचा है, वह उनके लोक-परिचय का प्रमाण है। साहित्य में प्रेम के सूत्रपात का ऐसा जीवंत चित्र बहुत दुर्लभ होगा–

बूझत स्याम कौन तू गोरी।
कहाँ रहति, काकी है बेटी, देखी नहीं कहूँ ब्रज-खोरी।
काहे कौ हम ब्रज-तन आवति, खेलत रहति आपनी पौरी।
सुनत रहति स्रवननि नंद ढोटा, करत फिरत माखन-दधि चोरी।
तुम्हारौ कहा चोरि हम लैहैं खेलन चलौ संग मिलि जोरी।
सूरदास प्रभु रसिक सिरोमनि, बातनि भुरइ राधिका भोरी।

मुक्तकों में ऐसी स्वाभाविक संवाद-योजना भी कम मिलेगी। सूरदास द्वारा चित्रित राधा-कृष्ण की प्रेम-लीला में मध्यकालीन पराधीन नारी के सहज एवं स्वाधीन जीवन का स्वप्न जैसे साकार हो उठा है। यह स्वप्न सर्वाधिक साक्षात रास-लीला वर्णन में होता है। सूरदास के समय अर्थात् सोलहवीं शती में ब्रज में नारियों को वह स्वाधीनता नहीं थी, जिसका वर्णन **सूरसागर** में मिलता है। यह सच है कि रास-लीला का साधनात्मक अर्थ भी है, जहाँ गोपियाँ साधकों की प्रतीक हैं, किंतु काव्य का प्रतीकार्थ ही ठीक नहीं होता, उसका साधारण या वाच्यार्थ भी संगत होता है। गोपियाँ लोक-लाज तजकर घर की चहारदीवारी ही नहीं तोड़तीं, वे कृष्ण की बाँसुरी सुनकर उस सामाजिक व्यवस्था को भी तोड़ती हैं, जो नारियों को पराधीन रखती है। जिस तरह तुलसी ने मध्यकालीन भारत में दैहिक, दैविक, भौतिक तापों से रहित 'रामराज्य' का स्वप्न देखा है, वैसे ही सूर

ने कृष्ण-कथा और रास-लीला के माध्यम से एक ऐसा सर्वसुखद स्वप्न देखा है, जिसमें नारी और पुरुष दोनों समान तौर पर स्वाधीन हैं। रास-लीला सुख-विभोर मानवता का सजीव गतिमय स्पंदित चित्र है। यहाँ मनुष्य सृष्टि के साथ ताल, लय, गति, प्राण, अनुभूति सभी तरह से एकमेक हो गया है। ऐसा स्वप्न जो अखंड अनुभूति का हो, सूर ने देखा था। तुलसीदास नारी पराधीनता को महसूस करते थे, उसकी पीड़ा का चित्रण कर सकते थे, किंतु सामाजिक निषेधों में अंतर्निहित अमानवीयता को सूरदास की तरह तोड़ नहीं सकते थे—

मानौ माई घन-घन अंतर दामिनि।
घन दामिनि दामिनि घन अंतर, सोभित हरि-ब्रज भामिनि।
जमुन पुलिन मल्लिका मनोहर, सरद सुहाई जामिनि।
सुंदर ससि गुन रूप-राग निधि, अंग-अंग अभिरामिनि।
रच्यौ रास मिलि रसिक राइ सौं, मुदित भई गुन ग्रामिनि। ...

सूर का विरह-वर्णन भी अधिकांशत: स्वाभाविक पद्धति से ही चित्रित है। इसमें भी कृष्ण की स्मृति प्राय: दैनंदिन जीवन-प्रसंगों में आती है। अवश्य ही कहीं-कहीं सूर ने रूढ़ उपमानों की झड़ी लगा दी है या अतिशयोक्ति से काम लेते हुए चमत्कार पैदा किया है। सूर के विरह-वर्णन की मार्मिकता का आधार विरहावस्था में हृदय की नाना वृत्तियों का स्वाभाविक पद्धति पर चित्रण है। विरह-वर्णन वहाँ उत्कट है, जहाँ गोपियों की निरीह विवशता प्रकट होती है। **भ्रमर-गीत** में गोपियों की विदग्धता की निरीह विवशता उतनी मार्मिक नहीं जितनी कि विरह को प्रकट करनेवाली उनकी निरीह, निश्छल, अनलंकृत उक्तियों में है। **साहित्य लहरी** में सूर के दृष्टकूट के पद संकलित हैं, जो काव्य-रूढ़ियों में निबद्ध होने के कारण दुरूह हैं। **साहित्य लहरी** की प्रामाणिकता भी संदिग्ध है।

सूरदास के गेयपद मुक्तक हैं, किंतु उनमें प्रबंधात्मकता का रस है। इसलिए उन्हें गेयपद के साथ-साथ 'लीला-पद' भी कहा जाता है। वे ब्रजभाषा के प्रथम प्रतिष्ठित कवि हैं। उनकी भाषा में साहित्यिकता के साथ चलतापन एवं प्रवाह भी है। कहीं-कहीं वे **गीत-गोविंद** के वर्णानुप्रास की शैली भी अपना लेते हैं। सूरदास भी यथास्थान विविध शैलियों को अपनाते हैं। उनकी कविता में लोक-साहित्य की सरलता ही नहीं, काव्य-परंपरा से सुपरिचित रूढ़ियों का उपयोग भी है। सूर की एक अन्य विशेषता नवीन प्रसंगों की उद्‌भावना है। उन्होंने कृष्ण-कथा, विशेषत: बाल-लीला और प्रेम-लीला के अंशों को नवीन मनोरंजक

वृत्तों से भर दिया है, जैसे दान-लीला, मान-लीला, चीरहरण आदि।

वल्लभाचार्य के पुत्र विट्ठलनाथ ने पुष्टिमार्गी कवियों में से आठ कवियों को चुनकर उन्हें 'अष्टछाप' की संज्ञा दी। ये कवि हैं– सूरदास, कुंभनदास, परमानंद दास, कृष्णदास, छीतस्वामी, गोविंद स्वामी, चतुर्भुजदास और नंददास। इनमें से प्रथम चार वल्लभाचार्य के शिष्य थे और शेष स्वयं विट्ठलनाथ के। सूरदास और उनकी कविता के विषय में हम जान चुके हैं। शेष कवियों में नंददास प्रमुख हैं।

नंददास (16 वीं शती)

नंददास सोलहवीं शती के अंतिम चरण में विद्यमान थे। इनके विषय में **भक्तमाल** में लिखा है– *चंद्रहास-अग्रज सुहृद परम प्रेम-पथ में पगे*। **दो सौ बावन वैष्णवन की वार्ता** के अनुसार ये तुलसीदास के भाई थे, किंतु अब यह बात प्रामाणिक नहीं मानी जाती। इनके काव्य के विषय में यह उक्ति प्रसिद्ध है– 'और कवि गढ़िया, नंददास जड़िया।' इससे प्रकट होता है कि इनके काव्य का कला-पक्ष महत्त्वपूर्ण है। इनकी प्रमुख कृतियों के नाम इस प्रकार हैं– **रासपंचाध्यायी**, **सिद्धांत पंचाध्यायी**, **भागवत् दशम स्कंध**, **रुक्मिणीमंगल**, **रूपमंजरी**, **रसमंजरी**, **दानलीला**, **मानलीला** आदि। इनके यश का आधार **रासपंचाध्यायी** है। **रासपंचाध्यायी** भागवत् के 'रासपंचाध्यायी' अंश पर आधारित है। यह रोला छंद में रचित है। कृष्ण की रासलीला का वर्णन इस काव्य में कोमल एवं सानुप्रासिक पदावली में किया गया है, जो संगीतात्मकता से युक्त है–

ताही छन उडुराज उदित रस-रास-सहायक,
कुंकुम-मंडित-बदन प्रिया जनु नागरि नायक।
कोमल किरण अरुन मानो बन व्यापि रही यों,
मनसिज खेल्यो फागु घुमड़ि घुरि रह्यों गुलाल ज्यों।

भँवरगीत में उन्होंने रोला छंद के साथ ध्रुवक जोड़कर उसे और अधिक संगीतात्मक बना दिया है। **सिद्धांत पंचाध्यायी** भक्ति सिद्धांत का परिचायक ग्रंथ है और **रसमंजरी** नायिका भेद का। **रूपमंजरी** में इसी नाम की एक भक्त महिला का चरित्र वर्णित है। नंददास ने अनेक काव्य-रूपों में रचना की है। वे काव्य शास्त्र से सुपरिचित कवि ज्ञात होते हैं।

अष्टछाप के शेष कवियों ने भी लीला-गान के पद कहे हैं, जो प्रधानतः शृंगारी हैं। राधा और कृष्ण के रूप एवं शृंगार के साथ-साथ उनके चरित का गुणगान इन कवियों का विषय रहा है। इनकी रचनाएँ बहुत कुछ समान हैं।

कृष्णदास (16 वीं शती)

कृष्णदास जन्मना शूद्र होते हुए भी वल्लभाचार्य के कृपा-पात्र थे और मंदिर के प्रधान हो गए थे। इनका रचा हुआ **जुगमान चरित** नामक ग्रंथ मिलता है। परमानंद दास (16वीं शती) के 835 पद **परमानंद सागर** में संकलित हैं। इनकी कविताएँ सरसता के कारण प्रसिद्ध हैं। कुंभनदास परमानंद दास के समकालीन थे। ये अत्यंत स्वाभिमानी भक्त थे। इन्होंने फतेहपुर सीकरी के राजसम्मान से खिन्न होकर कहा था–

संतन को कहा सीकरी सो काम।

इनका कोई ग्रंथ नहीं मिलता, फुटकल पद ही मिलते हैं। चतुर्भुजदास कुंभनदास के पुत्र थे। इनकी तीन कृतियाँ मिलती हैं–**द्वादश यश**, **भक्ति प्रताप** और **हितजु को मंगल**। छीतस्वामी सोलहवीं शती के उत्तरार्द्ध में वर्तमान थे। इनका भी कोई ग्रंथ नहीं, केवल फुटकल पद ही उपलब्ध हैं। गोविंद स्वामी का रचना काल सन् 1543 और 1568 के बीच रहा होगा। कहा जाता है कि इनका गाना सुनने के लिए कभी-कभी तानसेन भी आते थे। इनका भी कोई ग्रंथ नहीं मिलता।

अन्य कृष्ण-भक्त कवि

राधा–वल्लभी संप्रदाय के प्रवर्तक हितहरिवंश का उल्लेख और थोड़ा परिचय भक्तिकाल के प्रारंभ में ही दिया जा चुका है। इनका जन्म 1502 में हुआ था। इनका रचनाकाल सन् 1543 से 1583 तक माना जाता है। इन्होंने 1525 में श्रीराधावल्लभ की मूर्ति वृंदावन में स्थापित की। ये संस्कृत के विद्वान थे। इन्होंने संस्कृत में भी अत्यंत सरस रचना की है। **हितचौरासी** में इनकी कविताएँ संकलित हैं। हितहरिवंश द्वारा प्रवर्तित संप्रदाय में राधा की भक्ति की प्रधानता है। इसमें विधि-निषेध का त्याग है। हितहरिवंश ने राधा-विषयक अत्यंत सरस रचनाएँ की हैं। इनकी रचनाएँ कम संख्या में उपलब्ध हैं।

मीराबाई (1498-1546)

हिंदी की श्रेष्ठ कवयित्री मीरा का जन्म 1516 में हुआ था। इनके व्यक्तित्व के इर्द-गिर्द अनेक किंवदंतियाँ गढ़ ली गई हैं। ये बाबर से मोर्चा लेने वाले महाराणा साँगा की पुत्रवधू और महाराणा कुमार भोजराज की पत्नी थीं। कहा जाता है कि विवाह के कुछ वर्षों के बाद जब इनके पति का देहांत हो गया तो ये साधु-संतों

के बीच भजन-कीर्तन करने लगीं। इस पर इनके परिवार के लोग, विशेषकर देवर राणा विक्रमादित्य बहुत रुष्ट हुए। उन्होंने इन्हें नाना प्रकार की यातनाएँ दीं। उन्होंने इन्हें विष तक दिया जिससे खिन्न होकर इन्होंने राजकुल छोड़ दिया। इनकी मृत्यु 1546 में द्वारिका में हुई।

प्राय: भक्त कवियों में यह बात पाई जाती है कि वे अपने इष्ट के पास अपने जीवन के अभावों को लेकर उनकी पूर्ति के लिए जाते हैं। मीरा भक्त थीं। भक्त होना कोई बुरी बात नहीं, फिर राणा मीरा से क्यों रुष्ट थे? मीरा सवर्ण समाज की थीं और फिर राणा कुल की पुत्रवधू। इसलिए उनका सामान्य लोगों के बीच उठना-बैठना उस सामाजिक व्यवस्था को असह्य था जिसमें नारी पति के मरने पर या तो सती हो सकती थी या घर की चारदीवारी के भीतर वैधव्य झेलने के लिए अभिशप्त थी। मीरा को भक्त होने के लिए लोक-लाज छोड़नी पड़ी और यही बात राणा को खलती थी। लोक-लाज तजने की बात मीरा की कविताओं में बार-बार आती है। मीरा ने अपने इष्ट देव गिरधर का जो रूप निर्मित किया है, वह अत्यंत मोहक है। मीरा के रूप-चित्रण की यह भी विशेषता है कि वह प्राय: गत्वर होता है। गिरधर नागर को प्राय: सचेष्ट अंकित किया जाता है, या तो वे मुरली बजाते हैं या मंद-मंद मुस्काते हैं या मीरा की गली में प्रवेश करते हैं। मीरा नारी-सुलभ लज्जा के कारण उनसे सीधे मुँह बात बहुत कम करती हैं। उनके सामने न रहने पर यानी वियोगावस्था में वे उनसे वार्तालाप करती हैं, अनुनय-विनय करती हैं। विरह मीरा के जीवन का भी सबसे बड़ा यथार्थ है और उनके काव्य का भी। मीरा के विरह की सचाई का लक्षण यह है कि वे विरह की पीड़ा के ताप से मुक्त होना चाहती हैं। वेदना की सचाई का एक लक्षण यह है कि व्यक्ति उससे मुक्ति के लिए छटपटाए। मुक्ति संभव न हो तो भी मनुष्य मुक्तावस्था का स्वप्न देखता है। मीरा के यहाँ विरह-वेदना उनका यथार्थ है, तो कृष्ण से मिलन उनका स्वप्न। मीरा के जीवन के यथार्थ की प्रतिनिधि पंक्ति है–

अँसुवन जल सींचि-सींचि, प्रेम-बेलि बोई।

और उनके स्वप्न की प्रतिनिधि पंक्ति है–

सावन माँ उमग्यो म्हारो हियरा, भणक सुण्या हरि आवण री।

मीरा के काव्य में मध्यकालीन नारी का जीवन बिंबित है।

मीरा भक्त कवि हैं। उनकी व्याकुलता एवं वेदना उनकी कविता में निश्छल अभिव्यक्ति पाती है। मीरा की कविता में रूप, रस और ध्वनि के प्रभावशाली बिंब हैं। वे अपनी कविता में निहित वेदना को श्रोताओं और पाठकों के अनुभव के

माध्यम से संप्रेषित करती हैं– *घायल की गति घायल जानै और न जानै कोई* का यही अभिप्राय है।

मीरा के काव्य पर निर्गुण-सगुण, दोनों साधनाओं का प्रभाव है। उन पर नाथ मत का भी प्रभाव दिखाई पड़ता है। उनके इष्ट देव तो कृष्ण ही हैं, किंतु रामकथा से संबंधित गेयपद भी उन्होंने लिखे हैं। मीरा की कविताएँ शिष्ट समाज के साथ-साथ राजस्थान के भीलों में भी बहुत लोकप्रिय हैं।

रसखान (1548-1628)

इनका वृत्तांत **दो सौ बावन वैष्णवन की वार्ता** में मिलता है, और उससे प्रकट होता है कि ये लौकिक प्रेम से कृष्ण-प्रेम की ओर उन्मुख हुए। इनकी प्रसिद्ध कृति **प्रेमवाटिका** का रचनाकाल 1614 है। कहते हैं कि वे गोसाईं विट्ठलनाथ के शिष्य थे।

रसखान ने कृष्ण का लीलागान गेयपदों में नहीं, सवैयों में किया है। रसखान को सवैया छंद सिद्ध था। जितने सरस, सहज, प्रवाहमय सवैये रसखान के हैं, उतने शायद ही किसी अन्य कवि के हों। रसखान का कोई ऐसा सवैया नहीं मिलता जो उच्च स्तर का न हो। उनके सवैयों की मार्मिकता का बहुत बड़ा आधार दृश्यों और बाह्यांतर स्थितियों की योजना में है। वही योजना रसखान के सवैयों के ध्वनि-प्रवाह में भी है। ब्रजभाषा का ऐसा सहज प्रवाह अन्यत्र बहुत कम मिलता है। रसखान सूफ़ियों का हृदय लेकर कृष्ण की लीला पर काव्य रचते हैं। उनमें उल्लास, मादकता और उत्कृष्टता, तीनों का संयोग है। ब्रज-भूमि के प्रति जो मोह रसखान की कविताओं में दिखलाई पड़ता है, वह उनकी विशेषता है। रसखान प्रेम-भावना की अछूती स्थितियों की योजना करते हैं। इसलिए रसखान के यहाँ दूसरों की कही बातें कम मिलेंगी। निम्नलिखित सवैये में गोपियों की जिस मन:स्थिति का चित्र प्रस्तुत किया गया है, वह समूचे भक्ति काव्य में दुर्लभ है–

मोर पखा सिर ऊपर राखिहौं, गुंज की माल गरे पहिरौंगी।
ओढ़ि पितांबर लै लकुटी बन, गोधन ग्वारनि संग फिरौंगी।
भावतो सोई मेरो रसखानि सो तेरे कहे सब स्वाँग करौंगी।
या मुरली मुरलीधर की अधरान धरी अधरा न धरौंगी।

अर्थात् सब स्वाँग किया जा सकता है, किंतु कृष्ण के अधरों पर रखी हुई मुरली को अपने अधरों पर रखने का स्वाँग नहीं किया जाएगा।

कृष्णभक्त कवियों की सुदीर्घ परंपरा है। स्वामी हरिदास (16वीं शती), हरीराम व्यास (16वीं शती), सुखदास (17वीं शती), लालचदास (16वीं शती), नरोत्तमदास (16वीं शती) आदि अन्य कृष्णभक्त कवि हैं। इनमें नरोत्तमदास का **सुदामा-चरित** अपनी मार्मिकता और सहज प्रवाह के कारण बहुत लोकप्रिय है।

रहीम (1556-1627)

रहीम (पूरा नाम अब्दुर्रहीम खानखाना, जन्म-1556) की गणना कृष्णभक्त कवियों में ही की जा सकती है। रहीम ने **बरवै नायिका भेद** भी लिखा है, जिससे उनकी यह रचना तो निश्चित रूप से रीति काव्य की कोटि में रखी जाएगी, किंतु रहीम को भक्त हृदय मिला था। उनके भक्तिपरक दोहे उनके व्यक्ति और रचनाकार का वास्तविक प्रतिनिधित्व करते हैं। कहते हैं, उनके मित्र तुलसी ने **बरवै रामायण** की रचना रहीम के 'बरवै'-काव्य से उत्साहित होकर की थी। रहीम सम्राट अकबर के प्रसिद्ध सेनापति बैरम खाँ के पुत्र थे। वे स्वयं योद्धा थे। गंग ने रहीम पर जो छप्पय लिखा है, उससे प्रकट होता है कि रहीम पराक्रमी सेनानी थे–

खलभलित सेस कवि गंग भन-अमित तेज रवि रथ खस्यो।
खानान खान बैरम सुवन जबहिं क्रोध करि तंग कस्यो।।

रहीम अरबी, फ़ारसी, संस्कृत आदि कई भाषाओं के जानकार थे। वे बहुत उदार, दानी और करुणावान थे। अंत में उनकी मुगल दरबार से नहीं पटी, और अनुश्रुति के अनुसार उनके अंतिम दिन तंगी में गुजरे। रहीम की अन्य रचनाएँ हैं– **रहीम दोहावली** या **सतसई**, **श्रृंगार सोरठा**, **मदनाष्टक** और **रासपंचाध्यायी**। उन्होंने **खेल कौतुकम्** नामक ज्योतिष का भी ग्रंथ रचा है, जिसकी भाषा संस्कृत-फ़ारसी मिश्रित है। रहीम ने तुलसी के समान अवधी और ब्रज, दोनों में अधिकारपूर्वक काव्य-रचना की है।

रहीम के भक्ति और नीति के दोहे आज भी लोगों की जुबान पर हैं।

कृष्ण-भक्ति काव्य की विशेषताएँ

कृष्ण-भक्ति साहित्य प्रधानतः भगवान के लोकरंजक रूप को उजागर करता है। यह ऐकांतिक भाव का साहित्य है। यह ध्यान देने की बात है कि यद्यपि कृष्ण के चरित्र में सामाजिकता और लोकमंगल की भावना के समावेश का पूरा अवकाश है, किंतु हिंदी के कृष्ण-भक्त कवियों का ध्यान उधर नहीं गया।

सूरदास की कविता में लोक की रक्षा का पक्ष न सही, किंतु रंजन पक्ष विद्यमान है। परवर्ती कवियों की विषयवस्तु सीमित होती गई। इसी कारण इस धारा के कवियों ने अधिकांशतः मुक्तकों में ही रचना की। अष्टछाप के कवियों में तत्कालीन पर्व, उत्सव, रीति-रिवाज, आभूषण, वस्त्रादि का वर्णन मिलता है। कृष्ण-भक्ति काव्य की मधुरता ने मुसलमान कवियों को भी पर्याप्त संख्या में अपनी ओर आकृष्ट किया। कृष्ण-भक्ति काव्य की भाषा ब्रजभाषा ही रही। भक्ति प्रचार के साथ-साथ ब्रजभाषा का इतना व्यापक प्रचार हुआ कि वह शताब्दियों तक हिंदी क्षेत्र की तो प्रमुख काव्य-भाषा बनी ही रही, हिंदी क्षेत्र के बाहर सुदूरवर्ती क्षेत्रों में भी काव्य-रचना के लिए व्यवहृत हुई। कृष्ण-भक्ति काव्य में **रामचरितमानस** जैसा कोई विशद महाकाव्य तो नहीं रचा गया, लेकिन इसने सामान्य गृहस्थों के दैनंदिन जीवन को कृष्णचरित के उल्लास और व्यथा से भर दिया। श्रृंगार के क्षेत्र में तो कृष्ण-भक्ति काव्य का ही वर्चस्व रहा, राम-काव्य का नहीं।

हिंदी भक्ति काव्य की सामान्य विशेषताएँ

भक्ति का शास्त्र यद्यपि दक्षिण में बना, तथापि उसका पूर्ण उत्कर्ष उत्तर में हुआ। भक्ति आंदोलन अखिल भारतीय था। भारत की सभी भाषाओं और साहित्य पर भक्ति आंदोलन का प्रभाव है। लोक-साहित्य पर भी इसका प्रभाव कम नहीं। फलतः यह 'शास्त्र की उपेक्षा' करनेवाला लोकोन्मुख आंदोलन था। इसीलिए यह लोक जीवन में इतना रस संचित कर सका। हिंदी भक्त कवियों ने आध्यात्मिक साधना की ही बात नहीं की, उन्होंने सामंतवादी युग में सामंतवादी व्यवस्था की अमानवीयता की आलोचना भी की तथा यथासंभव हर प्रकार की पीड़ा और हिंसा का विरोध भी किया। सांसारिक अन्यायी शक्ति को परम सत्ता या अलौकिक शास्त्र-संपन्न सगुण रूप को सामने रखकर उसे तुच्छ दिखाया। इसलिए यह उल्लास और जीवन का साहित्य है।

भक्ति आंदोलन अखिल भारतीय था। अतः उसने भारत की सांस्कृतिक एकता को पुष्ट किया। इसके कारण पूरे भारत में एक प्रकार की साधना की लहर जन-मानस में दौड़ी।

इसके साथ हिंदी भक्ति आंदोलन और साहित्य की कुछ निजी विशेषताएँ भी हैं। हिंदी साहित्य में भक्तिकाल दीर्घ व्यापी, लगभग तीन शताब्दियों तक प्रभावी रहा। शायद ही किसी अन्य भारतीय भाषा में इतनी संख्या में श्रेष्ठ कवि-

कबीर, जायसी, सूर, तुलसी, मीरा आदि जैसे हुए हों। फिर हिंदी भक्ति साहित्य में मुसलमान कवियों का योगदान भी अन्यत्र नहीं मिलता। सगुण भक्ति साहित्य में अन्यत्र कहीं रसखान, रहीम आदि जैसे कवि हैं, यह भी संदिग्ध है। प्रबंधकार सूफ़ी कवि भी अन्य भाषा-साहित्य में शायद ही मिलें। इसका कारण यह है कि इस्लामी संस्कृति का प्रभाव सबसे पहले उत्तर भारत में हुआ। उसकी पहली टक्कर यहीं हुई, इसलिए साधनाओं का समन्वय भी यहाँ अधिक दिखलाई पड़ा।

इसीलिए हिंदी के साहित्य में एक व्यापक मानवीय संवेदना के साथ-साथ व्यवस्थाओं को चुनौती देने का एक स्वर भी है।

अध्याय 3

रीतिकाल
(1700–1850)

सामान्य परिचय

रीतिकाल में निर्दिष्ट काव्य-रीति या प्रणाली में कविता करना साहित्य की प्रधान प्रवृत्ति हो गई थी। इस काल में 'रीति', 'कवित्त रीति' और 'सुकवि रीति' शब्दों का प्रचलन हो गया था। लगता है रामचंद्र शुक्ल ने इन्हीं प्रयोगों को ध्यान में रखते हुए इस काल को 'रीतिकाल' कहा। लक्षण-ग्रंथों में कविता के विभिन्न अंगों का निरूपण किया जाता था। इस काल में काव्यांग निरूपण को कविता करने का बहाना बना लिया गया है–यानी लक्षण-ग्रंथों को लक्ष्य-ग्रंथ भी बना लिया गया है। इस काल की कविता प्रधानतः शृंगार रस की है। इस काल की कविता-रचना में शृंगार और रीति (रचना-विधि) एक-दूसरे से कैसे जुड़ गए, इसे जानने के लिए हमें कुछ और बातों पर ध्यान देना पड़ेगा।

पं. हजारीप्रसाद द्विवेदी के अनुसार– "इस समय आर्थिक दृष्टि से समाज में स्पष्ट रूप से दो श्रेणियाँ हो गईं– एक तो उत्पादक वर्ग, जिसमें प्रधान रूप से किसान और किसानी से संबंध रखने वाली जातियाँ–बढ़ई, लोहार, कहार, जुलाहा इत्यादि थीं, और दूसरा वर्ग भोक्ता (राजा, रईस, नवाब आदि) या भोक्तृत्व का सहायक था।" दोनों का परस्पर संबंध क्रमशः क्षीण होता गया और मुगलकाल के अंतिम दिनों में इन दोनों की दुनिया लगभग अलग हो गई। इन दो वर्गों के मध्य में कवियों, चित्रकारों, संगीतज्ञों आदि कलावंतों का वर्ग था जो प्रायः

उत्पादक वर्ग से उत्पन्न होता था, किंतु भोक्ता वर्ग की स्तुति और मनोरंजन करके जीविका का निर्वाह करता था। जिस वर्ग को प्रसन्न करना होता था, उसके जीवन और रुचियों का पता होना चाहिए था। द्विवेदी जी के मतानुसार इस काल में कवि-शिक्षा के ग्रंथ इसी आवश्यकता की पूर्ति करते थे।

संस्कृत में लक्षण-ग्रंथ आचार्य लिखते थे, कवि नहीं। वे निरूपण की प्रक्रिया में लक्षण बताकर उदाहरण के रूप में प्रसिद्ध कवियों की रचनाएँ अपनी बात को सुस्पष्ट या प्रमाणित करने के लिए प्रस्तुत करते थे। हिंदी में यह प्रवृत्ति भिन्न रूपों में चली। यहाँ लक्षण-ग्रंथों में लक्षण भी अपने और उदाहरण भी अपनी ही कविताओं के होते थे। लक्षण तो परंपरा से प्राप्त होते थे, उन्हें ग्रंथकार अपने शब्दों में प्रस्तुत कर देते थे, किंतु कविताओं में उनकी मौलिकता होती थी। इसीलिए कहा जाता है कि रीतिकाल के लक्षण-ग्रंथकार वस्तुतः कवि थे, आचार्यत्व को तो उन्होंने कविता करने का बहाना बना लिया था। फलतः हिंदी में आचार्य और कवि, दोनों एक ही व्यक्ति होने लगे। इस प्रणाली से इस काल में प्रचुर एवं उत्कृष्ट रचनाएँ हुईं।

इस काल में भक्ति में से धार्मिकता का तत्त्व क्रमशः कम होता गया। फलतः भक्ति, जो मूलतः प्रेम है, धीरे-धीरे लौकिक शृंगार में परिवर्तित होती गई। दरबार में पहुँचकर वह व्यापक अर्थ में लौकिक प्रेम भी नहीं रह सकी। उस समय हिंदी क्षेत्र में छोटे-छोटे राजे-नवाब थे जो केंद्रीय सत्ता द्वारा अनुशासित होते थे। वे वीरगाथाकालीन सामंतों की तरह आपस में लड़ नहीं सकते थे। वे अपने झूठे पराक्रम, दान की प्रशंसापरक कविताएँ सुनने और भोग-विलास का उद्दीपन करने वाली रचनाओं में ही रुचि रखते थे। ऐसा काव्य दरबारी कहलाता है, जो आश्रयदाताओं की रुचि को ध्यान में रखकर उनकी कृपा प्राप्त करने के लिए रचा जाता है। दरबारी कविता में एकरसता तो होती ही है, उसमें प्रधानतः मुक्तक ही रचने का अवकाश होता है, क्योंकि कवियों में आश्रयदाता को तत्काल प्रसन्न करने की होड़ होती है। इसीलिए चमत्कार-प्रियता, आलंकारिता, अतिशयोक्ति आदि दरबारी कविता की प्रवृत्तियाँ बन जाती हैं। शिवाजी, छत्रसाल जैसे आश्रयदाता पराक्रमी थे, तो भूषण की कविताएँ भी शृंगारहीन होकर भी वीररसात्मक हैं।

लेकिन यह समझना भूल होगी कि इस काल की सभी रचनाएँ दरबारी हैं। वस्तुतः दरबारीपन का विरोध भी इस काल की कविता में मिलता है, उत्कृष्ट प्रेम की कविताओं की भी कमी नहीं है रीतिकाल में। दरबारीपन तो रीतिकाल की एक प्रवृत्ति ही है।

रीतिकाल में प्राकृत-अपभ्रंश की शुद्ध इहलौकिक काव्य-धारा फिर से प्रवाहित होती दिखाई पड़ती है। **गाथा सप्तशती, आर्या सप्तशती** जैसी मनोहारी, सामान्य गृहस्थ जीवन की शृंगारिक रचनाओं की परंपरा रीतिकालीन रचनाओं में भरपूर मिलती है। इनमें लोक-जीवन में व्याप्त पारिवारिक प्रेम, मिलन, विरह आदि की मार्मिक अभिव्यक्ति हुई है। रीतिकाल ऐसे सरस मुक्तकों की दृष्टि से हिंदी का सर्वाधिक संपन्न काल है।

इस काल में साथ-ही-साथ भक्ति काव्य भी रचा जाता रहा। अवश्य ही रीतिकालीन भक्ति काव्य में पूर्व मध्यकालीन भक्ति काव्य की अग्नि नहीं है। वह भी दरबारीपन से धूमिल है। इसमें कबीर, सूर, जायसी, तुलसी की व्यापकता ढूँढ़ने पर आपको निराश होना पड़ेगा।

इस काल की कविता का परम उत्कर्ष प्रेम के रीतिमुक्त कवियों की रचनाओं में मिलता है। ये कवि 'प्रेम की पीर' के कवि हैं और इनकी विरह-भावना सूफ़ी कवियों जैसी है। घनानंद, आलम, बोधा ठाकुर इसी धारा के कवि हैं।

रीतिकालीन काव्य को तीन धाराओं में बाँटा जाता है–

1. **रीतिबद्ध धारा–** इस धारा के कवियों ने अलंकार, नायिका-भेद, आदि के लक्षण बताकर उनके उदाहरणस्वरूप काव्य रचे हैं–जैसे केशव, पद्माकर, मतिराम आदि। ये लक्षण-ग्रंथकार मूलतः कवि थे।
2. **रीतिसिद्ध धारा–** इस धारा के कवि लक्षण-उदाहरण की पद्धति तो नहीं अपनाते, किंतु रचना करते समय लक्षणों का ध्यान अवश्य रखते हैं। बिहारी ऐसे ही कवि हैं।
3. **रीतिमुक्त धारा–** इस धारा के कवि लक्षण-उदाहरण की न तो पद्धति अपनाते हैं, न ही लक्षणों का ध्यान रखते हैं। ये प्रेम के, विशेषतः विरह के उन्मत्त गायक कवि हैं। घनानंद, आलम, बोधा ठाकुर आदि रीतिमुक्त या स्वच्छंद धारा के कवि हैं। ये कवि स्वाभिमानी भी हैं। इनमें रीतिबद्धता और दरबारीपन के प्रति विद्रोह का भाव है। इस काल की प्रमुख काव्यभाषा ब्रजी है। कवित्त, सवैया, दोहा आदि प्रमुख छंद हैं। रीतिकालीन कविता के दरबारीपन पर फ़ारसी काव्य का थोड़ा-बहुत प्रभाव पड़ना स्वाभाविक था। दरबारी कविता प्रधानतः मुक्तकों में है और अलंकार-बहुल है।

शिव कवि नामक एक अज्ञातप्राय कवि ने कहा है–

लच्छिमी तिहारी एक कृपा के कटाच्छ बिनु,
केते क्रूर धूरतन के बदन ध्याइबे परे।
झूठे महिपालन के झूठे गुन गाइ-गाइ,
बानी जगरानी तासों बैर ठानिबे परे।
कहैं सिवकवि दाता सूम को बखानियत,
रन तै बिमुख सूर ठहराइवे परे।
काहु के न धंधन के निज पेट धंधन के,
दौलत के मदंधन के ढिग जाइबे परे।

रीतिकाल के प्रमुख कवियों का परिचय

केशवदास (1555-1617)

केशवदास का जन्म 1555 में और मृत्यु 1617 में हुई। इनके पूर्वज संस्कृत के विद्वान थे। ये ओरछा नरेश महाराजा रामसिंह के भाई इंद्रजीत सिंह के सभा-कवि थे। यहाँ इनका बहुत सम्मान था। केशवदास द्वारा रचित सात ग्रंथ मिलते हैं– **कविप्रिया**, **रसिकप्रिया**, **रामचंद्रिका**, **वीरसिंह चरित**, **विज्ञान गीता**, **रतन बावनी** और **जहाँगीर-जस चंद्रिका**। **कविप्रिया** और **रसिकप्रिया** काव्यशास्त्रीय पुस्तकें हैं। कहा जाता है कि **कविप्रिया** की रचना महाराजा इंद्रसिंह की पतिव्रता गणिका रायप्रवीण को शिक्षा देने के लिए हुई थी।

केशवदास का उल्लेख राम-भक्ति शाखा के प्रसंग में हो चुका है। उन्होंने 'रामकथा' का वर्णन **रामचंद्रिका** में किया है। किंतु छंदों की विविधता, अलंकारों की बहुलता एवं चमत्कार-प्रियता के कारण उसे भक्ति साहित्य की कोटि में रखना उचित नहीं जान पड़ता। केशव का महत्त्व इस बात में है कि उन्होंने पहली बार संस्कृत साहित्यशास्त्र में निरूपित काव्यांगों पर हिंदी में विचार किया। इसके पूर्व कृपाराम, मोहनलाल मिश्र, करनेस आदि ने रस, शृंगार और अलंकार पर अलग-अलग पुस्तकें लिखी थीं, पर एक साथ सभी काव्यांगों का परिचय नहीं दिया था। केशव ने यही किया और इसीलिए वे हिंदी के प्रथम आचार्य माने जाते हैं। वे काव्य में अलंकार को अधिक महत्त्व देते थे। संभवत: इसीलिए उन्होंने आनंदवर्धनाचार्य, मम्मट आदि रसवादी आचार्यों का अनुकरण करके भामह आदि अलंकारवादी आचार्यों का अनुकरण किया। केशव ने जो काव्य विवेचन किया है उसमें मौलिकता नहीं है, वह संस्कृत के काव्यशास्त्र के आचार्यों का अनुकरण है।

केशवदास की रचनाओं में काव्य की दृष्टि से सर्वाधिक विचारणीय **रामचंद्रिका** है। इसकी रचना केशवदास ने वाल्मीकि के स्वप्न में कहने पर की थी। यह **हनुमन्नाटक** और **प्रसन्नराघव** की शैली में रचित है। **पृथ्वीराज रासो** के समान इसमें छंद जल्दी-जल्दी परिवर्तित होते हैं। रचना नाटकीय संवादों से परिपूर्ण है। एक ही पंक्ति में पात्रों के बीच प्रश्नोत्तर करा देने की शैली में केशवदास निपुण हैं, जैसे भरत-कैकेयी का यह प्रश्नोत्तर–

'मातु! कहाँ नृपताप'? 'गए सुरलोकहिं, 'क्यों'? 'सुत शोक लिए'।

रामचंद्रिका के संवादों की प्रशंसा की गई है। केशवदास दरबारों के वैभव-वातावरण का वर्णन करने में सिद्धहस्त हैं। किंतु कथा-प्रसंगों की समुचित योजना या मार्मिक प्रसंगों की पहचान में प्रायः वे चूक जाते हैं। वाग्विदग्धता, अलंकारों, छंदों के ज्ञान के उपयोग की आतुरता और चमत्कार-प्रियता उनकी सहृदयता को कुंठित कर देती हैं। लेकिन यह नहीं कहा जा सकता कि उन्हें कवि-हृदय मिला ही नहीं था। लक्षणों के उदाहरणों के रूप में प्रस्तुत उनकी अनेक रचनाएँ सहृदयों को प्रभावित करने में समर्थ हैं।

यद्यपि केशव हिंदी के प्रथम आचार्य हैं, किंतु रीति-ग्रंथों की विरल परंपरा चिंतामणि (1609) से चली। रीति काव्य की परंपरा के प्रवर्तक केशव हैं या चिंतामणि, इसे लेकर विवाद होता है। इनका प्रसिद्ध ग्रंथ **कविकुल कल्पतरु** है। इस काल के अन्य प्रसिद्ध आचार्य कवि भीखारीदास (18वीं शती), ग्रंथनाम **काव्य-निर्णय;** तोषं (1634), ग्रंथनाम **सुधानिधि;** कुलपति (1670), ग्रंथनाम **रस रहस्य;** सुखदेव मिश्र (1673), ग्रंथनाम **रसार्णव** आदि हैं। इनके उपजीव्य संस्कृत ग्रंथ **काव्य-प्रकाश**, **साहित्य दर्पण**, **रसमंजरी**, **चंद्रलोक** और **कुवलयानंद** हैं।

सेनापति (1584-1688)

सेनापति का जन्मकाल 1584 है। इनकी रचनाओं से लगता है कि यद्यपि इनका कुछ दरबारों में सम्मान हुआ है, किंतु बाद में ये विरक्त हो गए। इनकी दो रचनाएँ हैं–**कवित्त रत्नाकर** और **काव्य कल्पद्रुम**। **कवित्त रत्नाकर** में भक्तिभाव के छंद हैं। रीतिकालीन कवियों ने प्रकृति का उपयोग प्रायः उद्दीपन के ही अंतर्गत किया है, किंतु सेनापति इस काल के अकेले कवि हैं जिनका प्रकृति के प्रति भाव-बोध इतना सहज है कि आधुनिक-सा लगता है। प्रकृति-चित्रण के विषय में उन्हें इस दृष्टि से श्रीधर पाठक के साथ बैठाया जा सकता है। यह सेनापति की बहुत बड़ी विशेषता है। रामकथा पर इनके अनेक छंद मिलते हैं। एक पंक्ति

में इन्होंने शरदपूर्णिमा की चंद्रज्योत्स्ना की उपमा रामचंद्र के यश से दी है– *राम कै सों जस अध-ऊरध गगन* है। ऋतुवर्णन में इनका सादृश्य-विधान मौलिक है। वर्षा का यह वर्णन देखिए–

सेनापति उनए नए जलद सावन के
चारिह दिसान घुमरत भरे तोय कै।
सोभा सरसाने न बखाने जात कैहूँ भाँति
आने है पहार मानो काजर कै ढोय कै।
घन सो गगन छ्प्यो तिमिर सघन भयो
देखि न परत मनो रवि गयो खोय कै।
चारि मास भरि स्याम निसा को भरम मानि
मेरे जानि याही तें रहत हरि सोय कै।

रीति सिद्ध कवि

बिहारी (1606-1663)

बिहारी का जन्म सन् 1606 के लगभग हुआ। शुक्ल जी का अनुमान है कि वे 1663 तक विद्यमान रहे। बिहारी रीतिकाल के सर्वाधिक प्रसिद्ध एवं लोकप्रिय कवि हैं। वे रीति काव्य के प्रतिनिधि कहे जा सकते हैं। उन्होंने काव्यांग निरूपण नहीं किया है, किंतु उनकी रचना में काव्य रीति रची-बसी है। वे जयपुर के मिर्जा राजा जयसिंह के दरबारी कवि थे। वहाँ उनका काफ़ी सम्मान था।

बिहारी के यश का आधार **सतसई** है। इतना कम लिखकर इतना अधिक यश कम साहित्यकारों को मिला होगा। बिहारी **सतसई** की लोकप्रियता का यह हाल है कि इनकी पचासों टीकाएँ लिखी जा चुकी हैं। और यह काम अभी बंद नहीं हुआ है। बिहारी मूलतः शृंगार के कवि हैं, यद्यपि उन्होंने भक्ति और नीति के भी मार्मिक दोहे रचे हैं।

बिहारी के शृंगारी दोहों में सामंती जीवन का वैभव-विलास ही नहीं चित्रित है, वे सामान्य गृहस्थ के दैनंदिन जीवन के भी सरस चित्र खींचते हैं। देवर, भाभी, जेठ, ननद, सास, पड़ोसिन, वैद्य, ज्योतिषी, खेत, बाग, सरोवर सब के संदर्भ में शृंगार के चित्र खींचते हैं। बिहारी का विषय सीमित है, लेकिन आधारफलक सीमित नहीं। शृंगार अन्य प्रकार के मनोविकारों से टकराता नहीं, इसलिए संकीर्ण लगता है। बिहारी बहुज्ञ थे, उन्होंने अपनी विस्तृत जानकारी का उपयोग अपनी रचनाओं में किया है। एकाध दोहों में उन्होंने सामंतों को ठीक मार्ग

पर चलने या नीति के पालन का उपदेश भी दिया है।

बिहारी अनुभवों के विधान से भाव की व्यंजना में निपुण हैं। यह उनका प्रिय कौशल है। इसके लिए वे नायक-नायिकाओं की चेष्टाओं का वर्णन निहायत सधे ढंग से करते हैं। इस बहुचर्चित दोहे में उनकी यह निपुणता देखी जा सकती है–

बतरस लालच लाल की, मुरली धरी लुकाइ।
सौंह करे भौंहन हँसे, दैन कहै नटि जाइ।।

लेकिन बिहारी जब काव्य-रूढ़ियों की सहायता से वस्तु-व्यंजना के लिए चमत्कार दिखाने लगते हैं, तब वे केशवदास के बहुत समान लगते हैं। ऐसे दोहों की अतिशयोक्ति मार्मिकता नहीं उत्पन्न कर पाती, अविश्वास या विनोद की वस्तु बन जाती है।

बिहारी के एकाध दोहे ऐसे भी हैं, जो उनके अनुरागी चित्त की सहज अभिव्यक्ति हैं। जैसे यह दोहा–

सघन कुंज छाया सुखद, सीतल मंद समीर।
मन ह्वै जात अजौं बहै, वा जमुना के तीर।।

लेकिन यह निरलंकृति बिहारी के यहाँ दुर्लभ है। वे मूलतः उस दरबारी विदग्धता के कवि हैं जो उस समय हिंदी और उर्दू, दोनों भाषाओं के साहित्यों के सामंताश्रित कवियों के यहाँ मिलती है।

देव (1673-1767)

देव का जन्म 1673 में हुआ। इनकी मृत्यु का समय 1767 के आसपास माना जाता है। ये अनेक आश्रयदाताओं के यहाँ रहे और इन्होंने उनकी रुचि के अनुकूल रचनाएँ कीं। इनके रचे ग्रंथों की संख्या काफ़ी है। उनमें कुछ इस प्रकार हैं– **भावविलास**, **भवानीविलास**, **रसविलास**, **सुखसागर तरंग**, **अष्टयाम**, **प्रेमचंद्रिका** और **काव्यरसायन**।

देव रीतिकाल के श्रेष्ठ कवियों में से हैं। इनकी तुलना बिहारी से की गई है। बिहारी बड़े कि देव, इसे लेकर हिंदी आलोचना में काफ़ी लिखा गया है। देव ने भी लक्षण-ग्रंथ लिखे हैं। अतः इन्हें भी रीतिकाल के आचार्य कवियों की कोटि में रखा जा सकता है। किंतु देव मूलतः आचार्य नहीं, कवि ही थे।

देव में मौलिक रचनाकार की प्रतिभा और सहृदयता प्रचुर मात्रा में थी। लोकप्रियता की दृष्टि से वे बिहारी से बहुत पीछे नहीं हैं। देव की काव्य-भूमि

बिहारी से कहीं अधिक व्यापक है। उन्होंने प्रकृति के क्रियाकलाप को देखकर अनेक उत्तम रूपक बाँधे हैं। जैसे इस कविता में–

डार द्रुम पालना बिछौना नव पल्लव के
सुमन झिंगूला सोहै तन छवि भारी दे।
पवन झुलावै केकी-कीर बहरावैं देव,
कोकिल हलावै-हुलसावै कर तारी दै।
पूरित पराग सों उतारो करे राई लोन,
कंज कली नायिका लतानि सिर सारी दै।
मदन महीप जू को बालक वसंत ताहि,
प्रातहि जगावत गुलाब चटकारी दै।

देव रीतिकाल के ऐसे दुलर्भ कवि हैं, जो रूढ़ियों की सहायता के बिना केवल स्थितियों की योजना से मार्मिकता पैदा करते हैं। इससे उनकी कविता में नाटकीयता आती है और जिन मनोविकारों या भावों का चित्रण किया जाता है वे साक्षात् हो उठते हैं। इसलिए देव में उत्कृष्ट बिंब-विधान पाया जाता है। जैसे इन पंक्तियों में–

बड़े-बड़े नैनन सों आँसू-भरि-भरि ढरि
गोरो गोरो मुख आज ओरो सो बिलानो जात।

देव काव्य-कला के कुशल कवि हैं, किंतु चमत्कार या काव्य-रूढ़ियों के आधार पर रचना करने की प्रवृत्ति उनमें बिहारी की अपेक्षा कम है। इसीलिए उनमें चमत्कार करने की अपेक्षा रमाने की प्रवृत्ति अधिक है।

भूषण (1613-1715)

भूषण ने शिवाजी की तो प्रशंसा की ही है, छत्रसाल की भी की है। ये रीतिकाल के दो प्रसिद्ध कवियों, चिंतामणि और मतिराम के सगे भाई थे। चित्रकूट के सोलंकी राजा रुद्र ने इन्हें 'कवि भूषण' कहा। फिर ये इसी नाम से प्रसिद्ध हुए। वास्तविक नाम कुछ और रहा होगा। ये वीर रस के कवि थे। इन्होंने रीतिकाल की परंपरा में एक अलंकार ग्रंथ **शिवराज भूषण** भी लिखा है। इनके जो अन्य ग्रंथ मिलते हैं, वे हैं– **शिवा बावनी** और **छत्रसाल-दसक**।

रीतिकालीन कविता का प्रधान स्वर श्रृंगार का है। भूषण का स्वर वीरता का है। इसलिए ये रीतिकाल के विशिष्ट कवि हैं, लेकिन भूषण के महत्त्व पर विचार करते समय कुछ और बातों की ओर भी ध्यान जाता है। रीतिकाल में कुछ अन्य

कवियों ने भी वीरता की कविताएँ लिखी हैं, किंतु उनको भूषण की प्रसिद्धि नहीं मिली। इसका प्रमुख कारण यह है कि काव्योत्कर्ष की दृष्टि से वे इस क्षेत्र में भूषण जैसे कवि नहीं हैं। भूषण ने अपनी काव्य पंक्तियों में अनेक ऐतिहासिक तथ्यों का उल्लेख किया है, जैसे अफ़ज़ल खाँ का शिवाजी द्वारा मारा जाना, दारा की औरंगज़ेब द्वारा हत्या, सूरत पर शिवाजी का अधिकार, खजुवा का युद्ध, शिवाजी का औरंगज़ेब के दरबार में जाना आदि।

भूषण ओज के कवि हैं। उनकी कविता में टंकार के साथ-साथ झंकार भी सुनाई पड़ती है। वे कभी-कभी व्यंग्य भी करते हैं– *दारा की न दौर यह रार नहीं खजुबे की*। उनके यहाँ जो थोड़ी-बहुत भाषागत अव्यवस्था मिलती है, उसका कारण उत्साह का अतिरेक हो सकता है। भूषण काव्य-रीति में वीरता को ढालनेवाले कवि हैं। उनके काव्य में श्लेष आदि का पूरा उपयोग मिलता है। भूषण ने अपनी कविताओं में मुस्लिम शासक औरंगज़ेब द्वारा हिंदुओं के धर्म-परिवर्तन पर क्षोभ प्रकट किया है। शिवाजी की प्रशंसा करते हुए उन्होंने लिखा है– *सिवा जो न होत तो सुनत होत सबकी*। उनकी भाषा में अरबी-फ़ारसी के शब्द खुलकर प्रयुक्त हुए हैं। उनका एक प्रसिद्ध कवित्त इस प्रकार है–

इंद्र जिमि जंभ पर, बाडव सुअंभ पर,
रावण सुदंभ पर रघुकुलराज हैं।
पौन बारिवाह पर, संभु रतिनाह पर,
ज्यों सहस्रबाहु पर रामद्विजराज हैं।
दावा द्रुम दंड पर, चीता मृग झुंड पर,
भूषण वितुंड पर जैसे मृगराज हैं।
तेज तम अंस पर, कान्ह जिमि कंस पर,
त्यों म्लेच्छ वँस पर सेर सिवराज है।

मतिराम (1603-1701)

मतिराम रीतिकाल के प्रसिद्ध आचार्य कवि हैं। अनुमानतः इन्हें भी अपने भाई भूषण के समान दीर्घ आयु प्राप्त हुई थी। इनके ग्रंथों के नाम हैं– **छंदसार**, **रसराज**, **साहित्य सार**, **लक्षण शृंगार** और **ललित ललाम**। **रसराज** और **ललित ललाम** इनके यश के आधार-ग्रंथ हैं।

मतिराम रीतिकाल में भाषा की प्रवाहमयता और भाव की सहजता के प्रतिमान हैं। उनकी शैली इतनी सहज है कि उनकी कविता अन्य रीतिकालीन कवियों से

अलग लगती है। वे रीतिकाल में व्याप्त चमत्कारिता से लगभग अछूते रचनाकार हैं। उनकी भाव-योजना बिल्कुल सीधी होती है। वे बात को घुमाकर कहने में विश्वास नहीं करते। वे काव्य-रूढ़ियों का कम-से-कम प्रयोग करते हैं। लक्षण-ग्रंथों के रचयिता होने के बावजूद उनके काव्य में अलंकृत पदयोजना बहुत कम मिलती है। मतिराम असामान्य स्थितियों का गुंफन नहीं करते। दैनंदिन जीवन की सामान्य स्थितियाँ कभी-कभी विशिष्ट संदर्भ में किस प्रकार अलौकिक अनुभूति करा जाती हैं, इस ससीम रूपमय जगत के खंड कभी-कभी किस प्रकार हृदय में संयोजित होकर अखंड और असीम का अनुभव कराकर हमें सार्थक कर जाते हैं, इसका पता मतिराम के अनेक पद्यों से लगता है। शृंगार के क्षेत्र में भक्त कवियों जैसी सहजता मतिराम की रचनाओं में मिलती है। रीतिकाल में इस दृष्टि से उनके सहचर केवल पद्माकर हैं। उनकी काव्यगत सहजता का उदाहरण है-

क्यों इन आँखिन सो निहसंक ह्वै मोहन को तन पानिप पीजै।
नेकु निहारे कलंक लगै, यही गाँव बसे कहु कैसे के जीजै।।
होत रहे मन यों, मतिराम कहूँ बन जाय बड़ो तप कीजै।
ह्वै वनमाल हिए लगिए अरु ह्वै मुरली अधरा-रस पीजै।।

पद्माकर (1753-1833)

पद्माकर का जन्म बाँदा में हुआ था। ये रीतिकाल के अत्यंत प्रसिद्ध एवं लोकप्रिय कवि हैं। ये अनेक गुणग्राहकों द्वारा सम्मानित किए गए। सुगरा, सितारा, जयपुर, ग्वालियर के दरबारों में इनका आदर हुआ। हिम्मत बहादुर, जो बाँदा और अवध के नवाबों के सेना अधिकारी थे, के नाम पर इन्होंने **हिम्मत बहादुर बिरुदावली** लिखी। इनके द्वारा रचित अन्य ग्रंथ इस प्रकार हैं- **जगद्विनोद**, **पद्माभरण**, **प्रबोध पचासा**, **राम रसायन**, **गंगा लहरी**। **जगद्विनोद** लक्षण-ग्रंथ है।

पद्माकर भी मतिराम के समान भाषा और भाव की प्रवाहमयी सहजता के कारण लोकप्रिय हैं, किंतु पद्माकर की कविता शृंगार, भक्ति और वीरता तीनों भूमियों पर समान अधिकार के साथ रस का संचार करती है। विभिन्न भावों के अनुरूप भाषा को सहज तौर पर ढाल लेने में ये सिद्ध थे। पं. रामचंद्र शुक्ल के शब्दों में- "इनकी भाषा में वह अनेकरूपता है जो एक बड़े कवि में होनी चाहिए। भाषा की ऐसी अनेकरूपता गोस्वामी तुलसीदास जी में दिखाई पड़ती है। पद्माकर के काव्य में कहीं-कहीं विदग्धता भी मिलती है, लेकिन वह केंद्रीय भाव में ढल जाती है। पद्माकर में बिहारी की तरह समुचित बाह्य चेष्टाओं की

योजना द्वारा आंतरिक भाव को व्यंजित करने की प्रतिभा थी। किंतु इनमें चमत्कार-प्रियता नहीं, या नहीं के बराबर मिलती है।"

इनकी वीर रस की कविताओं में भूषण की तरह ही वीरोचित ओज तो है, किंतु भाषा व्यवस्थित बनी रहती है। पद्माकर की **गंगा लहरी** में एक शांतकामी चित्त की कातरता और गंगा के माहात्म्य पर अटूट श्रद्धा दिखलाई पड़ती है। पद्माकर के काव्य में बुंदेलखंड की प्रकृति का सजीव चित्रण हुआ है। इनकी काव्य-भाषा में अनुप्रासों की छटा देखते बनती है। बिहारी और पद्माकर को रीतिकाल के दो छोर कहा जा सकता है। बिहारी रीतिकाल के प्रारंभिक श्रेष्ठ कवि हैं, तो पद्माकर अंतिम। यह कालावधि लगभग दो सौ वर्षों की है। पद्माकर के काव्य की विशेषता भावों को व्यंजित करने में समर्थ सजीव चित्र खींच देने में है। नीचे दिए हुए सवैए से इस कथन की पुष्टि हो जाएगी–

फागु की भीर अभीरिन में गहि गोबिंदै लै गई भीतर गोरी,
भाइ करी मन की पद्माकर ऊपर नाई अबीर की झोरी।
छीनि पितंबर कम्मर तें सु विदा दई मीड़ि कपोलन रोरी।
नैन नचाय कही मुसुकाय 'लला फिरि आइयो खेलन होरी'।

गंग (16 वीं शती)

गंग अकबर के दरबारी कवि थे। अतएव इनका समय सोलहवीं शती रहा होगा। ये रहीम के मित्र थे। ये परम स्वाभिमानी रहे होंगे। गंग का व्यक्तित्व भारतीय साहित्य में अनुपम है। इन्हें किसी सामंत ने हाथी से कुचल कर मरवा डाला। इनका कोई ग्रंथ नहीं मिलता। लेकिन समकालीन और परवर्ती कवियों ने इनका नाम अत्यंत सम्मान से लिया है। कहा गया है कि *तुलसी गंग दुओ भए कवियन के सरदार*। इसी से कवि समाज के बीच इनके स्थान का अनुमान किया जा सकता है। इनकी जो कविताएँ मिलती हैं, वे प्रधानतः श्रृंगार की ही हैं। दरबार में थे ही, इसलिए उनके काव्य में विदग्धता भी थी। कुल मिला कर अपनी रचना पद्धति से ये रीतिकाल के ही कवि ठहरते हैं।

गंग का एक कवित्त नीचे दिया जा रहा है–

झुकत कृपान मैदान ज्यों उदोत भानु एकन ते एक मानो सुषमा जरद की।
कहै कवि गंग तेरे बल को बयारि लगे, फूटी गजघटा ज्यों सरद की॥
एते मान सोनित की नदियाँ उमड़ि चलीं रही न निसानी कहूँ महि में गरद की।
गौरी गह्यो गिरिपति गनपति गह्यो गौरी, गौरीपति गहि पूछ लपकि बरद की॥

अब तक हमने काव्य-रीति का ध्यान रखकर लिखने वाले उन कवियों पर विचार किया जिनमें से अधिकांश ने काव्यांग निरूपण को रचना का निमित्त बनाया है। अब हम उन कवियों पर विचार करेंगे जो भिन्न कोटि के हैं। ऊपर विवेचित कवियों को रीतिबद्ध कहा जाता है, क्योंकि ये काव्य-रीति को ध्यान में रखकर या उसी की सीमा में कविता करते हैं। जिन कवियों पर अब हम विचार करने जा रहे हैं, उन्हें रीतिमुक्त कवि कहा जाता है क्योंकि उन्होंने एक तो काव्यांग निरूपण को कविता का निमित्त नहीं बताया है और दूसरे, इनके यहाँ वर्ण्य विषय को लेकर एक प्रकार की विह्वलता या तन्मयता पाई जाती है। आधुनिक मुहावरे में कहें तो ये कवि प्रतिष्ठान की उपेक्षा या विरोध करने वाले हैं। बोधा ठाकुर ने *लोगन्ह कबित्त कीबों खेल करि जान्यो* है या घनानंद में *लोग हैं लागि कबित्त बनावत, मोंहे तो मेरे कवित्त बनावत* लिखकर यही प्रकट किया है। रीतिवाद का विरोध रीतिकाल में होना ही था। घनानंद, आलम, बोधा ठाकुर आदि इसी प्रवृत्ति का प्रतिनिधित्व करते हैं।

प्रमुख रीतिमुक्त कवि

घनानंद (1673-1739)

इनका जन्म 1673 के आसपास हुआ और 1739 में ये नादिरशाह के सैनिकों द्वारा मारे गए। **सुजान सागर** तथा **सुजान संबोधन** के आधार पर किंवदंती है कि सुजान नामक वेश्या को वे प्यार करते थे।

विराग होने पर वे वृंदावन चले गए और वैष्णव होकर काव्य-रचना करने लगे। 1739 में नादिरशाह के सिपाहियों ने इनसे जर, जर, जर,(तीन बार-सोना, सोना, सोना) माँगा। उन्होंने तीन मुट्ठी धूल उठाकर उन्हें यह कहते हुए दी, 'रज, रज, रज'(धूल, धूल, धूल)। इस पर क्रुद्ध होकर सैनिकों ने इनका हाथ काट डाला। मृत्यु के समय भी ये सुजान को नहीं भूले। कहा जाता है कि मरते समय इन्होंने अपने रक्त से यह कवित्त लिखा-

बहुत दिनान की अवधि आस पास परे,
खरे अरबरनि परे हैं उठ जान को।
कहि-कहि आवन छबीले मनभावन को,
गहि गहि राखत ही दै दै सनमान को।।
झूठि बतियानि की पत्यानि तें उदास ह्वै कै,
अब ना घिरत घन आनंद निदान को।

अधर लगे हैं आनि करि कै पयान प्रान,
चाहत चलन ये संदेसो लै सुजान को।

घनानंद के प्रमुख ग्रंथ ये हैं– **सुजान सागर**, **सुजान संबोधन**, **विरहलीला**, **कोकसार**, **रसकेलि बल्ली** और **कृपाकांड**।

ये प्रेम की मस्ती विशेषतः वियोग श्रृंगार के कवि हैं। शुक्ल जी के अनुसार, "प्रेम-मार्ग का एक ऐसा प्रवीण और धीर पथिक तथा जबाँदानी का ऐसा दावा रखने वाला ब्रजभाषा का दूसरा कवि नहीं हुआ है।"

घनानंद प्रेम के गंभीर कवि हैं। वियोग में सच्चा प्रेमी जो वेदना सहता है, उसके चित्त में जो विभिन्न तरंगें उठती हैं, उनका चित्रण घनानंद ने किया है। घनानंद वियोग-दशा का चित्रण करते समय अलंकारों, रूढ़ियों का सहारा लेने नहीं दौड़ते, वे बाह्य चेष्टाओं पर भी कम ध्यान देते हैं। वे वेदना के ताप से मनोविकारों या वस्तुओं का नया आयाम, अर्थात् पहले न देखा गया उनका कोई नया रूप-पक्ष देख लेते हैं। इसे ही ध्यान में रखकर शुक्ल जी ने उन्हें 'लाक्षणिक मूर्तिमत्ता और प्रयोग वैचित्र्य' का ऐसा कवि कहा जैसे कवि उनके पौने दो सौ वर्ष बाद छायावाद-काल में प्रकट हुए। छायावाद के आलोचक इसी को 'परिचित में अपरिचित सौंदर्य का उद्‌घाटन' कहते हैं। सच पूछिए तो सच्ची कविता और कविता ही क्यों, सच्ची कला-साधना का यही लक्षण है।

घनानंद 'घरी' यानी घड़ी-क्षण को 'भाग उघरी' यानी खुले भाग्यवाली कहते हैं–

ह्वै है सोऊ घरी भाग उघरी

वे आँखों में उजाड़ बसे रहने की बात कहते हैं–

उजरनि बसी है हमारी अँखियानि देखो

शुक्ल जी ने देखा था कि घनानंद ने प्रेम की अनिर्वचनीयता की व्यंजना विरोधमूलक वैचित्र्य की प्रवृत्ति के आधार पर की है, जैसे–

झूठ की सचाई छाक्यो, त्यो हित कचाई पाक्यो,
ढकी उघरति है
खोयबो लहत हैं।

यह कोरी कलात्मकता नहीं। घनानंद की रचनात्मक शक्ति यह है कि सारी कलात्मक शक्ति श्रोता-पाठक के हृदय की मार्मिकता में पर्यवसित हो जाती है। इसीलिए घनानंद कलाकार हैं, कलावादी नहीं।

घनानंद की कविता में यह कलात्मकता सहजता में भी ढल जाती है। तब

उसमें वियुक्त हृदय की विवश चीत्कार सुनाई पड़ती है। ऐसी कविताएँ प्राय: प्रिय की निष्ठुरता की बात करती हैं। इस उत्कट और उन्मादी वियोग वर्णन के कारण ही घनानंद पर सूफ़ियों का प्रभाव देखा जाता है-

कान्ह परे बहुतायत में इकलैन की बेदन जानो कहा तुम।

घनानंद पढ़े-लिखे काव्य कला मर्मज्ञ कवि थे। फ़ारसी अवश्य जानते रहे होंगे। उनकी काव्य पंक्तियों में संगीतात्मकता है। जैसे, इस पंक्ति में मृदंग की ध्वनि–

आनंद निधान सुखदानि दुखियान दै।

किंतु वे इस कलात्मकता को ऊपर उठाकर शुद्ध और निरीह भावभूमि पर पहुँचा देते हैं। उनकी कविता एक महान विषय प्रेम से जुड़ी है। शुद्ध प्रेम के तत्त्व को कलात्मकता जकड़ कर रोके नहीं रह पाती। अगर यह अनुश्रुति न होती कि 'सुजान' दरबारी नर्तकी थी, तो घनानंद संभवत: भक्त कवि माने जाते।

आलम (१८ वीं शती)

आलम का काव्य ही नहीं जीवन भी स्वच्छंद एवं मुक्त था। ये ब्राह्मण थे, पर शेख नामक रंगरेजिन के प्रेम में पड़कर उससे विवाह कर लिया। शेख रंगरेजिन स्वयं सुकवयित्री थीं और इनका उससे प्रेम कविता के कारण हुआ। ये 18 वीं शती के कवि हैं। शेख की काव्य चातुरी और वाग्विदग्धता के विषय में अनेक अनुश्रुतियाँ प्रचलित हैं। आलम औरंगजेब के पुत्र मुअज्जम के आश्रय में रहते थे। इनकी कविताओं के संग्रह का नाम **आलम केलि** है। उसमें आलम के साथ शेख के भी कवित्त हैं। मध्य युग में कला के क्षेत्र में किसी दंपति की इतनी एकमेकता कम दिखाई पड़ती है।

जिस प्रकार वे जीवन में व्यर्थ बोझ उतार फेंक सके थे, उसी प्रकार काव्य में वे केवल सार्थक वक्तव्य के सहारे मार्मिकता पैदा कर सकते थे, अलंकार आदि का बोझ फेंक कर। आलम प्रेम की दीवानगी के कवि हैं। वे घनानंद, रसखान की कोटि के कवि हैं। मनोवेग जीवन के सामान्य आचरण में व्यक्त होता है, और संयोग तथा वियोग में क्या अंतर पड़ जाता है, इसे कवि ने बाह्य आचरण द्वारा चित्रित किया है–

जा थल कीनें बिहार अनेकन ता थल काँकरी बैठि चुन्यो करैं।
जा रसना सौं करी बहुबातन ता रसनासों चरित्रा गुन्यौ करैं।।

बोधा (18 वीं शती)

बोधा राजापुर, जिला बाँदा अर्थात् तुलसीदास की जन्मभूमि के रहने वाले थे। अठारहवीं शती के उत्तरार्द्ध और उन्नीसवीं शती के प्रारंभिक काल में ये विद्यमान थे। इन्होंने अपने जीवन में प्रेम और विरह का दंड और सुख भोगा था जो इनकी कविता में प्रकट है। कहा जाता है कि पन्ना दरबार की सुभान नामक वेश्या से इन्हें प्रेम था और **विरहबारीश** उसी से संबंधित है। **विरहबारीश** के अतिरिक्त इनकी एक रचना **इश्कनामा** मिलती है।

बोधा रसोन्मत्त कवि थे। 'प्रेम की पीर' की व्यंजना इनके काव्य में भी मिलती है। ये किसी रीति पर न चलकर काव्य क्षेत्र में प्रेम के स्वच्छंद मार्ग पर चलने वाले कवि थे। स्वच्छंद मार्ग का मतलब यह है कि ये मन की उमंग पर कविता करते थे और मन की बात कहने में चूकते नहीं थे। इसलिए इनकी कविता में कहीं-कहीं ऐसी पंक्तियाँ भी मिलती हैं जो इनका अक्खड़पन और अनंत तेजस्वी स्वभाव प्रकट करती हैं। इसके साथ-ही-साथ वे दरबारी कवियों के चरित्र के भिन्न और विपरीत कवि स्वभाव भी प्रकट करती हैं–

दाता कहा सूर कहा सुंदर सुजान कहा
आपको न चाहै ताके बाप को न चाहिए।

दूसरी ओर, बोधा प्रेम की अतीव मानवीय एवं संवेदनशील पहचान रखते हैं। सच्चा प्रेमी प्रिय को प्राप्त करने की धुन में कितना अधीर होते हुए, कम-से-कम अपनी ही दृष्टि में कितना संयम बरतता है, इसका द्वंद्व कितना असह्य होता है, फिर उसे किसी से न कह सकने की पीड़ा। प्रेम मन की कितनी स्थितियों का समुच्चय है, इसे बोधा ने इस सवैये में व्यक्त किया है–

कबहूँ मिलिबो कबहूँ मिलिबो यह धीरज ही मैं धरैबो करै,
उर ते कढ़ि आवै गरै ते फिरै मन की मन ही मैं सिरैबो करै।
कबि बोधा न चाउ सिरी कबहूँ नितही हरवा सो हिरैबो करै,
सहते न बनै कहते न बनै मन ही मन पीर पिरैबौ करै।

ठाकुर (1774-1823)

ठाकुर के पूर्वज काकोरी (अवध) के निवासी थे। इनका जन्म ओरछा में हुआ। इनके बारे में प्रसिद्ध है कि सामंत हिम्मत बहादुर के, जिनका उल्लेख पद्माकर के प्रसंग में हो चुका है, अपमान करने पर इन्होंने उनकी सभा में ही म्यान से तलवार निकाल ली थी और यह कवित्त पढ़ा था–

सेवक सिपाही हम उन रजपूतन के,
दान जुद्ध जुरिबे में नेकु जे न मुरके।
नीति देनवारे हैं मही के महिपालन को,
हिये के विसुद्ध है, सनेही साँचे उर के।
ठाकुर कहत हम बैरी बेवकूफन के,
जलिम दमाद हैं अदानियाँ ससुर के।
चोजिन के चोजी महा, मौजिन के महाराज,
हम कविराज हैं, वे चाकर चतुर के।

ठाकुर की कविता के दो तेवर हैं। एक उनका क्षुद्रताओं और अमानवीयता से टकराने वाला रूप है, जहाँ वे आक्रामक होते हैं। उनकी कविता से यह प्रकट होता है कि वे भाव-बोध का चालूपना नहीं सह पाते थे। वे कविता को हृदय की सच्ची उमंग की अनुभूति मानते थे। इसीलिए उन्होंने लिखा है कि मीन मृग खंजन जैसे उपमानों का प्रयोग सीख लेने से कविता नहीं आती। उनका कहना था कि कविता की बात बहुत बड़ी होती है, लोग सभी के बीच कविता ऐसी गिराते हैं मानो ढेला। लोगों ने कविता करना खेल समझ रखा है–

ढेल सो बनाय आय मेलत सभा के बीच लोगन
कवित्त कीन्हों खेल करि जान्यो है।

ठाकुर का दूसरा तेवर अत्यंत मानवीय, करुण, कोमल एवं सूक्ष्म संवेदनशील है। कहने की आवश्यकता नहीं कि व्यक्तित्व के ये दोनों परस्परविरोधी तेवर वस्तुतः एक-दूसरे के पूरक हैं।

ठाकुर मध्यकाल के उन दुर्लभ कवियों में से हैं जिनकी प्रेम की अनुभूति आधुनिक है। प्रेमी प्रिय का तन भी चाहता हो लेकिन तन से अधिक उसका मन चाहता है। प्रिय का मन प्रेमी का मुख्य प्राप्य है। मन स्थूल नहीं है। अतः वह दूर रहते भी प्राप्त हो जाता है। वह पूरी तरह न भी मिले, उसमें क्षोभ या हलचल भी पैदा हो जाए तो सच्चे प्रेमी को काफ़ी राहत मिल जाती है। इसी मनःस्थिति को चित्रित करने वाला यह सवैया रीतिकाल की अन्य प्रेम कविताओं से कितना अलग है। शुक्ल जी ने **लोभ और प्रीति** नामक निबंध में इसकी व्याख्या की है–

वा निरमोहिनी रूप की रासि जऊ उर हेतु न ठानति ह्वै है।
बारहि बार बिलोकि घरी घरी सूरति तौ पहिचानति ह्वै है।
ठाकुर या मन की परतीति है जो पै सनेह न मानति ह्वै है।
आवत है नित मेरे लिए इतनो तो विसेष कै जानति ह्वै है।।

प्रकृति के प्रेम के रंग में डूबकर स्वयं राधा-कृष्ण के प्रेम का प्रतीक बन जाने का यह चित्रण कलाकारी नहीं, चराचर में व्याप्त प्रेम की सत्ता की भावना से संभव हुआ है–

सखी कारी घटा बरसे बरसाने पै गोरी घटा नंदगाँव पै री।

गुरु गोविंद सिंह (1666-1708)

सिखों के दसवें गुरु गोविंद सिंह का जन्म सन् 1666 में पटना में हुआ था। इनका स्वर्गवास अल्पायु में (1708 में) ही में हो गया।

गुरु गोविंद सिंह का व्यक्तित्व बहु-आयामी था। वे मध्यकालीन सांस्कृतिक एवं सामाजिक चेतना के प्रतीक थे। वे योद्धा, संत, राजनीतिज्ञ, कवि, प्रशासक सब कुछ थे।

गुरु गोविंद सिंह के रचित अनेक ग्रंथ बताए जाते हैं। इनकी रचनाओं के संग्रह का नाम **दशम ग्रंथ** है। इसमें 16 रचनाएँ संकलित हैं। इन्होंने पंजाबी, फ़ारसी और हिंदी (ब्रजभाषा) में काव्य-रचना की है। इनका संप्रदाय देखते हुए इन्हें निर्गुण कवि होना चाहिए, किंतु इन्होंने देवी-देवताओं और सगुण रूप से संबंधित रचनाएँ भी की हैं। **चंडीचरित्र** इनकी विशिष्ट साहित्यिक रचना है। इसकी शैली ओजस्विनी है। गुरु जी की रचनाओं में वीर रस प्रधान है, यद्यपि इनकी मुख्य भूमि भक्ति है। **चौबीस अवतार** नामक रचना में शृंगार का भी पर्याप्त रंग दिखलाई पड़ता है। गुरु जी महाराज काव्य-रीति के मर्मज्ञ थे। रीतिकाल में इनका व्यक्तित्व और कृतित्व अनुपम है। हिंदी में भक्तजनों का भक्ति काव्य तो प्रचुर मात्रा में उपलब्ध है, किंतु वीरजनों द्वारा रचित वीर-काव्य नहीं मिलता। इस दृष्टि से गुरु गोविंद सिंह के काव्य का विशिष्ट महत्त्व है–

बीरबली सरदार दयैत सु क्रोध के म्यान तै खड्ग निकारौ।
एक दयो तन चंडि प्रचंड कै दूसर के हरि के सिर झारौ।
चंडि सम्हारि तबे बलु धारि लयौ गहि नारि धरा पर मारौ।
ज्यों धुबिया सरिता-तट जाइकैं लै पट को पट साथ पछारौ।।

रीतिकाल की सामान्य विशेषताएँ

रीतिकाल की सामान्य प्रवृत्तियाँ मिलती हैं। इस काल में भक्ति, नीति, वैराग्य, वीरता आदि के अनेक अच्छे कवि हुए हैं।

रीतिकाल का उदय जिन परिस्थितियों में हुआ, उनकी चर्चा पीछे की जा

चुकी है। यह भी स्पष्ट किया जा चुका है कि रीतिकालीन कविता का अधिकांश दरबारों में लिखा गया। दरबारीपन इसकी प्रमुख प्रवृत्ति है। रीतिकालीन कवियों के आश्रयदाताओं के जीवन में आदिकालीन कवियों के आश्रयदाताओं जितनी लड़ाई-भिड़ाई की आवश्यकता नहीं थी। वे मुगल सम्राटों की अधीनता में भोग-विलास के लिए स्वतंत्र थे।

अतः उनकी रुचि का ध्यान रखकर काव्य रचने वाले कवियों में श्रृंगार-परकता अनिवार्य थी। उधर भक्ति में धार्मिकता और लोकोन्मुखता का आवेश कम होने पर श्रृंगार बच रहा। कवियों ने राधा-कृष्ण का नाम लेकर आश्रयदाताओं की श्रृंगार लीलाओं का वर्णन प्रारंभ कर दिया।

रीतिबद्धता

आगे के सुकवि रीझि हैं तो कविताई नाहि तौ राधा-कन्हाई को सुमिरन को बहानो हैं- यह रीतिकाल के कवियों का आदर्श वाक्य था। श्रृंगार की प्रधानता के कारण कुछ लोग इसे श्रृंगार काल कहना उचित समझते हैं। किंतु इस काल की प्रधान साहित्यिक प्रवृत्ति रीति ही थी, क्योंकि भूषण जैसे वीर रस के कवि ने भी रीतिग्रंथ की रचना की है। अतः रीति में वीर रस के कवि भूषण आ जाते हैं। श्रृंगार कहने से ऐसे कवि छूटकर अलग जा पड़ते हैं।

इस काल में कहने को यद्यपि कुछ प्रबंध-काव्य, जैसे केशवदास का **वीरसिंह देवजू चरित**, भी लिखे गए, किंतु प्रधानता मुक्तक की ही रही। इस काल के प्रबंध-काव्य वस्तुतः आदिकाल की परंपरा का निर्वाह मात्र हैं। कवित्त, सवैया, दोहा, कुंडलिया- इस काल के बहु-प्रयुक्त छंद हैं। इस काल की भाषा ब्रजभाषा थी। ब्रजभाषा का रूप यद्यपि सभी कवियों के यहाँ व्यवस्थित नहीं मिलता, किंतु मतिराम एवं पद्माकर में वह पर्याप्त व्यवस्थित है। विषयवस्तु की दृष्टि से इस काल की कविता बहुत सीमित है। प्रधानतः श्रृंगार और उसमें नायिका-भेद ही मिलता है। किंतु रीतिपरक सूक्तियाँ भी दिखलाई पड़ती हैं। रहीम, वृंद, गिरधर आदि की नीतिपरक रचनाएँ बहुत लोकप्रिय रहीं। इसी प्रकार भक्ति की रचनाएँ भी दिखलाई पड़ती हैं, यद्यपि ये भक्तिकालीन आवेश से रहित हैं।

रीतिकाल में काव्यांग निरूपण काव्य-रचना का निमित्त मात्र है। इससे काव्य-शास्त्र का विकास नहीं हुआ। अतः रीतिकाल के तथाकथित आचार्यों द्वारा हिंदी के काव्यशास्त्र की नींव नहीं पड़ी। उस समय गद्य का विकास नहीं हुआ था। विकसित

गद्य का अभाव वास्तविक काव्यांग निरूपण न हो पाने का कारण है।

इस काल में सरस मनोरम मुक्तक प्रभूत संख्या में लिखे गए। इस काल की कविता की प्रधान प्रवृत्ति किसी भी दार्शनिक विचारधारा से मुक्त है। इसीलिए कुछ लोग उसे 'शुद्ध साहित्यिक' अथवा 'शुद्ध काव्य' भी कहना उचित समझते हैं। रीतिकालीन मुक्तकों की लोकप्रियता का ही यह प्रमाण है कि जिस प्रकार संस्कृत के सुभाषितों का संकलन होता था, उसी प्रकार रीतिकालीन मुक्तकों के संकलन-ग्रंथों की भी परंपरा चली। कालिदास (रीतिकालीन कवि) ने **कालिदास हजारा** में और भारतेन्दु ने **सुन्दरी तिलक** में रीतिकालीन मुक्तकों का संकलन किया है।

रीतिकाल की प्रमुख काव्य-प्रवृत्ति अर्थात् काव्य-रीति को ध्यान में रखकर नायिका-भेद आदि का वर्णन तो आगे बहुत दिनों तक चलता रहा। अभी भी वह पूरा समाप्त नहीं हुआ है। बात यह है कि इस प्रकार के मुक्तकों की रचना और श्रवण का चाव हिंदी भाषी जन-जीवन में अपनी गहरी जड़ें जमा चुका था। इसीलिए आधुनिक युग के प्रवर्तन के उपरांत भी ब्रजभाषा काव्य-परंपरा पूरे जोश के साथ बहुत दिनों तक प्रवाहित होती रही। यदि ब्रजभाषा काव्य-धारा सजीव्‍ न होती तो खड़ी बोली से उसकी इतनी जोरदार टक्कर न होती।

किंतु इस विषय में एक बात पर ध्यान रखना आवश्यक है। सारा ब्रजभाषा काव्य काव्य-रीति धारा में बद्ध नहीं है। उदाहरण के लिए, भारतेंदु ब्रजभाषा का उपयोग रीतिवादी परपंरा में भी करते हैं और आधुनिकता-बोध की रचनाओं में भी। ब्रजभाषा में रीतिवादी काव्य की उल्लेखनीय परंपरा बाबू जगन्नाथ दास 'रत्नाकर' बी. ए. तक मिलती है।

रीतिकाल के आधुनिक अवशेष

द्विजदेव (19वीं शती)

द्विजदेव भी पद्माकर, मतिराम की ही परपंरा में हैं। अयोध्या नरेश महाराज मानसिंह 'द्विजदेव' अत्यंत सहृदय एवं समर्थ कवि थे। शुक्ल जी के अनुसार, "जिस प्रकार लक्षण-ग्रंथ लिखने वाले कवियों में पद्माकर अंतिम प्रसिद्ध कवि हैं, उसी प्रकार समूची शृंगार-परंपरा में इनकी-सी सरस और भावमयी फुटकल शृंगारी कविता फिर दुर्लभ हो गई।"

द्विजदेव ने शृंगार के सहज-सामान्य चित्र खींचे हैं। ऋतु-वर्णन में इनका हृदय खूब रमा है। प्रकृति-छवियों में इनका मन रम गया है। भाषा इनकी स्वच्छ,

सरल, प्रवाहमयी है। बसंत के इस वर्णन में इनकी सहृदयता देखी जा सकती है–

मिलि माधवी आदिक फूल के ब्याज विनोद लवा बरसाये करैं।
रचि नाच लतागन तानि वितान सबै विधि चित्त चुरायो करैं।
द्विजदेव जू देखि अनोखी प्रभा अलि चारन की रति गायो करैं।
चिरजीवों बसंत सदा द्विजदेव प्रसूनन की झरि लायो करैं।

गिरिधर दास (भारतेंदु के पिता), सेवक, रीवा नरेश महाराज रघुराज सिंह, लछिराम भट्ट आदि इस काल के अन्य उल्लेखनीय कवि हैं। इसी परंपरा में बाबा रघुनाथ राम सनेही और ललित किशोरी जैसे भक्त कवि भी हुए। बाबा दीनदयाल गिरि ने उत्कृष्ट अन्योक्तियाँ कहीं।

इस परंपरा में भारतेंदु (1850–1885) और उनके मंडल के कवियों की स्थिति विशिष्ट है। वे परंपरा से अंशतः जुड़े हैं और आधुनिकता का वेग भी झेल रहे हैं। परंपरा में भक्ति काव्य और रीति काव्य हैं। भारतेंदु के यहाँ यह सारी अभिव्यक्ति ब्रजभाषा में ही होती है। खड़ी बोली का उपयोग वे उर्दू काव्य-रचना के लिए 'रसा' उपनाम से करते हैं। यहाँ भारतेंदु की ब्रजभाषा के तीनों रूपों का एक-एक उदाहरण देखना समीचीन होगा–

भक्ति काव्य की गेयपद परंपरा–

ब्रज के लता पता मोहि कीजै,
गोपी पद पंकज पावन की रज जामैं सिर भीजै।
आवत जात कुंज की गलियन रूप सुधा नित पीजै,
श्री राधे राधे मुख यह वर मुँह माग्यौ हरि दीजै।

रीति काव्य की परपंरा–

जिय सूधी चितौन की साधै रहीं,
सदा बातन मैं अनखाय रहे।
हँसि कै हरिचंद न बोले कभी,
जिय दूरहि सो ललचाय रहे।
नहिं नेक दया उर आवत है,
करिकै कहा ऐसो सुभाय रहे।
सुख कौन सो प्यारे दियो पहिले,
जिहि के बदले यों सताय रहे।

आधुनिक बोधयुक्त काव्य–

रचि बहुविधि के वाक्य पुरानन माहिं घुसाए,

सैव साक्त वैष्णव अनेक मत प्रगट चलाए।
विधवा ब्याह निषेध कियो विभिचार प्रचार्यो,
रोकि विलायत गमन कूप मंडूक बनायो।

यही स्थिति न्यूनाधिक मात्रा में प्रतापनारायण मिश्र(1856-1893), उपाध्याय बदरी नारायण चौधरी 'प्रेमघन'(1855-1913), पं. अयोध्यासिंह उपाध्याय 'हरिऔध'(1865-1941), राय देवी प्रसाद 'पूर्ण'(1868-1914) आदि की भी है। श्रीधर पाठक(1859-1928) का ब्रजभाषा काव्य, भक्ति काव्य एवं रीति काव्य-परंपरा से काफ़ी मुक्त और स्वच्छंद(रोमांटिक) है। हिमालय की शोभा का जो वर्णन उन्होंने किया है वह ब्रजभाषा काव्य के लिए बिल्कुल नई चीज़ है। वस्तुत: श्रीधर पाठक के ब्रजभाषा काव्य पर नई चेतना का जो प्रभाव पड़ रहा है वह साहित्य के इतिहास की दृष्टि से भारतेंदु-युग के आगे की संवेदना है। भारतेंदु के यहाँ प्रकृति का ऐसा स्वरूप खुलकर नहीं आता। पं. रामचंद्र शुक्ल के ब्रजभाषा काव्य के अधिकांश को इसी स्वच्छंद काव्य की कोटि में रखा जाना चाहिए। वियोगी हरि(1896) ने ब्रजभाषा में **वीर सतसई** की रचना की।

ब्रजभाषा काव्य-परंपरा में बीसवीं शताब्दी में सर्वाधिक उल्लेखनीय रचनाएँ सत्यनारायण कविरत्न(1859-1918) और बाबू जगन्नाथ दास 'रत्नाकर' (1866-1932) की हैं। सत्यनारायण जी का प्रधान क्षेत्र ब्रजभाषा में काव्यानुवाद रहा। भवभूति के दो नाटकों **उत्तर रामचरित** तथा **मालती माधव** के उनके द्वारा अनूदित रूप बहुत लोकप्रिय एवं विख्यात हुए। उन्होंने मैकॉले के अंग्रेज़ी खंड-काव्य **होरेशस*** का भी अनुवाद किया था। उनके दो काव्य संग्रह हैं– **प्रेमकली** और **भ्रमरदूत**। **भ्रमरदूत** में यशोदा ने भ्रमर के माध्यम से कृष्ण के पास संदेश भेजा है। कहने को यह काव्य संदेश-काव्य की परपंरा में है, किंतु यह ध्यान देना चाहिए कि संदेश-काव्य प्राय: श्रृंगारी भावनाओं को ही लेकर चले हैं। यह संदेश-काव्य वात्सल्य का है। यह एक प्रकार से संबंधों की व्यापकता का साहित्य पर प्रभाव है। सत्यनारायण जी ने समसामयिक विषयों और राष्ट्रीय नेताओं से संबंधित विषयों पर भी रचनाएँ की हैं।

बाबू जगन्नाथदास 'रत्नाकर' (1866-1932) को ब्रजभाषा का आधुनिक काल में अंतिम बड़ा कवि कहा जा सकता है। उनके काव्य के माध्यम से ब्रजभाषा जैसे पूरे प्रयत्न के साथ खड़ी बोली काव्य की तुलना में अपने प्राचीन

---

* Horatius (Thomas Babington Macaulay)

वैभव की याद दिला रही हो। रत्नाकर जी के **हरिश्चंद्र**, **गंगावतरण** और **उद्धवशतक** काव्य प्रसिद्ध हैं। इस प्रकार उन्होंने प्राचीन आख्यानों को लेकर ही ब्रजभाषा काव्य की समृद्धि की। इसी काल में या उसके थोड़ा पहले से ही खड़ी बोली के कवि भी प्राचीन आख्यानों को आधार बनाकर काव्य रचना कर रहे थे। उदाहरण के लिए, **प्रिय-प्रवास** में हरिऔध ने कृष्ण आख्यान की नए युग-बोध के अनुकूल व्याख्या की है। उन्होंने कृष्ण को बीसवीं शती के स्वाधीनता आंदोलन का नायक बना दिया। रत्नाकर की प्रबंधात्मकता में ऐसी कोई बात नहीं है। रत्नाकर अंग्रेज़ी के विद्वान थे। उन्होंने पोप के 'एस्से ऑन क्रिटिसिज़्म'* का रोला छंद में अनुवाद किया था। किंतु उनकी रुचि रीतिकालीन थी। इसमें कोई संदेह नहीं कि रत्नाकर के ब्रजभाषा काव्य में रीति-परंपरा एक बार फिर बीसवीं शती के पाठक को भी चमत्कृत कर जाती है। सादृश्य-विधान, पर्यवेक्षण की क्षमता, बात कहने का सलीका, शब्द-मैत्री, ध्वनियों के आवर्त इत्यादि में रत्नाकर अपने समकालीन कवियों में उच्च पद के अधिकारी हैं। प्रिय के स्थूलतः दूर होने पर वह हृदय में और गहरे कैसे समा जाता है, इसका उदाहरण दर्पण के माध्यम में कैसा सटीक है–

ज्यौं-ज्यौं बसे जात दूरि-दूरि प्रिय प्राण मूरि।
त्यौं-त्यौं धसे जात मन मुकुर हमारे मैं ।।

किसी विशिष्ट स्थिति में पात्रों के बाह्यांतर को साक्षात कर देना रत्नाकर को खूब आता है–

उझकि उझकि पद-कंजनि के पंजनि पै,
पेखि पेखि पाती छाती छोहनि छ्वै लगीं।
हमको लिख्यौ है कहा, हमको लिख्यौ है कहा,
हमको लिख्यौ है कहा, कहन सबै लगीं।

इस पर भी रत्नाकर का काव्य कुल मिलाकर अपने युग का श्रेष्ठ काव्य नहीं हो सकता था। पं. नंददुलारे वाजपेयी ने उनके काव्य की इस कमज़ोरी का संकेत करते हुए ठीक ही लिखा था, "जो काव्य अनिवार्य नहीं वह सारी कलात्मकता के बावजूद श्रेष्ठ नहीं हो सकता।"

ऊपर जिन ब्रजभाषा कवियों की चर्चा की गई है, उनमें से अनेक ने ब्रजभाषा में काव्य-रचना त्याग कर खड़ी बोली को अपनाया। उनमें से कई

* Essay on Criticism (Alexander Pope)

काव्य-भाषा के रूप में खड़ी बोली की प्रतिष्ठा करनेवाले नई चेतना के कवि हुए। आधुनिक बोध तो प्रधानतः गद्य के सहारे प्रकट हुआ।

अध्याय 4

आधुनिक काल
(1850–)

पूर्वाभास

आधुनिक युग के पूर्व गद्य का उल्लेख और महत्त्व नगण्य है। आधुनिक काल में गद्य का महत्त्व बढ़ गया। गद्य का संबंध वैचारिकता से है। आधुनिकता इस काल में गद्य में ही नहीं, पद्य में भी व्यक्त हुई है। भारतेंदु-युग के बाद की कविता पर गद्यात्मक दबाव है। आजकल तो कविता की भाषा लगभग गद्य हो गई है। गद्यात्मकता का दबाव भारतेंदु-युग से ही प्रारंभ हो गया था। आधुनिक युग में निबंध, नाटक, उपन्यास, कहानी, रेखाचित्र, आलोचना आदि गद्य की विधाएँ हैं। रीतिकालीन कविता में रीति, लय, संगीतात्मकता इत्यादि पर ध्यान है।

खड़ी बोली गद्य का विकास

मुगल शासन काल के अंतिम दौर में खड़ी बोली गद्य को फ़ारसी रंग में ढालने का प्रयास हुआ। यह स्वाभाविक था। सामान्य से ऊपर उठा हुआ और उठने का आकांक्षी व्यक्ति या समुदाय जीवन के अनेक क्षेत्रों में उच्च वर्ग का अनुकरण करता है। भाषा से सामाजिक स्थिति को प्रकट करने का काम लिया जाता है। जैसे आजकल लोग बोलते समय बीच-बीच में अंग्रेज़ी शब्दों या वाक्यों का व्यवहार करते हैं, वैसे ही उस काल में (मुगलकाल में) लोग फ़ारसी का करते होंगे। इससे खड़ी बोली की देशी शैली के समानांतर फ़ारसी शब्दावली वाली

उर्दू शैली का जन्म हुआ। उर्दू शैली के विकास का कारण धार्मिक नहीं, सांस्कृतिक और प्रशासनिक था।

1803 में फ़ोर्ट विलियम कॉलेज, कलकत्ता के हिंदी-उर्दू अध्यापक जॉन गिलक्राइस्ट ने हिंदी और उर्दू, दोनों में गद्य पुस्तकें तैयार कराईं। इसी कॉलेज के लल्लूलाल ने खड़ी बोली गद्य में **प्रेमसागर** और सदल मिश्र ने **नासिकेतोपाख्यान** लिखा। इसके दो वर्ष पूर्व मुंशी सदासुखलाल ने ज्ञानोपदेश की एक पुस्तक और उर्दू के प्रसिद्ध कवि इंशाअल्ला खाँ ने **रानी केतकी की कहानी** लिखी थी। यह काम 1803 के आसपास हुआ। ये तीनों आधुनिक खड़ी बोली के प्रारंभिक लेखक माने जाते हैं। इनका संक्षिप्त परिचय आगे दिया जा रहा है।

मुंशी सदासुखलाल 'नियाज़' (1746-1824)

ये दिल्ली के रहने वाले थे। ये उर्दू-फ़ारसी के भी लेखक थे। इन्होंने **सुखसागर** लिखा और एक ज्ञानोपदेश वाली पुस्तक लिखी जिसकी भाषा सहज एवं प्रवाहमयी है। इनकी खड़ी बोली के गद्य पर कथा-वाचकों तथा पंडितों की शैली का प्रभाव है। किंतु इससे उनकी भाषा की सहजता नष्ट नहीं हुई।

इंशाअल्ला खाँ (1756-1817)

इंशाअल्ला खाँ उर्दू के प्रसिद्ध कवि थे। इन्होंने **उदयभान चरित** या **रानी केतकी की कहानी** लिखी। इनकी भाषा चटकीली और मुहावरेदार है। उन दिनों किस्सागोई की कला काफ़ी प्रचलित थी। इंशाअल्ला खाँ के गद्य पर इस शैली का प्रभाव है। भाषा तो इनकी नगरों की है, किंतु शैली अलंकृत या चुलबुली है। बीच-बीच में पद्य जैसी तुकबंदी उन दिनों के उर्दू गद्य लेखन में मिलती है। वह लल्लूलाल के यहाँ भी है और इंशाअल्ला खाँ के यहाँ भी। उदाहरण के लिए यह पंक्ति-

"यह कैसी चाहत जिसमें लहू बरसने लगा और अच्छी बातों को जी तरसने लगा।"

लल्लूलाल जी (1763-1825)

लल्लूलाल ने खड़ी बोली गद्य में **प्रेमसागर** लिखा। अरबी-फ़ारसी के शब्दों का इन्होंने अपने गद्य में बहिष्कार किया। भाषा की सजावट **प्रेमसागर** में पूरी है। विरामों पर तुकबंदी के अतिरिक्त वर्णनों में वाक्य भी बड़े-बड़े आए हैं और अनुप्रास भी यत्र-तत्र है। मुहावरों का प्रयोग कम है।

सदल मिश्र (19वीं शती का प्रारंभ)

इन्होंने भी लल्लूलाल जी की तरह फ़ोर्ट विलियम कॉलेज के लिए खड़ी बोली में गद्य की पुस्तक तैयार की। पुस्तक का नाम है **नासिकेतोपाख्यान**। इसकी भाषा में पूरबीपन है। ये आरा (बिहार) के रहने वाले थे। इनकी भाषा बहुत कुछ व्यवहारोपयोगी है।

खड़ी बोली गद्य के इन चारों प्रारंभिक लेखकों में मुंशी सदासुखलाल 'नियाज़' का गद्य अधिक व्यवस्थित और व्यवहारोपयोगी है। रामप्रसाद निरंजनी के **भाषा योग वाशिष्ठ** की ही परपंरा में उनका गद्य है।

गद्य का विकास करने में ईसाई मिशनरियों, शिक्षा प्रसार के लिए लिखी गई पुस्तकों, ब्रह्मसमाज, आर्यसमाज और वैचारिकता को प्रकट करने और आगे बढ़ानेवाली पत्र-पत्रिकाओं का हाथ है। इस युग में गद्य आवश्यकता बन गया। गद्य के इस विकास में छापाखानों की बहुत बड़ी भूमिका है। छापाखानों के बिना इतनी अधिक संख्या में पुस्तकें मुद्रित नहीं हो सकती थीं। पत्र-पत्रिकाओं के प्रकाशित होने की तो कल्पना भी नहीं की जा सकती थी।

अंग्रेज़ी की शिक्षा के प्रसार के साथ-साथ हिंदी-उर्दू की भी पढ़ाई की व्यवस्था सरकार ने की। इसके लिए पुस्तकों के प्रकाशन की भी व्यवस्था हुई। 1833 के आसपास आगरा में 'स्कूल बुक सोसाइटी' की स्थापना हुई, जिसने **कथासार** नामक पुस्तक प्रकाशित कराई। **कथासार** मार्शमैन के प्राचीन इतिहास* का अनुवाद था। 1840 में **भूगोलसार** और 1847 में **रसायन प्रकाश** छपा। इस तरह हिंदी गद्य में पाठ्यपुस्तकों का प्रकाशन प्रारंभ हुआ।

ईसाई धर्म के प्रचार का प्रभाव हिंदू जनता पर पड़ रहा था। ऐसी स्थिति में हिंदू जनता को उस प्रभाव से बचाने का उद्यम होना अनिवार्य था। इस तरह हिंदी गद्य में धार्मिक खंडन-मंडन की प्रवृत्ति का प्रारंभ हुआ। बंगाल में राजा राममोहन राय इस कार्य में आगे बढ़े। 1815 में उन्होंने **वेदांतसूत्र** का हिंदी गद्य में अनुवाद प्रकाशित कराया। 1829 में उन्होंने हिंदी में **बंगदूत** नामक पत्र निकाला। इसके 3 वर्ष पहले 1826 में कानपुर के पं. जुगुल किशोर ने हिंदी का पहला समाचार-पत्र **उदंतमार्त्तंड** कलकत्ता (कोलकाता) से निकाला। यह विचित्र

---

* The History of India from the Earliest Period to the close of Lord Dalhousie's Administration (1872) - John Clark Marshman. मार्शमैन प्राच्यवादी विद्वान थे जिन्होंने चीनी, संस्कृत और फ़ारसी भाषा सीखी थी।

संयोग था कि हिंदी के प्रारंभिक समाचार-पत्र हिंदी क्षेत्र में नहीं उसके बाहर कलकत्ता से निकले। राजा राममोहन राय जैसे महान देशभक्त समाज-सुधारक ने हिंदी गद्य का अखिल भारतीय महत्त्व समझा। हमें हिंदी के प्रथम समाचार-पत्र के गद्य का यह नमूना देख लेना चाहिए-

> "यह उदंत मार्त्तंड अब पहिले-पहल हिंदुस्तानियों के हित के हेत जो आज तक किसी ने नहीं चलाया, पर अंग्रेज़ी ओ फ़ारसी ओ बंगला में जो समाचार का कागज़ छपता है, उसका सुख उन बोलियों के जान्ने और पढ़ने वालों को ही होता है।"

समाचार-पत्रों की भाषा यथासंभव रूढ़ियों से मुक्त एवं व्यवहारोपयोगी होती है। वह तात्कालिकता की अभिव्यक्ति करती है। **उदंतमार्त्तंड** की भाषा इन गुणों को ग्रहण करने लगती है।

1845 में राजा शिवप्रसाद 'सितारेहिंद' ने काशी से **बनारस अखबार** निकाला। इसकी लिपि देवनागरी थी, लेकिन भाषा उर्दू की ओर झुकी हुई। बनारस से ही 1850 में **सुधाकर** निकला। राजा लक्ष्मणसिंह ने 1860 में आगरा से **प्रजा हितैषी** नामक पत्र निकाला। 1863 में आगरा से **लोक मित्र** निकला। 1867 में नवीन चंद्र ने **ज्ञान प्रदायिनी पत्रिका** का प्रकाशन प्रारंभ किया। आशय यह है कि हिंदी क्षेत्र में वैचारिक विविधता का रूप पत्र-पत्रिकाओं के माध्यम से सामने आने लगा। इससे हिंदी जीवन-व्यवहार की भाषा के रूप में तेज़ी से विकसित होने लगी।

1837 में तत्कालीन संयुक्त प्रांत(अब उत्तर प्रदेश) के सब दफ़्तरों की भाषा उर्दू कर दी गई। इसका प्रभाव यह पड़ा कि शिक्षित होने का अर्थ हो गया उर्दूदाँ होना। हिंदी केवल धर्म-कथा, पुराण आदि को सुनने-सुनाने और स्त्रियों के लिए व्रत-त्योहार की भाषा बनकर रह गई। उर्दू के समर्थन में गाँर्सा द तासी* और सर सैयद अहमद ने बहुत प्रयास किया। हिंदी के लिए उद्योग करनेवालों में फ्रेडरिक पिन्कॉट का नाम सदैव स्मरणीय रहेगा। शिक्षा विभाग के अधिकारी राजा शिवप्रसाद 'सितारेहिंद' प्रारंभ में हिंदी के समर्थक थे, किंतु बाद में वे उर्दू के हिमायती हो गए। इस युग में राजा लक्ष्मण सिंह ने **अभिज्ञान शाकुंतलम्** और **रघुवंशम्** के गद्य अनुवाद द्वारा हिंदी का साधु रूप सामने लाकर उसका पक्ष सुदृढ़ किया। पंजाब के

---

* Garcin de Tassy (1839-1847) उन्नीसवीं सदी के फ्रेंच भारतविद् (इंडोलॉजिस्ट) थे जिनकी भारतीयों की संस्कृति, साहित्य और रीति-रिवाज़ों में गहरी रुचि थी।

पं. श्रद्धाराम फुल्लोरी ने 1863 के आसपास अपने पांडित्यपूर्ण एवं निर्भीक व्याख्यानों और लेखों से हिंदी को बहुत सहारा दिया। इनका **भाग्यवती** (1867) नामक उपन्यास हिंदी के प्रथम उपन्यास के रूप में प्रसिद्ध है।

स्वामी दयानंद सरस्वती (19वीं शती)

स्वामी दयानंद सरस्वती ने 1875 में आर्यसमाज की स्थापना की। वर्षों पूर्व से वे वैदिक धर्म का प्रचार करते थे। उन्होंने अपना प्रसिद्ध ग्रंथ **सत्यार्थप्रकाश** परिमार्जित हिंदी गद्य में लिखा। स्वामी जी गुजराती भाषी थे। इसके पहले हम देख चुके हैं कि बंगाल में राजा राममोहन राय ने हिंदी गद्य का उपयोग किया था और इसी प्रकार पश्चिमोत्तर भारत के गुजराती भाषी स्वामी दयानंद सरस्वती ने हिंदी गद्य को अपने मत-प्रचार का साधन बनाया।

खड़ी बोली हिंदी गद्य विकसित हो रहा था। यह विकास नई चेतना के प्रसार का माध्यम भी था। इस चेतना का दबाव केवल गद्य नहीं, पूरे साहित्य पर पड़ना था। हिंदी साहित्य में इस नई चेतना का प्रवेश भारतेंदु-युग में हुआ।

भारतेंदु-युग का साहित्य (1850-1900)

भारतेंदु हरिश्चंद्र को हिंदी साहित्य में आधुनिकता का प्रवर्तक साहित्यकार माना जाता है। नई चेतना से युक्त होने के कारण हिंदी साहित्य रीतिबद्धता से मुक्त हुआ। वे कौन-सी परिस्थितियाँ थीं जिनके कारण आधुनिकता का जन्म हुआ और इसका ऐतिहासिक-सामाजिक आधार क्या था?

भारत में अठारहवीं सदी के उत्तरार्द्ध से अंग्रेजों का वर्चस्व हो गया। उन्होंने भारत के उद्योगों को नष्ट कर दिया। ज़मीन को अपने कब्ज़े में लेकर किसानों पर लगान का बोझ बहुत बढ़ा दिया। माल को ढोने और सेना को सुदूर प्रदेशों तक जल्दी पहुँचाने के लिए रेल-व्यवस्था कायम की। देशी नरेशों से समझौता किया और उनके शोषण का समर्थन किया। लुटेरी व्यापार-नीति से भारतीय अर्थ-व्यवस्था के विकास को रोका। इसका परिणाम 1857 का सिपाही विद्रोह था। इसमें किसानों ने हिस्सा लिया था। गैर-सैनिक किसानों ने भी इस लड़ाई में साथ दिया। इसका रूप असांप्रदायिक था। विद्रोहियों ने भारत में अंगेज़ों की लुटेरी नीति को बहुत अच्छी तरह समझा था। बहादुरशाह के नाम से जो इश्तहार (विद्रोहियों द्वारा) जारी किया गया था, उसमें ज़मींदारों, व्यापारियों, सरकारी नौकरों, कारीगरों आदि की स्थिति अलग-अलग बयान की गई है। इसमें कहा

गया है कि अंग्रेज़ों ने नील, कपड़ा और जहाज़ों में भेजी जानेवाली अन्य वस्तुओं के व्यापार पर इजारा(एकाधिकार) कायम किया है। केवल मामूली चीज़ों का व्यापार यहाँ के लोगों के हाथ में रहने दिया है। लेकिन इसमें भी मुनाफ़ा कमाने की बहुत-सी तरकीबें निकाल ली गई हैं। चुंगी वगैरह के जरिए व्यापारियों पर वे भारी टैक्स लगाते हैं।

भारतेंदु और उनके मंडल के लेखकों पर इन स्थितियों का प्रभाव है। वे देश की दशा पर द्रवित होते हैं। उनके साहित्य में नई विषयवस्तु जुड़ गई है। यह नई विषयवस्तु देश-प्रेम है जो देश के यथार्थ-बोध पर आधारित है। इसमें भाषा, समाजसुधार, पाखंड-उद्घाटन बहुत कुछ है, लेकिन इसकी मुख्य विषयवस्तु आर्थिक है। वे आर्थिक विषमता का वर्णन-चित्रण जिस स्वर से करते हैं, वह सिपाही विद्रोह के नेताओं के स्वर से बहुत मिलता-जुलता है। डॉ. रामविलास शर्मा ने लिखा है– "भारतेंदु-युग का साहित्य व्यापक स्तर पर गदर से प्रभावित है। इसका पहला प्रमाण यह है कि इस साहित्य में किसानों को लक्ष्य करके उन्हें संगठित और आंदोलित करने की दृष्टि से, जितना गद्य-पद्य लिखा गया है, उतना दूसरी भारतीय भाषाओं में नहीं लिखा गया।"

भारतेंदु ने आर्थिक विषमता, स्वाधीनता, नारी-शिक्षा, धार्मिक पाखंड, हिंदी भाषा, सब पर अपने विचार प्रकट किए। उनका व्यक्तित्व आंदोलनकारी था। वे व्यक्ति नहीं, संस्था थे। इसीलिए वे नई चेतना के प्रतिनिधि या प्रतीक साहित्यकार बन सके।

आचार्य रामचंद्र शुक्ल के अनुसार– "उन्होंने(भारतेंदु ने) हिंदी साहित्य को एक नए मार्ग पर खड़ा किया। वे साहित्य के नए युग के प्रवर्तक हुए। यद्यपि देश में नए-नए विचारों और भावनाओं का संचार हो गया था, पर हिंदी उनसे दूर थी। लोगों की अभिरुचि बदल चली थी, पर हमारे साहित्य पर उसका कोई प्रभाव नहीं दिखाई पड़ता था।"

आचार्य हजारीप्रसाद द्विवेदी के शब्दों में– "भारतेंदु का पूर्ववर्ती काव्य साहित्य संतों की कुटिया से निकल कर राजाओं और रईसों के दरबार में पहुँच गया था। उन्होंने एक तरफ़ तो काव्य को फिर से भक्ति की पवित्र मंदाकिनी में स्नान कराया और दूसरी तरफ़ उसे दरबारीपन से निकाल कर लोक-जीवन के आमने-सामने खड़ा कर दिया।"

डॉ. रामविलास शर्मा ने भारतेंदु-युग की जनवादिता को ध्यान में रखते हुए लिखा– "भारतेंदु-युग का साहित्य जनवादी इस अर्थ में है कि वह भारतीय

समाज के पुराने ढाँचे से संतुष्ट न रहकर उसमें सुधार भी चाहता है। वह केवल राजनीतिक स्वाधीनता का साहित्य न होकर मनुष्य की एकता, समानता और भाईचारे का भी साहित्य है। भारतेंदु स्वदेशी आंदोलन के ही अग्रदूत न थे, वे समाज सुधारकों में भी प्रमुख थे। स्त्री-शिक्षा, विधवा-विवाह, विदेश-यात्रा आदि के वे समर्थक थे।"

उन्नीसवीं सदी में आगे-पीछे पूरे देश में नवजागरण की लहर दौड़ जाती है। इस नवजागरण पर देशी परिस्थितियों और यूरोप से संपर्क, दोनों का प्रभाव है। हिंदी क्षेत्र के नवजागरण पर मुख्यत: अंग्रेज़ों के शोषण, 1857 के सिपाही विद्रोह और राजा राममोहन राय, ईश्वरचंद्र विद्यासागर, रामकृष्ण परमहंस आदि का प्रभाव है। भारतेंदु इस नवजागरण के अग्रदूत थे। उनके समानधर्मा साहित्यकारों की रचनाओं से हिंदी साहित्य में आधुनिकता का प्रवर्तन हुआ। इस आधुनिकता के प्रधानत: तीन लक्षण हैं–

1. वह यथार्थ-बोध पर आधारित है। साहित्य काव्य-रूढ़ियों, कवि-शिक्षा या किसी निर्दिष्ट प्रणाली पर न चलकर अपनी संवेदना आसपास के जीवन से ग्रहण करने लगा।
2. यथार्थ-बोध का वास्तविक अर्थ यथार्थ की विषमता का बोध होता है। इसीलिए इस युग के साहित्यकारों ने अपनी रचनाओं में आर्थिक, राजनीतिक, सामाजिक आदि विषमताओं एवं विरूपताओं का उद्घाटन किया।
3. विषमता-बोध से उत्पन्न संवेदना में पीड़ा या छटपटाहट भी है। रचनाकार अपने साहित्य से इस विषमता को पाटने का उद्देश्य व्यंजित करने लगा। इसलिए आधुनिक साहित्य रस-मग्न करने के स्थान पर आनंद के साथ कर्म की प्रेरणा भी देने लगा। साहित्य सामाजिक चेतना और उत्तरदायित्व से युक्त हो गया। रीतिवादी साहित्य से आधुनिक साहित्य की यही विशेषता थी, जिसका प्रवर्तन भारतेंदु ने किया।

सामाजिक उत्तरदायित्व से युक्त होने पर साहित्य की विषयवस्तु का विस्तार हुआ। अनेक नई स्थितियाँ, दृश्य, घटनाएँ साहित्य की वस्तु-परिधि में आ गईं। रचनागत नवीनता इसी बात में निहित होती है कि जहाँ पहले रचना-दृष्टि नहीं जाती थी, वहाँ जाने लगी। वस्तु के विस्तार और वस्तुगत संवेदना की नवीनता का विधाओं पर असर पड़ता है। भारतेंदु-युग में अनेक नई विधाओं का भी प्रवर्तन हुआ। इनमें से अधिकांश गद्य विधाएँ थीं। पत्र-पत्रिकाओं के माध्यम से

सामाजिक विषयों पर विचारों का प्रसार हुआ। संपादकीय और निबंध हिंदी साहित्य में नई वस्तु थे।

निबंध

इस काल में पत्र-पत्रिकाएँ निकलने लगीं। हिंदी निबंध और इन पत्र-पत्रिकाओं का उद्‌भव एक साथ हुआ। इस युग के प्रसिद्ध साहित्यकार पत्रकार भी थे। वे अपने सामाजिक उत्तरदायित्व का पालन करने के लिए अपने विचारों का प्रचार-प्रसार पत्र-पत्रिकाओं के माध्यम से करते थे तथा अनेक विषयों पर अपने विचार निबंधों में प्रस्तुत करते थे। भारतेंदु-युग के साहित्यकार जीवंत व्यक्तित्व वाले थे। व्यक्तित्व की छाप सबसे ज्यादा निबंध में उभरती है। निबंधों में इन साहित्यकारों के जीवंत व्यक्तित्व की छाप है। उनके व्यक्तित्व की मस्ती इन निबंधों के व्यंग्य-विनोद, हास-परिहास और एक प्रकार की स्वच्छंदता में दिखलाई पड़ती है। इन प्रारंभिक निबंधों का रूप थोड़ा अनगढ़ है। वे ललित, विचारपरक, अनौपचारिक और व्यंग्य-विनोदपूर्ण हैं। पं. रामचंद्र शुक्ल ने इन्हें 'गद्य-प्रबंध' कहा है। प्रतापनारायण मिश्र की भाषा गंभीर विषयों पर लिखते समय भी चुलबुली और पूरबी प्रयोगों से युक्त होती थी। उन्होंने **भौं**, **बात**, **मनोयोग**, **समझदार की मौत है** आदि निबंध लिखे। राधाचरण गोस्वामी का **यमलोक की यात्रा**, भारतेंदु का **स्वर्ग की विचार-सभा** आदि इस युग के प्रसिद्ध निबंध हैं। भारतेंदु ने नाटक पर जो निबंध लिखा, उसे विचारपरक निबंध और साहित्यालोचना, दोनों विधाओं में रख सकते हैं। पं. बालकृष्ण भट्ट ने छोटे-छोटे निबंध लिखे हैं। आँख, कान, नाक आदि को लेकर उन्होंने मुहावरों की अनोखी छटा दिखाई है। वे अंग्रेज़ी-फ़ारसी शब्दों का प्रयोग अपने निबंधों में धड़ल्ले के साथ करते हैं।

नाटक

विधाओं में सर्वाधिक महत्त्वपूर्ण नाटक का पुनर्प्रचलन था। इसका संबंध यथार्थ के विषमता-बोध से है। इसी बोध के कारण भारतेंदु-युग की महत्त्वपूर्ण नाटकीय रचनाएँ व्यंग्यपूर्ण भी थीं। व्यंग्य सामाजिक विरूपता, कथनी-करनी एवं सिद्धांत और व्यवहार के अंतर को प्रकट करने का प्रभावशाली साधन है। व्यंग्य भंडाफोड़ या उद्‌घाटन के माध्यम से वस्तु-स्थिति को उचित रूप में प्रस्तुत करता है।

नई सामाजिक चेतना का दबाव ही था कि गद्य रचना के अंतर्गत भारतेंदु का ध्यान पहले नाटकों की ओर ही गया। भारतेंदु ने काफ़ी संख्या में मौलिक

नाटक लिखे और बँगला और संस्कृत नाटकों का अनुवाद भी किया। **चंद्रावली** में प्रेम का महत्त्व है तो **भारत दुर्दशा** में देश की दशा का। **विषस्य विषमौषधम्** जहाँ देशी रियासतों के कुचक्रों की जीवंत झाँकी है वहीं **अंधेर नगरी** उनका सर्वाधिक महत्त्वपूर्ण व्यंग्य-नाटक है, जो सत्ता की विवेकहीनता का रूप सामने लाता है। श्रीनिवासदास ने **रणधीर**, **प्रेम मोहिनी**, **तप्ता-संवरण** और **संयोगिता स्वयंवर** नाटक लिखे। प्रतापनारायण मिश्र ने **कलिकौतुक** रूपक और **भारत दुर्दशा** नाटक लिखे। **भारत दुर्दशा** एक प्रतीकात्मक नाटक है, जिसमें भारत, कलियुग, आलस्य आदि पात्र हैं। श्री राधाचरण गोस्वामी के दो प्रहसन– **बूढ़े मुँह मुँहासे** और **तन-मन-धन** तथा श्री गुसाईं जी का **अर्पण** महत्त्वपूर्ण कृतियाँ हैं।

इस प्रकार हम देखते हैं कि भारतेंदु-युग में नाटक विधा का पुनर्प्रचलन हुआ और उस पर अपने समकालीन जीवन के बोध का दबाव है।

उपन्यास

भारतेंदु का ध्यान उपन्यास लिखने की ओर भी गया था। उन्होंने एक मित्र को पत्र में लिखा– "जैसे भाषा में अब कुछ नाटक बन गए हैं, अब तक उपन्यास नहीं बने हैं। आप या हमारे पत्र के योग्य सहकारी संपादक जैसे बाबू काशीनाथ व गोस्वामी राधाचरण जी कोई भी उपन्यास लिखें तो उत्तम।" इस युग में श्रीनिवास दास ने **परीक्षा-गुरु** और बालकृष्ण भट्ट ने **सौ अजान और एक सुजान** नामक उपन्यास लिखे। दोनों कृतियाँ मूलतः नीतिपरक एवं उपदेशात्मक हैं। भट्ट जी की रचना यथार्थ-चित्रण और व्यंग्य-विनोद से भरपूर है। भट्ट जी गद्य के बीच संस्कृत के श्लोक और उर्दू के चलते शेर खूब डाल देते हैं। राधाकृष्ण दास ने **निःसहाय हिंदू** नामक उपन्यास लिखा, जिसका नाम यद्यपि **निःसहाय हिंदू** है, लेकिन उपन्यास में हिंदू-मुसलमान मित्रता दिखाई गई है।

इस समय के सर्वाधिक प्रसिद्ध और लोकप्रिय उपन्यासकार बाबू देवकीनंदन खत्री हैं। इनके लिखे दो उपन्यास **चंद्रकांता** (1891) और **चंद्रकांता संतति** अत्यधिक लोकप्रिय हुए। ये ऐयारी और तिलस्मी उपन्यास हैं। रोचकता एवं मनोरंजन ही इनकी विशेषताएँ हैं। इन उपन्यासों की लोकप्रियता को रेखांकित करते हुए शुक्ल जी ने लिखा है– "**चंद्रकांता** पढ़ने के लिए ही न जाने कितने उर्दूजीवी लोगों ने हिंदी सीखी। **चंद्रकांता** पढ़ चुकने पर वे **चंद्रकाता** की किस्म की कोई किताब ढूँढ़ने में परेशान रहते थे। शुरू-शुरू में **चंद्रकांता** और **चंद्रकांता**

संतति पढ़कर न जाने कितने नवयुवक हिंदी के लेखक हो गए। **चंद्रकांता** पढ़कर वे हिंदी की और प्रकार की साहित्यिक पुस्तकें भी पढ़ चले और अभ्यास हो जाने पर कुछ लिखने भी लगे।"

पं. किशोरीलाल गोस्वामी ने इस काल में अनेक उपन्यास लिखे। **आदर्शरमणी** (1890) व **लवंगलता** (1890) उनमें प्रमुख हैं। उन्होंने बीसवीं शती के प्रथम दशक में भी अनेक उपन्यास लिखे।

कहानी

इस काल में कुछ कहानियाँ भी लिखी गईं। स्वयं भारतेंदु ने **कुछ आपबीती कुछ जगबीती** नामक कहानी लिखनी शुरू की थी, जिसे वे पूरा नहीं कर पाए। शिवप्रसाद 'सितारेहिंद' की **राजा भोज का सपना** को भी कहानी कह सकते हैं।

अन्य प्रकार की रचनाएँ

भारतेंदु ने **कश्मीर-कुसुम** और **बादशाह दर्पण** लिखकर इतिहास-लेखन और जयदेव का जीवन-वृत्त लिखकर जीवन-चरित लिखने की प्रवृत्ति का श्रीगणेश किया।

आलोचना/ समीक्षा

भारतेंदु ने **नाटक** नामक निबंध में अपने मौलिक विचार प्रकट किए हैं। इस निबंध में वे यह बताते हैं कि नाटककार को किन बातों का ध्यान रखना चाहिए। नाटक की दृश्यता और उसकी प्रभावोत्पादकता पर बल देते हुए वे लिखते हैं– "यदि श्रव्य-काव्य द्वारा ऐसी चितवन का वर्णन किसी से सुनिए या ग्रंथ में पढ़िए तो काव्य-जनित आनंद होगा। यदि कोई प्रत्यक्ष अनुभव करा दे तो उसे चतुर्गणित आनंद होगा।" समकालीनता के दबाव को रचना में आवश्यक ठहराते हुए उन्होंने लिखा– "सहृदयगण के अंतःकरण की वृत्ति और सामाजिक रीति-पद्धति, इन दोनों विषयों की समीचीन समालोचना करके नाटकीय दृश्य-काव्य प्रणयन करने योग्य हैं।"

भारतेंदु के नाटक संबंधी इन विचारों को हिंदी आलोचना का प्रवर्तन मानना चाहिए।

पत्र-पत्रिकाओं में इस युग के रचनाकार साहित्यिक विषयों या कृतियों पर जो विचार प्रकट करते थे वही हिंदी आलोचना का प्रारंभिक रूप था। इस युग

में पुस्तक-समीक्षा के क्षेत्र में एक ऐतिहासिक विवाद श्रीनिवास दास के **संयोगिता स्वयंवर** को लेकर हुआ। प्रेमघन जी ने **संयोगिता स्वयंवर** की समीक्षा अपनी पत्रिका **आनंद कादंबिनी** में की थी। पं. बालकृष्ण भट्ट ने इसकी समीक्षा **हिंदी-प्रदीप** में की। उनकी समीक्षा का शीर्षक था **सच्ची समालोचना**। यहाँ भट्ट जी की समीक्षा का एक अंश उद्धृत करना उचित जान पड़ता है, यह जानने के लिए कि हिंदी आलोचना का तेवर प्रारंभ में ही देश-काल और इतिहास-बोध पर ध्यान देता था–

> "क्या केवल किसी पुराने समय के ऐतिहासिक पुनरावृत्त की छाया लेकर नाटक लिख डालने से ही यह ऐतिहासिक हो गया। क्या किसी विख्यात राजा या रानी के आने से ही वह ऐतिहासिक हो जाएगा– यदि ऐसा है, तो गप्प हाँकने वाले दास्तानों और नाटक के ढंग में कुछ भी भेद न रहा। किसी समय के लोगों के हृदय की क्या दशा थी; उनके आंतरिक भाव किन पहलुओं पर उस समय पात्र के भाव क्या थे– इन सब बातों को ऐतिहासिक रीति पर पहले-पहल समझ लीजिए ···।"

भारतेंदु और उनके सहयोगी रचनाकारों ने अधिकांशतः ब्रजभाषा में ही कविता की है। यद्यपि भारतेंदु ने स्वयं, संभवतः प्रयोग के लिए खड़ी बोली में भी कविता की है। उर्दू में 'रसा' नाम से तो वे कविता करते ही थे। उनके अनेक सहयोगियों की भी काव्य के क्षेत्र में यही स्थिति है। किंतु इस विषय में यह बात ध्यान रखने की है कि इनकी ब्रजभाषा रीतिकालीन कवियों की ब्रजभाषा से भिन्न है। इनकी ब्रजभाषा पर वैचारिकता और गद्यात्मकता का दबाव है। इसका वाक्य-गठन खड़ी बोली के वाक्य-गठन में ढला है। भारतेंदु ने भक्ति और काव्य-रीति, दोनों परपंराओं में कविता की है।

भारतेंदु-युग में जीवन की समस्याएँ कविता का विषय बन गई हैं। इस युग की कविता में अखबारीपन भी देखा जा सकता है। जैसे दादा भाई नौरोजी को 'काला' कहे जाने पर प्रेमघन ने लिखा–

अचरज होत तुमहुँ सम गोरे बाजत कारे।
तासों कारे 'कारे' शब्दहु पर हैं वारे।।

भारतेंदु ने आर्थिक-सामाजिक दुर्दशा की ओर लोगों का ध्यान खींचा–

अँगरेज-राज सुख-साज सजे सब भारी।
पै धन विदेश चलि जात इहै अति ख्वारी।।

यहाँ आप प्रथम पंक्ति और दूसरी पंक्ति में परस्पर-विरोध देख सकते हैं।

'धन विदेश चलि जात' अपने आप में एक सपाट वक्तव्य लगता है। किंतु सहृदय श्रोता के चित्त में यह साम्राज्यवादी लूट, ढाका के जुलाहों के दमन, अकाल, भुखमरी आदि का बिंब उदित करेगा। इन पंक्तियों की मार्मिकता इन्हीं बिंबों में है, जिन्हें इन सबका बोध नहीं, वे ऐसी पंक्तियों को आज भी 'नीरस' कहते-समझते हैं।

प्रतापनारायण मिश्र की कविता में क्षोभ का स्वर आर्थिक है, व्यंग्य में कुशल है–

सर्वसु लिए जात अँग्रेज़ हम केवल लेक्चर कौ तेज।
श्रम बिन बातैं का करती हैं, कहुँ टटकन गाजैं टरती हैं।

इस काल के कवियों का ध्यान भाषा-समस्या की ओर गया। जातीय चेतना के रूप में भाषा-समस्या की ओर कवि का ध्यान जाना अभूतपूर्व बात थी। भारतेंदु ने लिखा–

निज भाषा उन्नति अहै, सब उन्नति को मूल।
बिनु निज भाषा ज्ञान के, मिटत न हिय को शूल।

भारतेंदु की प्रकृतिपरक कविताओं में भी देश की दुर्दशा और भविष्य के स्वप्न के विचार आ जाते हैं। इस प्रकार उनके यहाँ पुराने विषय नया बोध और नए संदर्भ जगाते हैं। यह बात **प्रातः समीरन** जैसी कविताओं में देखी जा सकती है।

इस युग की कविता लोक-प्रचलित काव्य-रूपों को अभिव्यक्ति का माध्यम बनाती है। भारतेंदु ने खुसरो जैसी पहेलियाँ और मुकरियाँ लिखीं। प्रतापनारायण मिश्र ने 'लावनी', 'आल्हा' लिखा।

इस काल की काव्य-भाषा की गद्यात्मकता की बात पहले की जा चुकी है। नए भाव-बोध की अभिव्यक्ति करने वाली कविताओं की भाषा अनगढ़ है। उसमें रीति काव्य की भाषा जैसा प्रवाह नहीं है। इसमें तत्सम और देशी शब्दों का प्रयोग बढ़ गया है। भारतेंदु और उनके मंडल के कवि कविता से गद्य का काम ले रहे हैं। भारतेंदु ने एक पूरा भाषण दोहों में लिखा था। वस्तुतः यह इस बात का द्योतक है कि काव्य-भाषा के लिए खड़ी बोली की आवश्यकता का अनुभव किया जाने लगा।

भारतेंदु-युग के प्रमुख रचनाकार

भारतेंदु हरिश्चंद्र

भारतेंदु हरिश्चंद्र का जन्म 1850 में हुआ। उनकी मृत्यु 1885 में हुई। इतनी अल्प आयु में ही उन्होंने साहित्य की इतनी बड़ी सेवा की। उनकी रचनाओं की संख्या बड़ी है, उन्होंने साहित्य की विविध विधाओं को समृद्ध किया, अनेक विधाओं का प्रवर्तन किया। वे हिंदी साहित्य में आधुनिक युग के प्रवर्तक हुए, यह तो आप देख चुके हैं। अठारह वर्ष की आयु में ही उन्होंने बँगला से **विद्यासुंदर** नाटक का हिंदी में अनुवाद किया। इसी समय अर्थात् 1868 में उन्होंने **कविवचन सुधा** नामक पत्रिका निकाली। इसमें साहित्यिक रचनाएँ तो होती ही थीं, सामाजिक, आर्थिक, राजनीतिक विचार और टिप्पणी भी होती थीं। इसी पत्रिका में उन्होंने विलायती कपड़े के बहिष्कार की अपील और ग्राम-गीतों के संकलन की योजना प्रकाशित की थी। 1873 में उन्होंने **हरिश्चंद्र मैगज़ीन** नामक मासिक पत्रिका निकाली। इस पत्रिका का प्रकाशन कितना महत्त्वपूर्ण है यह इसी से समझा जा सकता है कि स्वयं भारतेंदु के अनुसार– "हिंदी नई चाल में ढली।" बाद में इस पत्रिका का नाम उन्होंने **हरिश्चंद्र चंद्रिका** कर दिया।

1874 में उन्होंने स्त्री-शिक्षा के लिए **बालाबोधिनी** नामक पत्रिका निकाली। भारतेंदु ने सबसे अधिक संख्या में नाटक लिखे और अनुवाद किया। उनके मौलिक नाटक इस प्रकार हैं– **वैदिकी हिंसा हिंसा न भवति**, **चंद्रावली**, **विषस्य विषमौषधम्**, **भारत दुर्दशा**, **नील देवी**, **अंधेर नगरी**, **प्रेम जोगनी** और **सती प्रताप**।

अनूदित नाटकों में **विद्यासुंदर**, **पाखंड-बिडंबन**, **धनंजय-विजय**, **कर्पूरमंजरी**, **मुद्राराक्षस**, **सत्य हरिश्चंद्र** और **भारत-जननी** प्रमुख हैं।

बादशाह दर्पण और **कश्मीर कुसुम** उनके इतिहास-ग्रंथ हैं। **कुछ आपबीती कुछ जगबीती** कहानी है। कविताओं आदि का उल्लेख पहले हो चुका है। भारतेंदु ने यात्रा-वर्णन भी लिखा है। उन्होंने सुदूर देहाती क्षेत्रों की यात्रा बैलगाड़ी से की। कहा जाता है कि 1865 में उन्होंने जगन्नाथ पुरी की जो यात्रा की उसका उनके जीवन पर बहुत गहरा प्रभाव पड़ा और उनका परिचय बंगाल के नए साहित्यिक आंदोलन से हुआ।

भारतेंदु हरिश्चंद्र अत्यंत जीवंत एवं मित्र-परायण व्यक्ति थे। उनकी जिंदादिली की कहानियाँ साहित्य-क्षेत्र में ही विदित नहीं हैं, अनेक कहानियाँ काशी के लोक-जीवन में भी प्रचलित हैं। उन्होंने अपने जैसे समान-

धर्मा साहित्यिक एकत्र किए, उन्हें प्रोत्साहित किया और उनकी रचनाएँ छापीं। इसलिए भारतेंदु-युग में एक भारतेंदु-मंडल भी था।

भारतेंदु हरिश्चंद्र काशी के अत्यंत समृद्ध परिवार में उत्पन्न हुए थे। कहा जाता है कि स्वयं काशी-नरेश इनके यहाँ आया करते थे। उनका जीवन राजसी वैभव का था। किंतु भारतेंदु ने धन की सदैव उपेक्षा की। वे महान दानी थे। उनका अंतिम समय अभावग्रस्त था। भारतेंदु महान साहित्यकार ही नहीं थे, महान मानव भी थे।

भारतेंदु हरिश्चंद्र राष्ट्रीय विचारों के देशप्रेमी व्यक्ति थे। उनका साहित्य साम्राज्यवाद का विरोध करता है, देश की विषमता का चित्रण करता है, उसकी पीड़ा व्यक्त करता है और उस विषमता को दूर करने की प्रेरणा देता है।

भारतेंदु के साहित्य में भक्ति, रीति और आधुनिक धाराएँ हैं। किंतु उनका ऐतिहासिक महत्त्व आधुनिक साहित्य के प्रवर्तक के रूप में है, क्योंकि नए बोध पर आधारित यह धारा ही विकासशील थी। इन्हीं गुणों के कारण आधुनिक साहित्य के प्रारंभिक दौर को भारतेंदु-युग कहा जाता है। परवर्ती हिंदी साहित्य का विकास जिस-जिस दिशा में हुआ, उस पर सबसे पहले भारतेंदु और उनके सहयोगी रचनाकार चले थे।

प्रतापनारायण मिश्र (1856-1894)

प्रतापनारायण मिश्र को भी केवल 38 वर्ष की आयु मिली थी। वे अत्यंत विनोदी जीव थे। वे **ब्राह्मण** नामक पत्रिका निकालते थे। उनका मनमौजीपन उनकी रचनाओं, विशेषतः निबंधों, में दिखाई पड़ता है। उन्होंने कुछ निबंध गंभीर ढंग से भी लिखे हैं। उन्होंने **कलिकौतुक रूपक** तथा **संगीत शाकुंतल**, **भारत दुर्दशा**, **हठी हम्मीर**, **गोसंकट**, **कलिप्रभाव**, **जुआरी-खुआरी** नाटक लिखे। उन्होंने दैनिक जीवन की घटनाओं पर और नए फैशन पर अनेक कविताएँ लिखीं। उनकी कविताओं का महत्त्वपूर्ण अंश वह है जिसमें उन्होंने आर्थिक, राजनीतिक, सामाजिक समस्याओं का नए बोध के साथ चित्रण किया है। कविताओं के लिए आल्हा, लावनी जैसी लोक-प्रचलित काव्य-शैलियों का भी उपयोग किया है।

बालकृष्ण भट्ट (1844-1914)

बालकृष्ण भट्ट **हिंदी प्रदीप** नामक पत्र निकालते थे। वे निबंधकार, समीक्षक और नाटककार थे। उन्होंने **कलिराज की सभा**, **रेल का विकट खेल**, **बाल-विवाह**,

चंद्रसेन आदि नाटकों की रचना की। भट्ट जी ने कुछ बँगला नाटकों का हिंदी में अनुवाद भी किया।

उपाध्याय बदरीनारायण चौधरी 'प्रेमघन'(1855-1922)

प्रेमघन जी काव्य और जीवन, दोनों क्षेत्रों में भारतेंदु को अपना आदर्श मानते थे। ये कलात्मक एवं अलंकृत गद्य लिखते थे। ये **आनंद कादंबिनी** नाम की पत्रिका निकालते थे। बाद में उन्होंने **नागरी नीरद** नामक पत्र भी निकाला। प्रेमघन जी निबंधकार, नाटककार, कवि एवं समीक्षक थे। **भारत सौभाग्य** तथा **प्रयाग रामागमन** उनके प्रसिद्ध नाटक हैं। प्रेमघन ने **जीर्ण जनपद** नामक एक काव्य लिखा, जिसमें ग्रामीण जीवन का यथार्थवादी चित्रण है।

भारतेंदु-युग के अन्य उल्लेखनीय साहित्यकारों में लाला श्रीनिवास दास (1851-1887), ठाकुर जगमोहन सिंह (1857-1899), पं. राधाचरण गोस्वामी (1858 1925) आदि प्रमुख हैं।

भारतेंदुयुगीन चेतना का विकास(1900-1920): द्विवेदी-युग

भारतेंदु एवं उनके समानधर्मा रचनाकारों द्वारा हिंदी साहित्य में जिस आधुनिकता का प्रवर्तन हुआ, उसके प्रभाव से काव्य-भाषा गद्योन्मुख हो रही थी, यद्यपि वह ब्रजभाषा ही बनी हुई थी। पुराने काव्य-रूपों का पुनः प्रचलन और नये काव्य-रूपों का प्रारंभ हो रहा था। गद्य पहली बार साहित्य का प्रधान माध्यम बन रहा था और साथ-ही-साथ कविता की भाषा भी गद्य की ओर झुक रही थी। मुगल साम्राज्य के अंतिम दिनों में असुरक्षा के कारण व्यापारी, शायर, कलावंत आदि उत्तर भारत में फैल गए थे। दक्षिण भारत में हिंदी या हिंदवी ने मुहम्मद तुगलक के समय से ही जड़ पकड़ ली थी। इस प्रकार खड़ी बोली हिंदी लगभग समूचे भारत और विशेषतः उत्तर भारत की सामान्य बोलचाल की संपर्क-भाषा बन गई थी। आधुनिक साहित्य की लोकोन्मुखता एवं यथार्थ-बोध का आग्रह था कि सामान्य बोलचाल की भाषा अर्थात् खड़ी बोली काव्य-भाषा हो। ब्रजभाषा काव्य की सुदीर्घ कालीन परपंरा थी। काव्य-रसिकों में परंपरागत संस्कार थे। अतः ब्रजभाषा के समर्थकों ने खडी बोली में काव्य रचना का विरोध किया। ब्रजभाषा पिछले लगभग 200 वर्षों से प्रधानतः नायिका-भेद, नखशिख-वर्णन एवं दरबारी काव्य की भाषा बनी हुई थी। 1900 से प्रारंभ होनेवाली साहित्यिक

प्रवृत्ति रीतिकालीन दरबारीपन के विरोध में थी। हिंदी साहित्य प्रधानतः उस राष्ट्रीय स्वाधीन चेतना का सहचर बन गया था जो साम्राज्यवाद के साथ सामंतवाद का भी विरोध कर रहा था।

बीसवीं शताब्दी के प्रारंभिक दौर में भारत में दूरगामी परिवर्तन हो रहे थे। देशी पूँजीवाद विदेशी साम्राज्यवाद की बाधाओं के बावजूद उदित हो चुका था। तिलक की गिरफ़्तारी पर बंबई के मज़दूरों ने हड़ताल की। 1907 में **सरस्वती** में हड़ताल पर एक लेख छपा। 1904 में एशिया के देश जापान ने जब यूरोप के ज़ार-शासित रूस को लड़ाई में पराजित किया तो भारत में उत्साह का संचार हुआ। 1913 में रवींद्रनाथ ठाकुर को नोबेल पुरस्कार मिला। इसी समय तिलक ने 'स्वाधीनता हमारा जन्मसिद्ध अधिकार है' का नारा दिया। यह चेतना पूरे देश में व्याप्त हो गई। तिलक ने **गीता रहस्य** में महान भारतीय ग्रंथ **गीता** को कर्मयोग का प्रतिपादक ग्रंथ बताया। तिलक की इस पुस्तक का भारतीय मानस पर गहरा एवं व्यापक प्रभाव पड़ा। आगे चलकर रामचंद्र शुक्ल ने जिस 'कर्म-सौंदर्य' की अवधारणा को प्रस्तुत किया, वह इसी कर्मयोग से संबंधित है। आचार्य महावीरप्रसाद द्विवेदी ने **संपत्ति शास्त्र** नामक पुस्तक 1908 में प्रकाशित की, जो भारत के आर्थिक-राजनीतिक यथार्थ का अभूतपूर्व चित्र प्रस्तुत करती थी। गांधी जी के दक्षिण अफ्रीका में किए गए कार्यों की गूँज यहाँ सुनाई पड़ रही थी। जिसे हमने स्वाधीन-चेतना कहा, उसके निर्माण की प्रक्रिया में इन घटनाओं का योगदान है।

आधुनिक हिंदी साहित्य को समझने के लिए इस स्वाधीन-चेतना को समझना बहुत उपयोगी है। वस्तुतः इसी शब्द के सहारे हम इस काल की सामाजिक चेतना और सांस्कृतिक चेतना को समझ सकते हैं।

स्वाधीन चेतना का आधार ज्ञान है। भारतेंदु-युग से हिंदी साहित्य की ज्ञान-साधना का नया दौर आरंभ हुआ। साहित्य में ज्ञानाश्रित बोध एवं विवेक के बूते प्राचीन साहित्य का पुनः परीक्षण आरंभ हुआ। प्राचीन साहित्य की प्रशंसा ही नहीं उसकी आलोचना भी आरंभ हुई। समकालीन साहित्य को बोध या विवेक निर्देशित करने लगा। यह निर्देशन भाषा के क्षेत्र में बहुत खुलकर सामने आया।

इस काल-खंड में नई जानकारियों का संचय, भाषा की व्यवस्था और रीतिवाद का विरोध साहित्यिक सक्रियता के प्रमुख क्षेत्र हैं। इस काल-खंड को आचार्य महावीरप्रसाद द्विवेदी के नाम पर 'द्विवेदी-युग' कहा जाता है। वे साहित्य को 'ज्ञान राशि का संचित कोष' मानते थे। वे भाषा और साहित्य के व्यवस्थापक थे। उन्होंने **सरस्वती** पत्रिका को इस व्यवस्थापन का माध्यम बनाया। भारतेंदु-युग

में गद्य-लेखन ज़ोर-शोर से शुरू हो गया था। किंतु खड़ी बोली में हिंदी गद्य का स्वरूप नहीं स्पष्ट हुआ था। उसमें बोलियों के प्रयोग तथा अरबी, फ़ारसी, अंग्रेज़ी, संस्कृत के भी प्रयोग धड़ल्ले से प्रविष्ट होते थे। इससे हिंदी गद्य की 'रूपहानि' होती थी। आचार्य महावीरप्रसाद द्विवेदी ने विभक्तियों, विरामादि चिह्नों के प्रयोग एवं समानार्थक अनेक रूपों के व्यवहार से उत्पन्न अस्पष्टता को दूर करने का प्रयास किया। पं. रामचंद्र शुक्ल के शब्दों में– "**सरस्वती** के संपादक के रूप में उन्होंने आई हुई पुस्तकों के भीतर व्याकरण और भाषा की अशुद्धियाँ दिखाकर लेखकों को बहुत कुछ सावधान कर दिया। यद्यपि कुछ हठी और अनाड़ी लेखक अपनी भूलों और गलतियों का समर्थन तरह-तरह की बातें बनाकर करते रहे, पर अधिकतर लेखकों ने लाभ उठाया और लिखते समय व्याकरण आदि का पूरा ध्यान रखने लगे। गद्य की भाषा पर द्विवेदी जी के शुभ प्रभाव का स्मरण जब तक भाषा के लिए शुद्धता आवश्यक समझी जाएगी, तब तक बना रहेगा।" हिंदी के प्रचार कार्य में वृद्धि होने के साथ-साथ भाषा की एकरूपता की आवश्यकता अनुभव की जाने लगी थी।

प्रचार कार्य और हिंदी पाठकों की वृद्धि

हिंदी प्रचार का कार्य भारतेंदु ने ही प्रारंभ कर दिया था। उन्होंने बलिया के एक कॉलेज में हिंदी की उन्नति पर एक पद्यमय भाषण दिया था। अदालतों में हिंदी को स्थान दिलाने के प्रयत्न का उल्लेख हो चुका है। अब आवश्यकता ऐसे हिंदी संस्थानों की थी जो स्थायी महत्त्व की साहित्यिक योजनाओं को कार्यान्वित करें। 1884 में प्रयाग में 'हिंदी उद्धारिणी प्रतिनिधि मध्य सभा' गठित की गई। 1893 में 'काशी नागरीप्रचारिणी सभा' की स्थापना हुई। इसके संस्थापकों में बाबू श्यामसुंदर दास, पं. रामनारायण मिश्र और ठाकुर शिवकुमार सिंह मुख्य थे। सभा का उद्देश्य नागरी अक्षरों का प्रचार और हिंदी साहित्य को समृद्ध करना घोषित किया गया। सभा ने हिंदी साहित्य की सर्वांगीण उन्नति के लिए जो कार्य किए हैं, वे सर्वविदित हैं। प्राचीन हस्तलिखित पुस्तकों की खोज, उत्कृष्ट महत्त्वपूर्ण साहित्य का प्रकाशन, **हिंदी शब्द सागर**, **हिंदी व्याकरण**, **हिंदी साहित्य का इतिहास** जैसे ग्रंथों का प्रकाशन नागरीप्रचारिणी सभा द्वारा ही हुआ।

छापाखानों के कारण पुस्तक-प्रकाशन व्यवसाय भी बन गया। बँगला आदि देशी भाषाओं और अंग्रेज़ी से अनूदित उपन्यासों, समाचार-पत्रों, साहित्यिक पत्रिकाओं आदि को पढ़नेवालों की संख्या बढ़ रही थी। ऐसी स्थिति में भाषा की

व्यवस्था का प्रश्न उठना स्वाभाविक था। अंग्रेज़ी, बँगला, प्रादेशिक बोलियों आदि का प्रभाव खड़ी बोली हिंदी पर विविध रूपों में एक साथ पड़ रहा था। इससे हिंदी के स्वरूप की हानि हो रही थी। आचार्य महावीरप्रसाद द्विवेदी ने भाषा में एक व्यवस्था स्थापित करने का प्रयास किया। इस प्रकार उनके हाथों ऐतिहासिक आवश्यकता की पूर्ति हुई।

सरस्वती का संपादन द्विवेदी जी ने 1903 में सँभाला। उन्होंने हिंदी पाठकों को अनेक विषयों की जानकारी देना आरंभ किया। **सरस्वती** में जो लेख वे छापते थे, उनके विषय विविध होते थे। द्विवेदी जी द्वारा संपादित **सरस्वती** बीसवीं शताब्दी के प्रारंभिक चरण का विश्वकोष है। वे विविध विषयों के विद्वानों से हिंदी में लेख लिखवाकर छापते थे। द्विवेदी जी शास्त्र और सर्जना, दोनों पर ध्यान देते थे। द्विवेदी-युग के साहित्य में वैचारिकता, इतिवृत्तात्मकता एवं गद्यात्मकता की प्रवृत्तियाँ प्रमुख हैं।

संभवत: यही कारण है कि द्विवेदी-युग की गद्य विधाओं में निबंध इतना महत्त्वपूर्ण है। गंभीर लेख निबंधों से बहुत भिन्न हैं। इनमें वह जीवंतता तो नहीं है, किंतु वैचारिक व्यवस्था एवं विश्लेषण की दृष्टि से ये अभूतपूर्व हैं। निबंध-विधा की विशेषता बताते हुए पं. रामचंद्र शुक्ल ने लिखा है– "संसार की हर एक बात और सब बातों से संबद्ध है। अपने-अपने मानसिक संघटन के अनुसार किसी का मन किसी संबंध-सूत्र पर दौड़ता है, किसी का किसी और पर। ये संबंध-सूत्र एक-दूसरे से ऐसे ही नथे हुए, पत्ते के भीतर की नसों के समान चारों ओर एक जाल के रूप में फैले हैं ...।" निबंध-लेखन अपने मन की प्रवृत्ति के अनुसार स्वच्छंद गति से इधर-उधर फूटी हुई सूत्र शाखाओं पर विचरता चलता है। यही उसकी अर्थ-संबंधी व्यक्तिगत विशेषता है।

एक ही विषय पर लेखक अपनी-अपनी रुचि या दृष्टि के अनुसार भिन्न बातें देखते हैं। इसका कारण मन का भिन्न संबंध-सूत्रों पर दौड़ना है। इसी से निबंध में लेखक की व्यक्तिगत विशेषता का उद्‌घाटन सबसे अधिक होता है। आपका मन किस संबंध-सूत्र पर दौड़ता है, इससे आपके मन का भी उद्‌घाटन हो जाता है। इस काल में ही अंग्रेज़ी के लेखक फ्रांसिस बेकन और मराठी निबंधकार चिपलूणकर के निबंधों का अनुवाद हिंदी में प्रकाशित हुआ। बेकन के निबंधों का अनुवाद द्विवेदी जी ने स्वयं किया था।

इस काल के निबंधकारों में पं. महावीरप्रसाद द्विवेदी, पं. माधव प्रसाद मिश्र, बाबू बालमुकुंद गुप्त, बाबू श्यामसुंदर दास, पं. चंद्रधर शर्मा 'गुलेरी' और

अध्यापक पूर्ण सिंह प्रमुख हैं। पं. रामचंद्र शुक्ल के प्रारंभिक निबंध इसी दौर के हैं। उनका अत्यंत महत्त्वपूर्ण निबंध **कविता क्या है** पहले-पहल इसी काल (1909) में लिखा गया, यद्यपि इसका संशोधित एवं परिवर्धित रूप उन्होंने बाद में प्रकाशित कराया।

इस युग में गंभीर और ललित, दोनों प्रकार के निबंध लिखे गए, किंतु विचारपरक निबंधों का महत्त्व अधिक है। पं. महावीरप्रसाद द्विवेदी के निबंधों का तेवर प्राय: सर्वत्र नियामक और व्यवस्थापक है, चाहे वे **कवि और कविता** पर लिखें, चाहे **क्या हिंदी नाम की कोई भाषा ही नहीं** जैसे निबंध। उनके निबंध स्पष्ट होते थे। उनमें कलात्मकता की अपेक्षा अपनी बात को समझा-बुझाकर कहने की प्रवृत्ति अधिक है। विरोधी पक्ष का शमन करने के लिए वे विवादात्मक मुद्रा भी अपनाते हैं। वस्तुत: द्विवेदी जी की चिंता विविध विषयों का ज्ञान समेटकर हिंदी पाठकों तक पहुँचा देना है। निबंध लिखते समय भाषागत व्यवस्था का ध्यान भी उनके मस्तिष्क में कम नहीं रहता होगा। उनके समीक्षात्मक निबंधों में उनका समालोचक रूप प्रकट हुआ है। संस्कृत के कवियों पर लिखते समय उनकी इस ग्राहिणी क्षमता का भी पता चलता है।

पं. चंद्रधर शर्मा 'गुलेरी'(1883-1920)

चंद्रधर शर्मा 'गुलेरी' इस युग के अन्यतम निबंधकार हैं। उनके निबंध संख्या में कम हैं, किंतु उनमें अगाध पांडित्य और आधुनिकता का अपूर्व समन्वय मिलता है। गुलेरी जी अतीत और वर्तमान के सूक्ष्मदर्शी विद्वान रचनाकार थे। वे साहित्य और अन्य सांस्कृतिक चेष्टाओं की गतिशीलता पहचानते थे। इसीलिए उनका दृष्टिकोण समाजशास्त्रीय है। प्राचीन साहित्य का अधिकारी विद्वान होने के कारण उनके निबंधों में प्रसंग-गर्भत्व के आधार पर विनोद-व्यंग्य का रंग भी है। उनकी भाषा हिंदी गद्य का प्रतिमान है। उनके भाषाशास्त्रीय निबंध भी रोचक और अत्यंत पठनीय हैं। **कछुआ धर्म** और **मारेसि मोहिं कुठावँ** उनके प्रसिद्ध निबंध हैं।

अध्यापक पूर्णसिंह(1881-1931)

अध्यापक पूर्णसिंह ने **आचरण की सभ्यता**, **मज़दूरी और प्रेम** तथा **सच्ची वीरता** जैसे निबंध लिखे। इनमें बहुज्ञता के साथ भावुकता मिलती है। अध्यापक पूर्ण सिंह का मिजाज़ एक ऐसे आधुनिक सूफ़ी विद्वान का था जो समानता, शांति और मानवीय करुणा में विश्वास करता है। **मजदूरी और प्रेम** में श्रम का जो सौंदर्य

प्रकट किया गया है, वह सौंदर्य-बोध की आधुनिकता का उदाहरण है।

बाबू श्यामसुंदर दास(1875-1945)

बाबू श्यामसुंदर दास के निबंध प्राय: विश्वविद्यालय के पाठ्यक्रम को ध्यान में रखकर लिखे गए हैं, जो उस समय की बहुत बड़ी आवश्यकता की पूर्ति करते थे।

बाबू बालमुकुंद गुप्त(1865-1907)

बाबू बालमुकुंद गुप्त के निबंध द्विवेदीयुगीन निबंधों में अपनी व्यंग्य-विनोद-पूर्ण शैली और चुहल के कारण विशिष्ट हैं। द्विवेदीयुगीन लेखकों में भारतेंदुयुगीन लेखकों की शैली के सबसे निकट ये ही हैं। ये राजनीतिक विषयों या घटनाओं, कभी-कभी किसी मेले, त्योहार या और किसी विषय पर 'शिवशंभू' के नाम से **शिवशंभू के चिट्ठे** लिखते थे, जिसमें ब्रिटिश साम्राज्य की नीतियों या अपनी समझ से अनुचित व्यवहारों की खबर लेते थे। **शिवशंभू के चिट्ठे** का लेखक भाँग के नशे में होने का मुखौटा पहन लेता था। सच्ची बात कहने के लिए यह रूप परिवर्तन या लीला-भाव साहित्यकारों का आज़माया तरीका है, इससे बचाव भी रहता है और व्यंग्य की धार भी पैनी हो जाती है।

निबंध द्विवेदी-युग की सर्वाधिक महत्त्वपूर्ण गद्य-विधा है। उस युग की जिज्ञासा और वैचारिकता पं. महावीरप्रसाद द्विवेदी और पं. चंद्रधर शर्मा 'गुलेरी' के निबंधों में रूपायित हो गई है। द्विवेदी-युग के निबंधों का पूर्ण उन्नत रूप हम पं. रामचंद्र शुक्ल के निबंधों में पाते हैं। उनके प्रारंभिक निबंध द्विवेदी-युग में ही लिखे गए।

उपन्यास

परीक्षा गुरु नामक हिंदी का पहला उपन्यास लाला श्रीनिवासदास ने भारतेंदु-युग में ही लिख दिया था। देवकीनंदन खत्री का उपन्यास **चंद्रकांता** भी 1891 में प्रकाशित हो चुका था। किंतु हिंदी उपन्यासों की अविच्छिन्न परंपरा द्विवेदी-युग से ही प्रारंभ हुई, यद्यपि इस काल के उपन्यासों में भी मध्यकालीन कथाओं का प्रभाव ज्यादा है। वस्तुत: कथा साहित्य की दृष्टि से द्विवेदी-युग प्रेमचंद का पूर्व युग है। इस काल में बँगला उपन्यासों का अनुवाद भी भारी संख्या में हुआ। कुछ उर्दू और मराठी के साथ-साथ अंग्रेज़ी उपन्यासों का भी अनुवाद हुआ। इस काल

में शरतचंद्र के उपन्यास हिंदी पाठकों में लोकप्रिय हो चले थे।

पंडित किशोरीलाल गोस्वामी(1865-1932)

किशोरीलाल गोस्वामी उन्नीसवीं शती के अंतिम दशक से उपन्यास लिखते आ रहे थे। उनके उपन्यासों की संख्या 65 है। **तारा**, **चपला**, **नव्य समाज चित्र**, **तरुण तपस्विनी**, **कुटीरवासिनी**, **रजिया बेगम** या **रंग महल में हलाहल**, **लीलावती का आदर्श**, **सती**, **राजकुमारी**, **लवंगलता व आदर्श बाला**, **हीराबाई**, **लखनऊ की कब्र या शाही महलसरा** आदि उनके उल्लेखनीय उपन्यास हैं।

गोस्वामी जी के उपन्यास यौन-भावना प्रधान हैं। उनमें वासना का रंग चटकीला है, थोड़ा-बहुत सामाजिक पाखंड का उद्‌घाटन भी है। उनकी भाषा सहज है। उनके ऐतिहासिक उपन्यासों में काल-दोष पाया जाता है।

बाबू गोपालराम गहमरी(1866-1946)

बाबू गोपालराम गहमरी इस युग के अन्य उल्लेखनीय उपन्यासकार हैं। इन्होंने अनेक जासूसी उपन्यास लिखे, जिसमें **भोजपुर का ठग**, **बड़ा भाई** आदि प्रमुख हैं।

प्रसिद्ध कवि पं. अयोध्या सिंह उपाध्याय 'हरिऔध' और श्री लज्जाराम मेहता ने भी अनेक उपन्यास लिखे।

जैसा कि पहले कहा जा चुका है इस युग को उपन्यासों का प्रारंभिक दौर समझना चाहिए, जिसमें चरित्र और परिस्थिति में अंतस्संघर्ष नगण्य है तथा लेखक का ध्यान घटना-वैचित्र्य और मनोरंजन या नीति-उपदेश पर है।

कहानी

उपन्यास और कहानी, दोनों आधुनिक विधाएँ हैं। प्राचीन कथा से इनका मुख्य अंतर घटनाओं और पात्रों के संबंध में है। पहले पात्र का चरित्र प्रारंभ से निश्चित होता था, वह घटना-प्रवाह को अपने चरित्र से प्रभावित करता हुआ मोड़ता था। अब चरित्र पहले से निश्चित नहीं होता, वह घटनाओं का 'सहजात' या उनके साथ-साथ जन्म लेता रहता है। पूर्व-निश्चित का अभाव आधुनिक कथा साहित्य का लक्षण है। डॉ. नामवर सिंह के शब्दों में– "कहानी छोटे मुँह बड़ी बात करती है।" यानी वह लघु जीवन-खंड के माध्यम से एक संपूर्ण जीवन-बोध या सत्य को प्रकाशित करती है।

यह युग कहानियों का भी प्रारंभिक दौर है। इन कहानियों पर भी घटना-वैचित्र्य का प्रभाव है। यह अवश्य है कि हिंदी कहानी उपन्यास की अपेक्षा भाव-व्यंजकता की ओर प्रारंभ से ही झुकी हुई है। हिंदी कहानियों के दर्शन पहले-पहल **सरस्वती** में हुए। पं. किशोरीलाल गोस्वामी की कहानी 'इंदुमती' **सरस्वती** (1900) में प्रकाशित हुई। शुक्ल जी ने 1900 से 1907 तक प्रकाशित होनेवाली 6 कहानियों–**इंदुमती**, **गुलबहार**, **प्लेग की चुड़ैल**, **ग्यारह वर्ष का समय**, **पंडित और पंडितानी** तथा **दुलाई वाली** को हिंदी की प्रारंभिक कहानियाँ माना है। **इंदुमती** और **गुलबहार** के लेखक किशोरीलाल गोस्वामी हैं। शेष के रचनाकार क्रमशः मास्टर भगवानदास, रामचंद्र शुक्ल, गिरिजादत्त वाजपेयी और बंग महिला श्रीमती राजेंद्रबाला घोष हैं। **ग्यारह वर्ष का समय** अतीत-स्मृति की मार्मिक व्यंजना करती है, बाकी कहानियों में चमत्कारिकता का प्राधान्य है।

यह काल लेखकों के एकबारगी कहानी लेखन की ओर झुक पड़ने का काल है। जयशंकर प्रसाद, विश्वम्भर नाथ शर्मा 'कौशिक', राजा राधिकारमण प्रसाद सिंह आदि ने इसी समय कहानियाँ लिखना प्रारंभ किया। प्रसाद ने 1911 में **ग्राम** नामक कहानी अपने मासिक पत्र **इंदु** में प्रकाशित की। 'कौशिक' की सामाजिक-पारिवारिक कहानी **रक्षाबंधन** 1913 में छपी। राजा राधिकारमण प्रसाद सिंह की प्रसिद्ध कहानी **कानों में कंगना** (1913) **इंदु** में निकली। हास्यरस के कहानी लेखक जी. पी. श्रीवास्तव की पहली कहानी 1919 में छपी।

हिंदी कहानी सामाजिकता-पारिवारिकता की व्यापक भाव-भूमि पर प्रतिष्ठित हो रही थी। वह भाव-प्रकाशन के लिए केवल घटना-वैचित्र्य का सहारा न लेकर सामान्य जीवन के चित्रण के माध्यम से भी इसके लिए अंतर्गठित हो रही थी। हिंदी कहानी के इस दौर की उपलब्धि हिंदी के प्रकांड विद्वान पं. चंद्रधर शर्मा 'गुलेरी' की कहानी **उसने कहा था** है। यह कहानी 1915 की **सरस्वती** में प्रकाशित हुई। यह भाव और कला दोनों ही दृष्टियों से उत्तम कहानी है। अपने सामान्य जीवन में सामान्य व्यक्ति भी अपने भीतर प्रेम का अक्षय स्रोत किस प्रकार दबाए रहता है, एक मामूली-सी घटना व्यक्ति के अंतर्मन में फैलकर उसके जीवन को किस निर्णायक बिंदु पर ले जा सकती है, प्रेम की सात्विकता मनुष्य को कितनी उच्च भाव-भूमि पर ले जा सकती है–यह इस कहानी में व्यक्त है। इसमें घटना सहज-ऋजुमार्ग पर नहीं चलती, वह वक्र मार्ग पर चलती है, यानी घटना-क्रम काल-क्रम पर नहीं, मनोभूमि के अनुसार व्यवस्थित है। शुक्ल जी ने इस कहानी में यथार्थवाद देखा। यह आकस्मिक नहीं कि प्रेमचंद

की कहानियाँ लगभग इसी समय प्रकाशित होने लगीं।

नाटक

भारतेंदु के उपरांत कुछ समय के लिए हिंदी में मौलिक नाटकों का अभाव रहा। मौलिक नाटकों की दृष्टि से यह आधुनिक हिंदी साहित्य का सबसे दरिद्र काल-खंड है। किंतु इस बीच विभिन्न भाषाओं से नाटकों का अनुवाद अवश्य बड़े पैमाने पर हुआ। बँगला, अंग्रेज़ी, संस्कृत नाटकों के हिंदी अनुवाद प्रकाशित हुए। शेक्सपीयर के नाटक **रोमियो एंड जूलियट**, **मैकबेथ** और **हैमलेट** का अनुवाद हुआ। संस्कृत के नाटक **मृच्छकटिकम्**, **उत्तररामचरित**, **मालती माधव**, **मालविकाग्निमित्र** का हिंदी अनुवाद लाला सीताराम, बी. ए. ने किया। इसी दौर में सत्यनारायण 'कविरत्न' ने **उत्तररामचरित** और **मालती माधव** का अनुवाद किया, जिनकी चर्चा हम कर चुके हैं।

मौलिक नाटककारों में किशोरीलाल गोस्वामी, हरिऔध, शिवनंदन सहाय, राय देवीप्रसाद 'पूर्ण' का नाम लिया जा सकता है। पर ये लोग साहित्य में अपने नाटकों के लिए नहीं, बल्कि अन्य विधा की रचनाओं के लिए विख्यात हैं। इसी से इस काल में मौलिक नाटकों की स्थिति का पता चल सकता है।

पं. किशोरीलाल गोस्वामी के नाटकों में उल्लेखनीय नाम **चौपट चपेट** और **मयंक मंजरी** हैं। पहला प्रहसन है, और दूसरा अति सामान्य कोटि का नाटक। हरिऔध ने **रुक्मिणी परिणय** और **प्रद्युम्न विजय व्यायोग** लिखा। शिवनंदन सहाय के नाटक का नाम **सुदामा** है। पूर्ण जी ने **चंद्रकला भानुकुमार** नाटक लिखा।

समालोचना

भारतेंदु-काल में पुस्तक-समीक्षा का सूत्रपात हो चुका था। भारतेंदु ने नाटक पर जो निबंध लिखा है, उसे समालोचना के अंतर्गत मानना चाहिए। किसी एक ही रचनाकार का गुण-दोष दिखाने के लिए हिंदी आलोचना की पहली पुस्तक पं. महावीरप्रसाद द्विवेदी की **हिंदी कालिदास की आलोचना** है। यह कालिदास के ग्रंथों का जो अनुवाद लाला सीताराम बी. ए. ने किया था, उसी की समीक्षा है। द्विवेदी जी ने कालिदास के मूल ग्रंथों पर भी **नैषध चरित चर्चा**, **विक्रमांक देव चरित चर्चा** और **कालिदास की निरंकुशता** पर विचार किया। कालिदास जैसे महान कवि के दोष निकाले जाएँ, यह प्रवृत्ति द्विवेदी जी के अभिभूत न होनेवाले व्यक्तित्व की सूचक है।

इस युग की हिंदी आलोचना का ऐतिहासिक महत्त्व आधुनिक और रीतिवादी प्रवृत्तियों के द्वंद्व में है। इस युग के सभी आलोचकों को पूरी तरह से रीतिवादी या आधुनिक श्रेणी में रख देना भी उचित नहीं। मिश्रबंधु, श्याम बिहारी मिश्र (1873-1947) तथा शुकदेव बिहारी मिश्र (1878-1951), रीतिकालीन साहित्य के जानकार थे। उन्होंने **हिंदी नवरत्न** में देव को ऊँचा स्थान दिया और उन्हें सूर-तुलसी के समकक्ष रखा। यह उनकी रीतिवादिता का पता देता है। लेकिन उन्हीं मिश्रबंधुओं ने श्रीधर पाठक की खड़ी बोली कविताओं का स्वागत भी किया। इसका अर्थ यह हुआ कि मिश्रबंधु सर्वत्र न तो रीतिवादी थे और न ही आधुनिकतावादी। इस प्रकार द्वंद्व अलग-अलग व्यक्तियों में ही नहीं, कभी-कभी एक ही व्यक्ति के अंदर भी चल रहा था।

रीति-विरोधी आलोचना नए ज्ञान-विज्ञान के आलोक में विकसित नए जीवन-मूल्यों के मानदंड पर साहित्य को तोलती थी, जबकि रीतिवादी आलोचना नायिका-भेद, अलंकार आदि की दृष्टि से साहित्य की परीक्षा करती थी। जहाँ विरोध इस द्वंद्व पर नहीं होता था, वहाँ आलोचना का विकास नहीं दिखलाई पड़ा। उदाहरण के लिए, 'देव बड़े कि बिहारी' के झगड़े में जो तुलनात्मक आलोचना इस समय दिखाई पड़ी, उससे हिंदी आलोचना का विकास भी हुआ हो—ऐसा नहीं कहा जा सकता। इस झगड़े में दोनों पक्ष रीतिवादी थे। इसलिए वे एक ही प्रकार के तर्क देते थे। पं. कृष्णबिहारी मिश्र (1890) सहृदय थे, किंतु उनके आलोचना-मूल्य रीतिवादी ही थे। उन्होंने **देव और बिहारी** पुस्तक में 'देव' को 'बिहारी' से बड़ा कवि सिद्ध किया। इसके उत्तर में लाला भगवानदीन ने **बिहारी और देव** लिखकर 'बिहारी' को 'देव' से बड़ा सिद्ध किया। 'देव' और 'बिहारी' के विवाद में भाग लेनेवाले आलोचकों में पं. पद्मसिंह शर्मा (1876-1932) भी थे। शर्मा जी संस्कृत, प्राकृत, हिंदी, फ़ारसी और उर्दू साहित्य के मर्मज्ञ थे। इसीलिए तुलनात्मक आलोचना की योग्यता भी उनमें सबसे अधिक थी।

रीतिवादी आलोचक खड़ी बोली में रचित आधुनिक रचनाओं को व्यर्थ और नीरस कहते थे। लाला भगवानदीन को **भारत-भारती** और **जयद्रथ-वध** दोषपूर्ण ही लगे। पद्मसिंह शर्मा भी खड़ी बोली काव्य को 'नीरस और कर्णकटु' कहते थे।

रीतिवादी आलोचना से यह लाभ अवश्य हुआ कि अनेक प्राचीन कवियों की टीकाएँ तैयार हो गईं।

पं. महावीरप्रसाद द्विवेदी (1864-1938) ने अपनी आलोचना से हिंदी

रचनाकारों को वस्तु और रूप के प्रयोग की प्रेरणा दी। उन्होंने साहित्य, विशेषत: कविता के महत्त्व को पुनर्स्थापित करने का प्रयास किया। उन्होंने कविता को केवल विलास की सामग्री न मानकर लिखा– "कविता यदि यथार्थ में कविता है तो संभव नहीं कि उसे सुनकर कुछ असर न हो। कविता से दुनिया में आज तक बड़े-बड़े काम हुए हैं।" उन्होंने बुरे साहित्य से होनेवाली हानियों की भी बात कही है। काव्य के रूप-पक्ष के विषय में वे काफ़ी आधुनिक थे। उन्होंने लिखा– "गद्य और पद्य दोनों में कविता हो सकती है।" उन्होंने तुक और अनुप्रास को कविता के लिए अनिवार्य नहीं माना।

पं. महावीरप्रसाद द्विवेदी ने रीतिवादी साहित्य का विरोध करने के लिए ही नायिका-भेद, अलंकार, ब्रजभाषा में काव्य-रचना आदि का विरोध किया। उन्होंने साहित्य के लिए सामाजिक हित, प्रकृति-सौंदर्य, मानव-मनोविज्ञान, यथार्थ आदि को उचित विषय बताया।

पं. रामचंद्र शुक्ल (1884-1941) ने लेखन इसी काल में आरंभ किया था। उनका **साहित्य** नामक निबंध 1904 में **सरस्वती** में छपा था, किंतु उनके निबंध-संकलन और आलोचनात्मक ग्रंथ बाद में प्रकाशित हुए।

कविता

इस युग में खड़ी बोली हिंदी काव्य-भाषा के रूप में प्रतिष्ठित हुई। इसमें प्रबंध-काव्य भी लिखे गए। अनेक कवियों ने ब्रजभाषा छोड़कर खड़ी बोली को अपनाया। एक ओर खड़ी बोली को ब्रजभाषा के समक्ष काव्य-भाषा के रूप में प्रतिष्ठित किया गया, दूसरी ओर विकसित चेतना के कारण कविता नई भूमि पर संचरण करने लगी। रीति का विरोध निषेधात्मक था। सार्थक विरोध किसी रचनात्मक दिशा की ओर उन्मुख होता है। वास्तव में जो बोध रीतिवाद का विरोध कर रहा था, वही एक नया भाव भी निर्मित कर रहा था।

नए भाव-बोध का पहला लक्षण स्वच्छंदता की प्रवृत्ति थी, जो श्रीधर पाठक के काव्य में प्रकट हुई। रीतिबद्धता एवं प्रणाली-निर्दिष्टता के विरोध और उसके प्रति विद्रोह का यह स्वाभाविक परिणाम था। जब जड़-शास्त्रीयता भाव-धारा को जड़, उबाऊ एवं गतकालिक बना देती है, तब काव्य-धारा का विकास स्वच्छंद मार्ग पर चलकर होता है। यह मार्ग लोक-जीवन और प्रकृति के बीच से होकर जाता है। लोक-जीवन काव्य को ताज़गी देता है। इसमें थोड़ी-बहुत रहस्य-भावना भी आ जाती है। इस प्रवृत्ति को 'स्वच्छंदतावाद' या रोमांटिसिज़्म कहते हैं। कहने

की आवश्यकता नहीं कि काव्य की यह प्रवृत्ति भाषा और छंदों में भी दिखाई पड़ती है और साहित्यिक भाषा लोकभाषा की ओर मुड़ती है। साथ ही छंदों पर भी लोक-प्रचलित लय और धुनों का प्रभाव पड़ता है।

श्रीधर पाठक (1876-1928)

श्रीधर पाठक खड़ी बोली के प्रथम कवि हैं, जिनमें इस काव्यगत स्वच्छंदता के दर्शन हुए। पाठक जी पहले ब्रजभाषा में कविता करते थे। उनका प्रकृति-प्रेम ब्रजभाषा काव्य में भी प्रकट हो चुका था। खड़ी बोली उनके भाव-बोध के अधिक अनुकूल थी। 1900 में उन्होंने **गुनवंत हेमंत** नाम की कविता लिखी। इसमें प्रकृति को किताबी तरह से नहीं, अपनी आँखों से देखा गया था। इसमें ज्वार, बाजरा, खरीफ़, रबी, सौंफ, सोआ, पालक आदि का वर्णन है। रीतिवादी काव्य में इन सामान्य चीज़ों को काव्य की भूमि से अलग रखा जाता था–

खरीफ़ के खेतों में अब सुनसान है।
रब्बी के ऊपर किसान का ध्यान है।
जहाँ तहाँ रहट परोहे चल रहे।
बरहे जल के चारों ओर निकल रहे।
जौ-गेहूँ के खेत सरस सरसों घनी।
दिन-दिन बढ़ने लगी विपुल शोभा सनी।
सुघर सौंफ सुंदर कुसुम की क्यारियाँ।
सोआ पालक आदि विविध तरकारियाँ।
अपने-अपने ठौर सभी ये सोहते।
सुंदर शोभा से सबका मन मोहते।

यह सौंदर्य-बोध रीतिवादी सौंदर्य-बोध से भिन्न था। आसपास फैले हुए जीवन में ही यहाँ सौंदर्य दिखलाई पड़ता है। श्रीधर पाठक ने **एकांतवासी योगी** की रचना ख्याल या लावनी की लय पर की है। एकांत की तलाश भी प्रकृति में रमने की प्रवृत्ति का द्योतक है। इन्होंने गोल्डस्मिथ की पुस्तक **ट्रेवलर*** का छंदोबद्ध अनुवाद

---

* The Traveller, or A Prospect of Society (Oliver Goldsmith). इस काव्य रचना में कवि एक सैलानी की भूमिका में है। आल्प्स पर्वत की ऊँचाई से कवि विभिन्न देशों की सामाजिक, राजनीतिक और आर्थिक स्थितियों का काल्पनिक मुआयना करता है। उनकी परस्पर तुलना करते हुए यह दिखाने की कोशिश करता है कि इन देशों में उसके देश से भिन्न परिस्थियाँ हैं, परंतु सबमें समान रूप से सुख-शांति का माहौल है।

श्रांत पथिक नाम से किया। **ऊजड़ग्राम*** नामक इनकी रचना ब्रजभाषा में है।

इन्होंने छंदों को नए ढाँचों में ढाला। ऐसा करने में वे लय एवं प्रवाह का ध्यान रखते थे। कुछ कविताएँ इन्होंने अतुकांत और दूरांतर-प्रवाही वाक्य-विधान, जिसे अंग्रेज़ी में 'रन ऑन' कहते हैं, में कीं। इसमें वाक्य लंबे होते हैं और वे पंक्ति के साथ नहीं, किसी भी पंक्ति के बीच में समाप्त हो सकते हैं। जैसे **सांध्य-अटन** की ये पंक्तियाँ–

विजन वन-प्रांत था, प्रकृति मुख शांत था,
अटन का समय था, रजनि का उदय था।
प्रसव के काल की लालिमा में लसा,
बाल-शशि व्योम की ओर था आ रहा।

इस समय के कवियों ने पौराणिक और ऐतिहासिक कथानक को आधार बनाकर प्रबंध-काव्य लिखे। ऐसे कवियों में पं. अयोध्यासिंह उपाध्याय 'हरिऔध' (1865-1947) कालक्रम की दृष्टि से पहले आते हैं। इनका प्रबंध-काव्य **प्रियप्रवास** 1914 में प्रकाशित हुआ। **प्रियप्रवास** की रचना का एक उद्देश्य तो खड़ी बोली हिंदी में महाकाव्य के अभाव की पूर्ति करके यह दिखाना था कि इस भाषा में भी महाकाव्य रचा जा सकता है। साथ-ही-साथ **प्रियप्रवास** के माध्यम से हरिऔध ने कृष्ण-कथा को नए मूल्यों के साँचे में ढालने का प्रयास किया। कृष्ण-कथा की अलौकिक घटनाओं को बुद्धिसंगत एवं विश्वसनीय ढंग से प्रस्तुत करने की चेष्टा की। जैसे गोवर्धन-धारण की घटना को उन्होंने इस रूप में प्रस्तुत किया–

लख अपार-प्रसार गिरिन्द में।
ब्रज धराधिप के प्रिय-पुत्र का।
सकल लोग लगे कहने, उसे
रख लिया है उँगली पर श्याम ने।

अर्थात् कृष्ण ने इंद्र के कोप से लोगों को बचाने के लिए इतना उद्यम किया कि लोगों ने कहा कि उन्होंने गोवर्धन को अँगुली पर उठा लिया। इसमें कृष्ण को केवल राधा से प्रेम करते नहीं चित्रित किया गया है। इसमें नवधा-भक्ति की लोकपरक व्याख्या भी की गई है। इसमें कृष्ण को जननायक का रूप भी दे दिया

---

* **उजड़ग्राम** भी गोल्डस्मिथ की कविता The Deserted Village का ब्रजभाषा में अनुवाद है जिसमें शहर की ओर क्रमिक पलायन से गाँवों के उजड़ जाने पर कवि का अफ़सोस और दुख अभिव्यक्त हुआ है।

गया है। तत्कालीन राजनीतिक दबाव तथा सामाजिक आंदोलनों का प्रभाव इस कृति में खुलकर पड़ा है। **प्रियप्रवास** में संस्कृत के अनेक छंदों का व्यवहार किया गया है, जो पं. महावीरप्रसाद द्विवेदी का प्रभाव ज्ञात होता है। **प्रियप्रवास** की भाषा तत्सम-बहुल है। कहीं-कहीं तो केवल सहायक क्रिया ही हिंदी की है, बाकी पूरी पंक्ति संस्कृत की–

रूपोद्यान प्रफुल्लप्राय कलिका राकेन्दु बिंबानना,
श्री राधा मृदुभाषिणी मृगदृगी माधुर्य सन्मूर्ति थी।

हरिऔध जी उर्दू छंदों का भी इस्तेमाल अधिकारपूर्वक कर सकते थे। वे तत्सम पदावली भी लिख सकते थे और बोलचाल की मुहावरेदार जबान में भी। **चोखे-चौपदे** ऐसे ही चौपदों का संग्रह है–

क्यों पले पीस कर किसी को तू!
है बहुत पालिसी बुरी तेरी।
हम रहे चाहते पटाना ही,
पेट तुझसे पटी नहीं मेरी।

पद्य प्रसून और **वैदेही बनवास** इनकी अन्य काव्य-कृतियाँ हैं।

मैथिलीशरण गुप्त(1886-1964)

हिंदी के लोकप्रिय कवि मैथिलीशरण गुप्त की खड़ी बोली हिंदी में लिखी रचनाएँ **सरस्वती** में 1906 से छपने लगी थीं। गुप्त जी की कविताओं में राष्ट्रीय भावना चरम विकास पर पहुँची। गुप्त जी को **भारत-भारती** से बहुत अधिक लोकप्रियता प्राप्त हुई। **भारत-भारती** में देश के अतीत-वर्तमान का चित्र खींचा गया था और भविष्य की सुखद कामना की गई थी। गुप्त जी की कविताओं से खड़ी बोली हिंदी को काव्य-भाषा के रूप में प्रतिष्ठित होने में अभूतपूर्व सहायता मिली। **भारत-भारती** की पंक्तियाँ हिंदी भाषी क्षेत्र के शिक्षित जनों को कंठस्थ थीं। कविता से जन-जागरण का काम यदि किसी ने सबसे अधिक सफलता के साथ किया, तो गुप्त जी ने। वस्तुतः गुप्त जी इसी कृति के कारण राष्ट्रकवि कहलाए।

गुप्त जी व्यापक संवेदना के रचनाकार हैं। उन्होंने अपने युग के भाव-बोध को समग्रता में ग्रहण करके उसे चित्रित किया है। आधुनिक हिंदी काव्य में वैष्णव उदारता के वे प्रतिनिधि हैं। संकीर्णता की गंध न उनके व्यक्तित्व में थी, न कृतित्व में। उनकी कविता का विषय-क्षेत्र भी व्यापक है। भारत के प्रायः सभी

धार्मिक मतों एवं विश्वासों का समाहार उनकी काव्य-भावना में हो गया है।

हिंदी के प्रसिद्ध कवियों में प्रबंध-काव्य सबसे अधिक गुप्त जी ने ही लिखे हैं। उनकी वास्तविक काव्य प्रतिभा प्रबंध-काव्यों में दिखाई पड़ती है।

गुप्त जी के प्रबंध-काव्य अधिकांशत: पौराणिक एवं ऐतिहासिक कथानक पर आधारित हैं। इन प्रबंध-काव्यों की मूल संवेदना आधुनिक है, इनमें अतीत को नए बोध के अनुसार व्याख्यायित किया गया है। इनमें विकसित चेतना के आलोक में अपने धार्मिक ऐतिहासिक महापुरुषों को देखा गया है। गुप्त जी ने धार्मिक विश्वासों को आहत किए बिना कथा के भाव-पक्ष को नए बोध से युक्त कर दिया।

गुप्त जी के प्रसिद्ध प्रबंध-काव्य इस प्रकार हैं–

साकेत : यह विशद प्रबंध-काव्य है। इसमें लक्ष्मण की पत्नी उर्मिला को नायिका बना कर रामकथा कही गई है।

यशोधरा : इसकी नायिका गौतम बुद्ध की पत्नी यशोधरा है।

विकट भट : यह जोधपुर के एक राजपूत सरदार की तीन पीढ़ियों तक चलनेवाली कथा है जिसमें वचन निभाने का वर्णन है।

रंग में भंग : यह राजपूती आन की कथा है।

गुरुकुल : यह सिख गुरुओं की कथा है।

किसान : यह एक सामान्य किसान के जीवन-संघर्ष की कथा है।

सिद्धराज, **पलासी का युद्ध** के अतिरिक्त **जयद्रथ-वध** और **पंचवटी** उनके विख्यात प्रबंध-काव्य हैं। स्वातंत्र्योत्तर भारत में भी गुप्त जी ने **जयभारत** नाम से महाभारत की कथा लिखी। गुप्त जी की संवेदना की व्यापकता का प्रमाण मार्क्स की पुत्री जैनी पर रचित **जयिनी** नामक उनकी कृति है।

गुप्त जी की कृतियों में आधुनिक युग की लोकोन्मुखता मानवीय करुणा के साथ घुल-मिल गई है। उन पर गांधीवाद का प्रभाव स्पष्ट है। वे अतीत के प्रेमी हैं, किंतु वर्तमान की विषमता को देखने से कतराते नहीं। सबसे बड़ी बात यह कि वे नए विचारों का स्वागत करने में पीछे नहीं रहते। इसीलिए उनका अतीत प्रेम भविष्योन्मुख है। वे लोक की महिमा प्रतिष्ठित करनेवाले रचनाकार हैं। **साकेत** के राम घोषणा करते हैं–

संदेश नहीं मैं यहाँ स्वर्ग का लाया,
इस धरती को ही स्वर्ग बनाने आया।

गुप्त जी मानववादी रचनाकार हैं। राम के प्रति उनका यह निवेदन इस दृष्टि

से महत्त्वपूर्ण है–

राम तुम मानव हो, ईश्वर नहीं हो क्या?
तब मैं निरीश्वर हूँ, ईश्वर क्षमा करे।

प्राचीन कथा में नया भाव-बोध भरने का उद्योग हरिऔध ने **प्रियप्रवास** में किया था। गुप्त जी ने भी वही काम **साकेत** में किया। किंतु गुप्त जी की संवेदना व्यापक तो थी ही, उनमें रचनात्मक क्षमता भी अधिक थी। इसीलिए उनकी रचनाओं में प्राचीन आख्यानों में आधुनिक बोध कलात्मकता के साथ रच-बस गया है और उतरा कर अलग नहीं दिखाई पड़ता।

गुप्त जी की कृतियों में पारिवारिकता केंद्रीय संवेदना के रूप में उभरती है। संयुक्त परिवार भारतीय समाज की महत्त्वपूर्ण विशेषता है। स्वाधीनता की चेतना काव्य में अरूप नहीं रहती। उसका दबाव मानवीय संबंधों पर भी पड़ता है। गुप्त जी के यहाँ पारिवारिक संबंधों का चित्रण नई चेतना के आलोक में किया गया है। उर्मिला, कैकेयी, यशोधरा, लक्ष्मण, तथागत सब में कुछ-न-कुछ नवीनता है। गुप्त जी पारिवारिकता में जो मार्मिकता पैदा करते हैं उसे देखकर कहीं-कहीं तो भवभूति की याद आ जाती है।

इसी से संबद्ध गुप्त जी की नारी-भावना है। नारी परिवार के केंद्र में होती है। नई चेतना ने भारतीय नारी-जीवन की पीड़ा को पहचाना। नारी भावना को पहचानने और उसका चित्रण करने में गुप्त जी हिंदी काव्य के इतिहास में बेजोड़ हैं। नारी पात्रों पर स्थितियों का जो प्रभाव पड़ता है, उसका चित्रण गुप्त जी अचूक स्वाभाविकता एवं मनोवैज्ञानिकता के साथ करते हैं। उनके नारी पात्र स्वाभिमानी, देशभक्त, कर्त्तव्यपरायण होकर अपनी निजी वेदना खो नहीं देते। **साकेत** की उर्मिला, **यशोधरा** की गोपा इस दृष्टि से बहुत जटिल किंतु स्वाभाविक और आधुनिक पात्र हैं। भारतीय नारी के जीवन के विषय में ऐसी मार्मिक उक्ति पूरे भारतीय साहित्य में शायद ही कहीं मिले–

अबला जीवन हाय तुम्हारी यही कहानी,
आँचल में है दूध और आँखों में पानी।

गुप्त जी ने मुक्तक भी कम नहीं लिखे हैं। उनके मुक्तक व्यवस्थित होते हैं। भाषा का प्रवाह चाहे उनमें न मिले, किंतु स्थिति-योजना की दृष्टि से वे चुस्त होते हैं।

गुप्त जी ने कुछ बँगला काव्य-कृतियों का अनुवाद भी किया है। माइकेल मधुसूदन दत्त के **मेघनाद-वध** का जैसा उत्तम अनुवाद उन्होंने किया है, वह

काव्यानुवाद का अभी तक प्रतिमान है।

पं. रामचंद्र शुक्ल ने लिखा है– "गुप्त जी की प्रतिभा की सबसे बड़ी विशेषता है कालानुसरण की क्षमता अर्थात् उत्तरोत्तर बदलती हुई भावनाओं और काव्य-प्रणालियों को ग्रहण करते चलने की शक्ति। इस दृष्टि से ये निस्संदेह हिंदी भाषी जनता के प्रतिनिधि कवि कहे जा सकते हैं। भारतेंदु के समय से स्वदेश-प्रेम की भावना जिस रूप में चली आ रही थी उसका विकास **भारत-भारती** में मिलता है। इधर के राजनीतिक आंदोलनों ने जो रूप धारण किया उसका पूरा-पूरा आभास पिछली रचनाओं में मिलता है। इनमें हम सत्याग्रह, अहिंसा, मनुष्यत्ववाद, विश्वप्रेम, किसानों और श्रमजीवियों के प्रति प्रेम और सम्मान सबकी झलक पाते हैं।"

यह पहले कहा जा चुका है कि गुप्त जी की रचनाओं से खड़ी बोली काव्य-भाषा के रूप में प्रतिष्ठित और सम्मानित हुई। इनके पथ-प्रदर्शक पं. महावीरप्रसाद द्विवेदी थे। खड़ी बोली को काव्य-भाषा के रूप में माँजने का प्रयास इनकी रचनाओं में साफ़ झलकता है।

गुप्त जी ने गीत और गेयपद भी लिखे हैं। हरिगीतिका इनका प्रिय छंद है।

प्रबंध-काव्यों में यथास्थान वाग्चातुरी, संवादात्मकता और वक्तृता पाई जाती है। कहीं-कहीं तुकों का मोह अखरता है। जैसे ये निरंतर नए-नए विषयों की ओर मुड़ते गए हैं, वैसे ही शिल्प की ओर भी। गुप्त जी ने अतुकांत रचनाओं में भी सफलता पाई है। **मेघनाद-वध** का अनुवाद इन्होंने अतुकांत कविता में किया। बाद में यह छंद-प्रवृत्ति प्रसाद और निराला की रचनाओं में भी मिलती है। छायावाद के दौर में गुप्त जी ने उस ढंग की भी कविताएँ लिखीं। गुप्त जी यद्यपि स्वातंत्र्योत्तर भारत में नई कविता के आंदोलन के समय तक रचनारत रहे, किंतु प्रमुख काव्य-प्रवृत्ति की दृष्टि से इन्हें छायावाद-पूर्व (1900-1920) काल का ही रचनाकार मानना उचित होगा।

रामनरेश त्रिपाठी (1889-1962)

पं. रामनरेश त्रिपाठी के काव्य में श्रीधर पाठक की भाँति स्वच्छंदता की प्रवृत्ति मिलती है। इन्होंने भी प्रबंध-काव्य लिखे हैं। लेकिन इनके प्रबंध-काव्य पौराणिक या ऐतिहासिक आख्यानों पर आधारित नहीं हैं। इन्होंने देश के राजनीतिक वातावरण के अनुसार कथा की कल्पना की है। इस दृष्टि से ये विशिष्ट प्रबंधकार हैं। कथा-कल्पना की यह प्रवृत्ति स्वच्छंदता की द्योतक है।

उनकी कथा-कल्पना में नर-नारी का मनोविज्ञान, युगीन भाव-बोध एवं प्रकृति की रमणीयता, सबका योगदान है। प्रेम की भावना और कर्त्तव्य का विवेक-बोध इन दोनों के द्वंद्व में देश-प्रेम को बलवती भावना बताकर कवि ने प्रेम को विस्तार दिया है। शुक्ल जी के शब्दों में– "देशभक्ति को रसात्मक रूप त्रिपाठी जी द्वारा प्राप्त हुआ।" त्रिपाठी जी के प्रसिद्ध प्रबंध-काव्य हैं– **मिलन**, **पथिक** और **स्वप्न**।

त्रिपाठी जी देश के स्वतंत्रता-सेनानी भी थे, केवल साहित्यकार नहीं। वे कई बार जेल गए थे। देश के प्रायः सभी भागों का उन्होंने भ्रमण किया था। इसीलिए **पथिक** में दक्षिण भारत और **स्वप्न** में उत्तर भारत की प्रकृति का उन्होंने जो वर्णन किया है, उसमें प्रकृति की स्थानीय विशेषताएँ उभरी हैं। उनके तीनों प्रबंध-काव्यों में स्वाधीनता संग्रामरत भारतीय मानस की नैतिकता, त्याग एवं बलिदान-भावना का आग्रह है।

पं. रामनरेश त्रिपाठी के काव्य में मनुष्य के कर्म-सौंदर्य एवं प्रकृति के सौंदर्य का संश्लेषण है। उनके यहाँ प्रकृति का स्वाभाविक सौंदर्य मनुष्य के गहरे मनोरागों का चित्र बन जाता है। उनके काव्य में प्रकृति का स्वतंत्र व्यक्तित्व झलकता है।

त्रिपाठी जी व्याकरण सम्मत एवं व्यवस्थित भाषा लिखने में सिद्ध कवि हैं। उनका वाक्य-गठन चुस्त है। उन्होंने उर्दू में प्रचलित छंदों का प्रयोग भी कौशलपूर्वक किया है।

इस युग के अन्य उल्लेखनीय कवि हैं–पं. महावीरप्रसाद द्विवेदी, नाथूराम शंकर शर्मा, पं. रामचंद्र शुक्ल, गयाप्रसाद शुक्ल 'सनेही'।

द्विवेदी जी मूलतः भाषा एवं साहित्य के व्यवस्थापक थे। वे कविता करते समय भी नियमों की अवेहलना नहीं कर सकते थे। इसलिए उनकी कविता बहुत कुछ उनके सिद्धांतों के मेल में है। नाथूराम शंकर आर्यसमाजी थे। उनके काव्य में अंधविश्वास, रूढ़ि और पाखंड का विरोध तथा इन सबके प्रति व्यंग्य-विनोद का भाव मिलता है। छंद संबंधी नियमों का पालन उनके काव्य में कड़ाई से किया गया है। पं. रामचंद्र शुक्ल का काव्य-संग्रह **हृदय का मधुर भार** नाम से छपा है। उनकी कविताओं में प्रकृति के सहज सौंदर्य का चित्रण विशेष रूप से मिलता है। उन्होंने, **लाइट ऑफ़ एशिया*** नामक अंग्रेज़ी काव्य **बुद्धचरित** नाम

---

* The Light of Asia, or the Great Renunciation (1879) - Sir Edwin Arnold. आठ खंडों में रचित यह काव्य एक काल्पनिक बौद्ध धर्मोपासक के माध्यम से महात्मा बुद्ध के जीवन-चरित और दर्शन को प्रस्तुत करता है।

से ब्रजभाषा में अनूदित किया।

गयाप्रसाद शुक्ल 'सनेही' का एक उपनाम 'त्रिशूल' भी था। ये स्वाधीनता-प्रेमी और स्वच्छंद कवि हैं। उर्दू में भी ये बहुत अच्छी कविता करते थे।

यद्यपि 1918 के आसपास हिंदी काव्य में छायावाद का उदय हो चुका था, किंतु इस दौर की प्रवृत्तियों वाली धारा बाद में भी प्रवाहित होती रही। ठाकुर गोपालशरण सिंह, अनूप शर्मा इतिवृत्तात्मक शैली में काव्य-रचना करते रहे। श्यामनारायण पांडे ने **हल्दी घाटी** और **जौहर** नामक वीररसात्मक प्रबंध-काव्यों की रचना की।

गांधी-युग का साहित्यः यथार्थ और स्वप्न की अभिव्यक्ति (1920-1947)

1920 से लेकर 1947 तक के साहित्यिक काल-खंड को हमने गांधी-युग कहा है। इस युग में हमारे स्वाधीनता आंदोलन का नेतृत्व जिन नेताओं ने किया उनमें गांधी अग्रगण्य एवं सर्वाधिक मान्य हैं। 1947 में भारत स्वतंत्र हुआ और दुर्भाग्य से उसके बाद उनकी हत्या कर दी गई। उन्होंने ब्रिटिश साम्राज्य को ध्वस्त किया, किंतु सत्ता के भागीदार नहीं हुए। पराधीन भारत में उन्होंने स्वाधीनता के लिए संघर्ष किया। वे विवेच्य युग के इतिहास-पुरुष एवं संघर्ष-नायक हैं। इस युग का साहित्य प्रधान रूप से इसी ऐतिहासिक संघर्ष की वाणी है। गांधी इकहरे राजनीतिज्ञ नहीं थे। वे राजनीति को धर्म और संस्कृति से अलग नहीं रखते थे। उन्होंने हिंदी प्रचार आंदोलन में अन्यतम योगदान किया। इन्हीं सब बातों को ध्यान में रखकर हम इस काल-खंड को गांधी-युग कहना उचित समझते हैं।

1914 में गांधी जी दक्षिण अफ्रीका से स्वदेश लौटे। महात्मा गांधी के कारण स्वाधीनता आंदोलन देश के कोने-कोने में पहुँचा। अब राजनीति केवल गोष्ठी की बात नहीं रह गई। वह जन-सामान्य तक पहुँची और अखिल भारतीय बनी। यह गांधी जी का महान योगदान था। इसके कारण स्वाधीनता आंदोलन भक्ति आंदोलन जैसा लोकोन्मुख एवं अखिल भारतीय आंदोलन बना। स्वाधीनता आंदोलन का लक्ष्य लौकिक, अधिक मूर्त एवं जन-सामान्य के जीवन से अधिक संबद्ध था, इसलिए वह भक्ति आंदोलन से भी अधिक जीवंत बना। गांधी जी केवल राजनीति की बात नहीं करते थे, वे समग्र जीवन पर दृष्टिपात करते थे। इसलिए उनका प्रभाव राजनीति के अतिरिक्त वैचारिक और सांस्कृतिक क्षेत्रों पर भी पड़ा।

1917 में रूस की अक्तूबर क्रांति का भारतीय नेताओं ने स्वागत किया। इस क्रांति का गंभीर प्रभाव जन-मानस पर पड़ा।

1918 से लेकर 1947 तक का समय राजनीतिक संघर्ष के अभूतपूर्व रूप में तीव्र होने का समय है। इस काल में हमारे राष्ट्रीय आंदोलन ने विदेशी स्वतंत्रता आंदोलनों से भी संबंध जोड़ा। अधिकांश देशी रियासतों के शासकों को छोड़कर भारतीय जनता के सभी वर्गों का हित ब्रिटिश साम्राज्यवाद को खदेड़ देने में था, इसलिए वे सब स्वाधीनता आंदोलन में शामिल हुए। इसीलिए स्वाधीनता संग्राम में गुणात्मक परिवर्तन आया। ब्रिटिश साम्राज्यवाद ने उसी मात्रा में दमन चक्र भी तेज किया। 1919 में जलियाँवाला बाग की घटना हुई। देश के औद्योगिक नगरों में हड़तालें होने लगीं। 1921 के आसपास उत्तर प्रदेश के पूर्वी जिलों में किसान आंदोलन तीव्र हुआ। इसी वर्ष सुदूर दक्षिण में मोपला विद्रोह हुआ। उधर पंजाब में भी सिख किसान आंदोलन की राह पकड़ रहे थे। 1925 में भारतीय कम्युनिस्ट पार्टी स्थापित हुई। कांग्रेस के समाजवादी दल का प्रादुर्भाव हुआ जिसके नेता जवाहरलाल नेहरू थे। 1929 में लाहौर अधिवेशन में जवाहरलाल नेहरू ने कांग्रेस के अध्यक्ष की हैसियत से पूर्ण स्वराज्य का लक्ष्य घोषित किया। भारतीय राजनीति में किसान-मजदूरों के संगठन पर बल देनेवाला वामपंथ प्रभावशाली और मज़बूत होता जा रहा था। 1942 में 'भारत छोड़ो' आंदोलन, आजाद हिंद फ़ौज का संघर्ष, 1946 में नौसेना-विद्रोह और विश्वयुद्ध के उपरांत समाजवादी शक्तियों का बढ़ता हुआ प्रभाव, इन सब के परिणामस्वरूप 1947 में भारत स्वाधीन हुआ।

इसका यह अर्थ नहीं कि प्रतिक्रियावादी शक्तियाँ इस बीच सक्रिय नहीं थीं। यहाँ प्रतिक्रियावादी शक्तियाँ सांप्रदायिकता का सहारा लेती थीं। उनके कारण भारत का विभाजन हुआ और गांधी जी की हत्या हुई।

इसका प्रभाव हमारे साहित्य पर पड़ना स्वाभाविक था। इस दौर में हिंदी साहित्य की अभूतपूर्व श्रीवृद्धि हुई। जिस प्रकार भक्ति आंदोलन ने हिंदी को कबीर, जायसी, सूर, तुलसी, मीरा जैसे रचनाकार दिए, उसी प्रकार स्वाधीनता आंदोलन की देन प्रेमचंद, रामचंद्र शुक्ल, निराला, प्रसाद, पंत और महादेवी वर्मा हैं।

स्वाधीनता का लक्ष्य इस युग में अधिक स्पष्ट हुआ, वैज्ञानिक दृष्टि अधिक सक्रिय हुई। इस दौर में फ्रायड के मनोविश्लेषण (Psycho-analysis) का प्रभाव भी रचनाकारों पर पड़ा। अतः इस काल में रचित साहित्य पर इन सभी विचारों का प्रभाव मिलता है। इस कारण साहित्य में जहाँ एक ओर यथार्थ को

परखने की दृष्टि आई, वहीं दूसरी ओर कल्पना-प्रवणता अवलोकित हुई। वैज्ञानिक दृष्टि स्वाधीन चेतना से मिलकर यथार्थपरक और कल्पनाशील हुई। यथार्थपरकता और कल्पनाशीलता ऊपर-ऊपर से ही परस्पर-विरोधी लगती हैं। वैज्ञानिक विकास जब ज्ञान के नए क्षितिज खोलता है, तो मनुष्य इस ज्ञान के आलोक में जीवन-जगत का नया परिचय प्राप्त करता है, वह इन्हें पहले से अधिक समझता है। यह यथार्थ की बेहतर परख हुई। लेकिन यही नई जानकारी उसे कल्पना के पंख भी प्रदान करती है। स्वाधीन चेतना केवल राजनीति के ही क्षेत्र में सक्रिय नहीं होती, वह दृष्टि-चिंतन और भाव-क्षेत्र को भी नई संभावनाओं की ओर उन्मुख करती है। कल्पना भाव-जगत को पुनर्व्यवस्थित करती है। पं. रामचंद्र शुक्ल ने इसी बात की ओर संकेत करते हुए लिखा– "ज्ञान के साथ भावना का भी विकास होता है।"

इस काल के साहित्य में यथार्थ का आग्रह और कल्पना का उपयोग, दोनों दिखलाई पड़ते हैं। यथार्थ-आग्रह प्रधानतः कथा साहित्य में और कल्पना-प्रवणता काव्य के क्षेत्र में दिखलाई पड़ती है। कथा साहित्य में भी कल्पना-प्रवणता है। प्रेमचंद में यथार्थवाद के साथ आदर्श और स्वच्छंदतावादी रुझान भी है। निराला, प्रसाद, पंत आदि के काव्य में यथार्थवादी रंग भी हैं। महादेवी की करुणा का संबंध यथार्थ की विषमता से है, जो खुलकर उनके रेखाचित्रों में प्रकट हुई। स्वाधीनता आंदोलन स्वाधीन मानसिकता के बिना असंभव था। 1918 से 1947 तक का युग जिस प्रकार अपने यथार्थ से विक्षुब्ध था, उसी प्रकार एक स्वप्न भी निर्मित कर रहा था। आशा-आकांक्षा के स्वप्नलोक के बिना संघर्ष नहीं हो सकता। इसीलिए भारत अपनी पराधीनता के यथार्थ से उबरने और स्वाधीनता के स्वप्न की पूर्ति के लिए संघर्षरत था। पराधीनता हमारा राष्ट्रीय कलंक थी और स्वाधीनता हमारा राष्ट्रीय स्वप्न। यथार्थ और आदर्श इस एक ऐतिहासिक स्थिति के ही दो पहलू थे। इसीलिए इस दौर के साहित्य में ये दोनों साहित्य के प्रेरक हैं। यथार्थ-चित्रण के लिए सबसे समर्थ विधा उपन्यास ही थी। वह प्रेमचंद के उपन्यासों में चरमोत्कर्ष पर पहुँची।

उपन्यास

उपन्यास को महाकाव्य का स्थानापन्न कहा जाता है। यह साहित्य की अपेक्षाकृत नई विधा है। इसमें सामाजिक तथा व्यक्तिगत जीवन को बहुत जटिलता में उभारा जा सकता है। इतिहास के प्रवाह को इसमें स्पष्ट किया जा सकता है। सबसे बड़ी

बात यह है कि सामान्य जीवन के द्वंद्व, फैलाव और गति का समावेश इसमें सबसे ज्यादा संभव है। हिंदी में उपन्यास-लेखन तो भारतेंदु-युग से ही प्रारंभ हो गया था, लेकिन प्रेमचंद के उपन्यासों में इस विधा ने अभूतपूर्व व्यापकता और गंभीरता प्राप्त की। प्रेमचंद की संवेदना अत्यंत व्यापक थी। जितनी व्यापक उनकी संवेदना थी, उतनी ही सूक्ष्म उनकी दृष्टि थी। उपन्यास विधा के चरम उत्कर्ष के लिए जिस सहज भाषा-शैली की आवश्यकता है, वह भी प्रेमचंद के पास थी। पं. हजारीप्रसाद द्विवेदी के अनुसार– "अगर आप उत्तर भारत की समस्त जनता के आचार-विचार, भाषा-भाव, रहन-सहन, आशा-आकांक्षा, दुःख-सुख और सूझ-बूझ जानना चाहते हैं, तो प्रेमचंद से उत्तम परिचायक आपको नहीं मिल सकता।"

प्रेमचंद (1880-1936)

प्रेमचंद के उपन्यासों का विषय-क्षेत्र बहुत व्यापक है। वे प्रधानतः मध्यवर्ग और निम्न वर्ग के कथाकार हैं, किंतु उनके रचना-संसार में सभी वर्गों के लोग सिमट आए हैं। उनके यहाँ प्रकृति, पशु-पक्षी सब मौजूद हैं। फिर उनमें आर्थिक, सामाजिक, वर्णगत, पारिवारिक संबंधों का ढाँचा और पात्रों के चरित्र की निजी विशेषताएँ भी मिलेंगी। प्रेमचंद के पात्र प्रतिनिधि पात्र हैं। निजी विशेषताओं से रहित होकर कोई प्रतिनिधि पात्र नहीं हो सकता।

प्रेमचंद पर गांधीवाद का प्रभाव स्पष्ट है। उनके अनेक प्रारंभिक उपन्यासों पर गांधीवादी आदर्श, हृदय-परिवर्तन एवं सुधारवाद का प्रभाव है। उपन्यास का अंत हृदय-परिवर्तन और किसी आश्रम-स्थापना में होता है। उपन्यासों का अंत ही नहीं, पात्र, चरित्र-चित्रण आदि पर भी गांधीवादी सिद्धांतों का दबाव है। इस विषय में दो बातों को ध्यान में रखकर प्रेमचंद के आदर्शवाद पर विचार करना चाहिए। एक तो गांधीवादी विचारधारा का 'पाप से घृणा, किंतु पापी से प्रेम' और 'अहिंसा' भारतीय आदर्शवाद की धारा विशेषतः मध्यकालीन संतों के विश्वास के अनुकूल है। वह सामान्य भारतीय मानस में गहरे घर कर बैठा है। इस दृष्टि से वह कोरा आदर्श नहीं, भावगत यथार्थ है। दूसरे, प्रेमचंद का आदर्शवाद केवल समाधान में ही दिखलाई पड़ता है, समस्याओं का चित्रण प्रेमचंद यथार्थवादी ढंग से करते हैं। वह समस्या का समाधान सामाजिक विकास की संभावना के आधार पर ही प्रस्तुत करता है। लेकिन धीरे-धीरे यह आदर्शवाद क्षीण होता गया है। प्रेमचंद के अंतिम और प्रतिनिधि उपन्यास **गोदान** में आदर्शवाद से उनका मोहभंग हो गया है। वे आद्यंत

यथार्थ को ही दृष्टि में रखते हैं, इसीलिए **गोदान** दुखांत है।

प्रेमचंद मूलतः कृषक जीवन के रचनाकार हैं। किसान की अपनी भूमि से कितनी आत्मीयता होती है, इसका चित्रण वे **रंगभूमि** और **प्रेमाश्रम** में करते हैं। किसानों पर ब्रिटिश साम्राज्यवाद, बड़े व्यापारियों, छोटे व्यापारियों आदि सबका भार था। छोटे किसानों के साथ छोटे ज़मींदारों की भी हालत बिगड़ रही थी। **गोदान** में उन्होंने दिखाया है कि छोटा किसान किस तरह क्रमशः भूमिहीन होकर मज़दूर बनने पर विवश हो रहा है। भूमि पर आश्रित ज़मींदार राय साहब की भी आर्थिक स्थिति खोखली है। प्रेमचंद ने पूंजीवाद के दुष्प्रभावों का चित्रण भी किया है।

सामंती व्यवस्था भारत में दीर्घ काल तक बनी रही। इससे समाज को वर्ण-व्यवस्था और नारी-पीड़न के परिणाम भोगने पड़े। प्रेमचंद वर्ण-व्यवस्था का खंडन करते हैं। नारी-पराधीनता को **सेवासदन** में बहुत अच्छी तरह चित्रित किया गया है। प्रेमचंद समझते थे कि नारी-शोषण सवर्ण समाज में ज्यादा है, क्योंकि वहाँ नारी आर्थिक दृष्टि से पुरुष पर आश्रित होती है। **सेवासदन** की सुमन भारतीय कथा साहित्य की पहली नारी पात्र है, जो यह बात समझती है और इसके विरुद्ध विद्रोह करती है।

प्रेमचंद की महानता इस बात से प्रकट हो जाती है कि उन्होंने तिलस्मी और ऐयारी कथा साहित्य के पाठकों को सामाजिक, राजनीतिक, आर्थिक समस्याओं पर आधारित कथा साहित्य की ओर मोड़ कर उनकी रुचि में अभूतपूर्व परिष्कार किया। प्रेमचंद की भाषा न किताबी हिंदी है और न किताबी उर्दू, वह सहज हिंदी भाषा है।

प्रेमचंद के उपन्यासों में पात्रों और घटनाओं को इस तरह प्रस्तुत किया गया है कि वे हमारे देखे-सुने से लगते हैं। उनके उपन्यासों में स्वभाव और परिस्थिति की टकराहट से पात्रों का चरित्र-विकास होता है, जो समकालीन हिंदी कथा साहित्य में नई बात थी।

प्रेमचंद के उपन्यासों के नाम इस प्रकार हैं– **सेवासदन** (1918), **प्रेमाश्रम** (1922), **रंगभूमि** (1924), **कायाकल्प** (1926), **निर्मला** (1928), **गबन** (1931), **कर्मभूमि** (1932), **गोदान** (1936) और **मंगल सूत्र** (अपूर्ण)।

अतीतोन्मुखता की प्रकृति साहित्य में भारतेंदु-युग से ही प्रारंभ हो गई थी। अतीत-प्रेम काव्य और नाटक में अधिक दिखलाई पड़ा था, कथा साहित्य में अपेक्षाकृत कम। इस अभाव की बहुत बड़ी पूर्ति वृंदावन लाल वर्मा (1889-1969)

ने की। उनके उपन्यास बुंदेलखंड के इतिहास से संबंधित हैं। अतएव वे ऐतिहासिक भी थे और क्षेत्रीय या आंचलिक भी। **गढ़कुंडार**, **विराटा की पद्मिनी**, **झाँसी की रानी** और **मृगनयनी** उनके प्रसिद्ध उपन्यास हैं।

इतिहास तो एक है किंतु इसे देखने और पुनर्रचित करने की दृष्टियाँ अनेक हैं। आधुनिक विचारधाराओं का उपयोग इतिहास की व्याख्या करने के लिए भी होता है। मार्क्सवाद को तो विशेष रूप से इतिहास को समझने की पद्धति कहा जाता है। मार्क्सवादी दृष्टि से यशपाल ने **दिव्या** (1945) लिखा जो ठीक-ठीक ऐतिहासिक उपन्यास तो नहीं है, क्योंकि खुद दिव्या कल्पित पात्र है, किंतु इसमें प्राचीन भारत के एक काल-खंड को दृष्टि-विशेष से देखकर सजीव रूप में प्रस्तुत किया गया है। इसके पहले 1941 में यशपाल साम्यवादी दल के सदस्य को केंद्र में रखकर **दादा कामरेड** नामक उपन्यास लिख चुके थे। राहुल सांकृत्यायन (1893-1963) ने इसी दृष्टि से प्राचीन गणतंत्रों के जीवन को आधार बनाकर कुछ ऐतिहासिक उपन्यास लिखे, जैसे **सिंह सेनापति** (1942) और **जय यौधेय** (1944)। स्वतंत्रता के ठीक एक वर्ष पहले 1946 में पं. हजारीप्रसाद द्विवेदी का उपन्यास **बाणभट्ट की आत्मकथा** प्रकाशित हुआ। इस उपन्यास में ऐतिहासिकता को सुरक्षित रखते हुए आधुनिक विचारों को समा दिया गया है। **बाणभट्ट की आत्मकथा** में हर्षकालीन उत्तर भारत का सांस्कृतिक जीवन अत्यंत सजीव तौर पर चित्रित हुआ है। उसी सांस्कृतिक जीवन में सामाजिक विषमता और व्यक्ति की निजी पीड़ा को अनुभव, संवेदनशीलता एवं कौशल के साथ गूँथ दिया गया है। यह उपन्यास सांस्कृतिक भी है, ऐतिहासिक भी, सामाजिक भी और दारुण निजी व्यथा की मार्मिकता को उभारने वाला भी। प्रेम को इतने संयम एवं औदात्य के साथ शायद ही हिंदी की किसी अन्य कृति में प्रस्तुत किया गया हो। ऐतिहासिक वातावरण का उपयोग भगवतीचरण वर्मा ने पाप और पुण्य की समस्या को नए ढंग से परिभाषित करने का प्रयास करनेवाले अपने उपन्यास **चित्रलेखा** (1934) में किया। **चित्रलेखा** में दो पात्र चाणक्य और चंद्रगुप्त ऐतिहासिक भी हैं, किंतु वे मुख्य कथा-प्रसंग से दूर ही रहते हैं। इसमें 'भोग' को सर्वथा अनैतिक और 'त्याग' को सर्वथा नैतिक नहीं माना गया है। वर्मा जी ने 1936 में एक अन्य उपन्यास **तीन वर्ष** लिखा जो सामाजिक है। रांगेय राघव ने 1946 में ही सिंधु घाटी की विलुप्त सभ्यता को आधार बना कर महत्त्वपूर्ण ऐतिहासिक रोमानी उपन्यास **मुर्दों का टीला** लिखा।

प्रेमचंद का प्रभाव हिंदी उपन्यास साहित्य पर दो तरह से पड़ा। एक तो उनकी तरह उपन्यास लिखनेवाले कथाकार सामने आए, जैसे विश्वंभरनाथ शर्मा 'कौशिक', प्रतापनारायण श्रीवास्तव, जिनके क्रमश: **माँ** और **विदा** उपन्यास प्रसिद्ध हैं। श्री जयशंकर प्रसाद ने **तितली** नामक उपन्यास में ग्रामीण जीवन के संघर्ष का चित्रण किया। निराला ने कई प्रकार के उपन्यास लिखे। **प्रभावती** ऐतिहासिक उपन्यास है, **अलका** सामाजिक तो **बिल्लेसुर बकरिहा** व्यंग्यपरक, जिसकी अंतर्धारा करुणा की है। सामान्य समझे जानेवाले, किंतु अपनी निष्ठा में विशिष्ट समकालीन व्यक्तियों के जीवन पर निराला ने ऐसी रचनाएँ प्रस्तुत कीं जो औपन्यासिक जीवनी हैं, जैसे **कुल्ली भाट** और **चतुरी चमार**। दूसरी बात यह है कि प्रेमचंद से भिन्न प्रकार के उपन्यासों को लिखने का प्रचलन हुआ, जिनमें सामाजिक समस्याएँ नहीं बल्कि निजी या वैचारिक समस्याओं को केंद्र में रखकर कथानक बुना जाता था। ऐसे उपन्यासकारों में जैनेंद्र का नाम सर्वाधिक महत्त्वपूर्ण है, जिन्होंने **सुनीता** (1935) और **त्यागपत्र** (1936) जैसे उपन्यास लिखे। इनमें विशिष्ट स्थितियों के कारण विचित्र या विशिष्ट चरित्रों को केंद्र में रखकर कथानक रचा गया है। जैनेंद्र कुमार के इन उपन्यासों में सामाजिक, पारिवारिक और यौन समस्याओं को गुंफित कर दिया गया है। निस्संदेह ऐसे जटिल चरित्रों की सृष्टि हिंदी उपन्यास में पहली बार हुई। समाज की विकृतियों को सामने लाकर उनका भंडाफोड़ करने और समाज को अधिक मानवीय एवं क्षमाशील बनाने के उद्देश्य से जयशंकर प्रसाद ने **कंकाल** (1930) लिखा, जिसे कुछ लोगों ने प्रकृत यथार्थवादी उपन्यास कहा।

समाज के पाखंडपूर्ण कुत्सित पक्षों का उद्‌घाटन और चित्रण करने में सिद्धहस्त पांडेय बेचन शर्मा 'उग्र' ने इसी उद्देश्य से **दिल्ली का दलाल**, **मनुष्यानंद**, **सरकार तुम्हारी आँखों में** तथा **बुधुआ की बेटी** लिखा।

हिंदी उपन्यासों पर फ्रायड के मनोविश्लेषणवादी विचारों का प्रभाव पड़ा। इलाचंद्र जोशी और अज्ञेय के उपन्यासों पर मनोविश्लेषणवाद के प्रभाव को पूर्णत: स्वीकार नहीं किया जा सकता। वैसे भी रचना में कोई वाद पूरी तरह घटित नहीं होता। जोशी जी पर फ्रायड, एडलर तथा युंग*, तीनों का प्रभाव है, यद्यपि वे एडलर के सिद्धांत से अधिक प्रभावित ज्ञात होते हैं। जोशी जी

---

* Sigmund Freud, Alfred Adler, Carl Gustav Jung

मनोविश्लेषण शास्त्र से प्रभावित होते हुए भी अपने उपन्यासों में सामाजिक विषमता को नज़रअंदाज़ नहीं करते। इलाचंद्र जोशी के उल्लेखनीय उपन्यास **संन्यासी** (1941) और **पर्दे की रानी** (1941) हैं।

अज्ञेय के प्रसिद्ध उपन्यास **शेखरः एक जीवनी** का प्रथम भाग 1941 में और दूसरा भाग 1944 में प्रकाशित हुआ। **शेखर** आतंकवाद की छाया में लिखा हुआ एक ऐसा उपन्यास है, जिस पर मनोविश्लेषण शास्त्र के प्रभाव के साथ समाज के परिप्रेक्ष्य में व्यक्ति और उसके विचारों को देखा गया है। **शेखरः एक जीवनी** व्यक्ति की निजता को सुरक्षित बनाए रखने का प्रतिपादक उपन्यास है। इसका नायक केवल अपना प्रतिनिधित्व करता है, उसकी चेष्टाएँ भी काफ़ी असामान्य हैं। कुल मिलाकर यह उपन्यास भी नैतिकता के एक नए और बहुत कुछ निजी या समाजनिरपेक्ष मानदंड की माँग करता है।

उपेन्द्रनाथ 'अश्क' के उपन्यास **गिरती दीवारें** (1947) में सामाजिक विषयवस्तु को व्यक्तिपरक दृष्टि से चित्रित किया गया है। इस उपन्यास के प्रमुख पात्र चेतन में समझ है, किंतु विचारों के अनुसार चलने का साहस नहीं। इस मध्यवर्गीय द्वंद्व को रेखांकित करने से उपन्यास विश्वसनीय हो गया है।

इस काल में साहित्यिक हास्य और व्यंग्य की छटा अमृतलाल नागर के दो उपन्यासों **नवाबी मसनद** और **सेठ बाँकेमल** में मिलती है।

प्रसिद्ध हिंदी सेवी बाबू शिवपूजन सहाय ने **देहाती दुनिया** उपन्यास लिखा जो वस्तुतः आंचलिक उपन्यासों का अग्रदूत है।

कहानी

पं. चंद्रधर शर्मा गुलेरी की **उसने कहा था** नामक कहानी 1915 में प्रकाशित हुई। संवेदना और शिल्प की दृष्टि से यह कहानी बेजोड़ थी। 1916 में प्रेमचंद की कहानी **पंच परमेश्वर** प्रकाशित हुई। इस कहानी को अभूतपूर्व लोकप्रियता प्राप्त हुई। इस कहानी में कोई शिल्पगत चमत्कार नहीं, इसमें ग्रामीण जीवन, किसानों की सहृदयता, उनके काँइयेंपन का चित्रण और उनके आदर्श की स्थापना है। यह आदर्श गांधीवाद से जुड़ा है। पूरी कहानी में हमारे परिचित जीवन की आत्मीयता स्थापित है। कथा कहने का ढंग बिल्कुल सहज है। प्रेमचंद की कहानियाँ बहुत सहज ढंग से शुरू होती हैं। वे अपनी उठान में 'पंचतंत्र' या 'जातकों' की याद दिला देती हैं।

प्रेमचंद की कहानियों का संसार बहुत व्यापक एवं विविधतापूर्ण है। वह अपने काल के उत्तर भारत का शब्द-रूप है। प्रेमचंद की दृष्टि निस्संदेह वैज्ञानिक

एवं प्रगतिशील है, किंतु वे अपनी कहानियों को जनमानस द्वारा अंगीकृत भी बना सकते हैं– यह उनकी निजी रचनात्मक सफलता है। उनकी प्रारंभिक कहानियों पर लोकवार्ताओं का प्रभाव है, जैसे **सारंगा सदावृक्ष**, **आत्माराम**, **दामुल का कैदी** आदि। **दामुल का कैदी** में तो कथानक गढ़ने में पुनर्जन्म का भी सहारा लिया गया है।

कहानी की विधा, जो यूरोप से आई थी, प्रेमचंद के हाथों ठेठ भारतीय बन गई। उन्होंने उस विधा में भारतीय जीवन, उसका परस्पर-विरोधी समकालीन यथार्थ एवं आदर्श और विकास, सब घुला-मिला दिया है।

प्रेमचंद की कहानियाँ स्वाधीनता संग्राम के आदर्श से ओत-प्रोत हैं। उनके पात्रों और घटनाओं पर उस युग की समग्र चेतना का दबाव है। प्रेमचंद की बहुसंख्य कहानियों में आदर्शवाद पाया जाता है। उनका कथानक बोध के आधार पर विकसित होता है। उनके पात्रों में जो अंतर्द्वंद्व दिखाई पड़ता है वह स्थितियों के अनुरोध से है। आदर्शवाद उस युग के व्यवहार में भी दिखलाई पड़ता है। हजारों-लाखों लोग सत्याग्रह करते थे, जेल जाते थे, खद्दर पहनते थे, लोग सरकारी नौकरी से इस्तीफ़ा भी देते थे। अतः हृदयपरिवर्तन उस युग के व्यवहार में यथार्थ बन गया था। **नमक का दरोगा**, **इस्तीफ़ा**, **मैकू**, **परीक्षा** आदि कहानियाँ इसी तरह की हैं।

प्रेमचंद की संवेदना व्यापक एवं गंभीर थी। व्यापकता का लक्षण यह है कि उन्होंने समाज की सभी श्रेणियों के पात्र अपनी कहानियों के लिए चुने। गंभीरता का लक्षण यह है कि उन्हें कभी कहानी के अंत पर पहुँचने की अधीरता नहीं होती। प्रेमचंद की कहानियों में नारी विविध रूपों में आती है। इस दृष्टि से उनकी **बूढ़ी काकी** कहानी अनुपम है। जो असहाय और हास्यास्पद हैं, उनकी मानसिकता को समझना महान रचनाकारों के ही बस की बात होती है। प्रेमचंद की कहानियों को पढ़नेवाला जानता है कि उनकी कहानियों में बच्चों को कितना स्थान मिला है। वे बच्चों की मानसिकता को कितना समझते हैं। **ईदगाह** और **रामलीला** कहानियाँ बाल-मनोविज्ञान की उत्कृष्ट कहानियाँ हैं। **बूढ़ी काकी** में उपेक्षिता 'बूढ़ी काकी' की खोज-खबर अंततः छोटी बच्ची ही लेती है। बुड्ढे और बच्चे ही नहीं, पशु-पक्षियों को भी प्रेमचंद की कहानियों में अद्भुत आत्मीयता दी गई है। **दो बैलों की कथा** के हीरा-मोती, **पूस की रात** का झबरा कुत्ता, **आत्माराम** का तोता हिंदी पाठकों के हृदय में घर कर गए हैं। **दो बैलों की कथा** तो पराधीनता के विरुद्ध संघर्ष की प्रतीकात्मक कहानी ही है।

प्रेमचंद ने ऐतिहासिक कहानियाँ बहुत कम, लगभग नहीं के बराबर लिखीं। ऐतिहासिक वातावरण को लेकर लिखी जानेवाली उनकी प्रसिद्ध कहानी **शतरंज के खिलाड़ी** है, जो सामंती विलासिता और उद्देश्यहीन जीवन की रचना है। यह कहानी रक्त की शुद्धता के सामंती अहंकार पर चोट भी करता है।

प्रेमचंद हिंदी के महान व्यंग्यकार भी हैं। वे असंगत स्थितियों को सहज तौर पर एक-दूसरे के सामने रख देते हैं और व्यंग्य उत्पन्न हो जाता है। डॉ. रामविलास शर्मा ने उन्हें कबीर के बाद हिंदी का सबसे बड़ा व्यंग्यकार माना है। उन्होंने कुछ कहानियों में व्यंग्यपूर्ण रेखाचित्र भी खींचे हैं, जो व्यंग्य के उत्कृष्ट उदाहरण तो नहीं हैं, लेकिन चोट भरपूर करते हैं जैसे **मोटेराम शास्त्री**।

कथा साहित्य में आधुनिकता का एक बहुत बड़ा लक्षण है– अलौकिक शक्तियों, रूढ़ियों, मिथकों को अलग रखकर बोध के आधार पर प्रबंधत्व का गठन। प्रेमचंद की कुछ कहानियाँ विशेष रूप से उनकी अंतिम कहानियों में से एक **कफ़न** (1930) ऐसी कहानी है, जो आद्यंत यथार्थ-बोध का आधार नहीं छोड़ती। उसमें स्थितियों की संघटना करने में निर्भयता बरती गई है। ऊपर से देखने पर घीसू व माधो कोप के भाजन बनते हैं, क्योंकि वे अमानवीय और स्वार्थी हैं। इसी भ्रम में कुछ लोगों ने उन्हें 'ऐब्सर्ड पात्र'* भी कहा है। लेकिन वे स्वयं पाशविक स्थितियों में पड़े हैं। पाशविक स्थितियों को झेलनेवाले से समाज मानवीय व्यवहार की आशा करता है– यह **कफ़न** की सबसे बड़ी विडंबना है। इसी प्रकार की कहानी **पूस की रात** भी है।

प्रेमचंद की कहानियों को निम्नलिखित श्रेणियों में बाँट सकते हैं–

1. लोकवार्ताओं का आश्रय लेकर चलने वाली कहानियाँ: **सारंगा सदावृक्ष**
2. ऐतिहासिक कहानियाँ: **दिल की रानी**, **शतरंज के खिलाड़ी**
3. हृदयपरिवर्तन या आदर्श पर आधारित कहानियाँ: **मैकू**, **नमक का दरोगा**, **इस्तीफ़ा** आदि।
4. प्रतीकात्मक कहानियाँ: **दो बैलों की कथा**
5. व्यंग्यपरक कहानियाँ: **मोटेराम शास्त्री**, **मोटर के छींटे**
6. पूर्णतः यथार्थबोध पर आधारित कहानियाँ: **कफ़न**, **पूस की रात**

---

* ऐब्सर्ड पात्र की अवधारणा यूरोपीय नाट्य-विधा 'थियेटर ऑफ़ दि ऐबसर्ड' से ली गई है। 'थियेटर ऑफ़ दि ऐबसर्ड' इस संसार को निस्सार, निरर्थक मानता है और सामाजिक व्यवस्था को महज एक भ्रम। इसके विचार से जीवन अर्थहीन होकर रह गया है और इस निस्सार संसार में मनुष्य बस एक बेढंगा मोहरा बनकर रह गया है।

प्रेमचंद के समकालीन प्रसिद्ध छायावादी कवि जयशंकर प्रसाद ने रोमानी, सामाजिक और चरित्र-प्रधान कहानियाँ लिखी हैं। **पुरस्कार**, **आकाशदीप**, **मधुआ** और **गुंडा** उनकी प्रसिद्ध कहानियाँ हैं। **आकाशदीप** रोमानी ऐतिहासिक कहानी है। **मधुआ** प्रेमचंद की और **गुंडा** उग्र की कहानियों से मिलती-जुलती हैं। मन की गहरी पर्तों को खोलने का उद्देश्य लेकर चलने वाली कहानियों की शुरुआत वस्तुत: हिंदी में प्रसाद की कहानियों से ही होती है। रायकृष्ण दास की कहानी **अंत:पुर का आरंभ** जयशंकर प्रसाद के प्रभाव में लिखी गई प्रतीत होती है।

प्रेमचंद के समकालीन कहानीकारों में विश्वंभरनाथ शर्मा 'कौशिक' और सुदर्शन सामाजिक एवं पारिवारिक विषयों पर कहानियाँ लिखते थे। विश्वंभरनाथ शर्मा 'कौशिक' की कहानी **ताई** और सुदर्शन की **हार की जीत** बहुत प्रसिद्ध हुईं। ये आदर्शवादी ढर्रे की ही कहानियाँ हैं।

प्रेमचंद के बाद उनके ढर्रे की कहानियाँ अधिकांशत: प्रगतिशील कहानीकारों ने ही लिखीं, जिनमें यशपाल, राहुल, अश्क, अमृतराय, पहाड़ी आदि उल्लेखनीय हैं। यशपाल प्रेमचंदोत्तर हिंदी कहानीकारों में प्रमुख हैं। उनकी पहली कहानी **मक्रील** जो 1934 में छपी, उनके कहानी संग्रह **पिंजरे की उड़ान** (1939) की है। यशपाल मूलत: मार्क्सवादी विचारों के रचनाकार हैं, किंतु उनकी कुछ कहानियाँ यौन-भावना पर आधारित हैं। सामाजिक पिछड़ेपन को, चाहे वह धार्मिक हो या राजनीतिक, वे निर्भयता से उद्‌घाटित करते हैं। इसीलिए उनकी कहानियों में व्यंग्य का स्वर आ जाता है।

राहुल सांकृत्यायन ने **सतमी के बच्चे** (1935) के अलावा **वोल्गा से गंगा** (1942) लिखी, जो इतिहास के विभिन्न युगों को चित्रित करनेवाली कहानियों का संग्रह है। इसमें पूरा मानव-इतिहास आँखों के सामने आ जाता है। डॉ. भगवतशरण उपाध्याय का कहानी संग्रह **सबेरा** भी इसी प्रकार का है। अश्क उर्दू से हिंदी में आए। उनका पहला कहानी संग्रह **जुदाई की शाम का गीत** 1933 में छपा था और दूसरा **डाची** 1937 में। अमृतराय, पहाड़ी, श्यामू संन्यासी, भैरव प्रसाद गुप्त आदि ने इसी समय लिखना शुरू किया और स्वतंत्रता के बाद भी लिखते रहे।

पांडेय बेचन शर्मा उग्र समाज के उपेक्षित और प्राय: निम्न वर्ग के पात्रों का चित्रण करते हैं। उग्र व्यंग्य के माध्यम से सामाजिक भ्रष्टाचार के अनेक रूपों को उभारते हैं, लेकिन कुल मिलाकर उनके व्यंग्य में करुणा अंतर्निहित होती है। निस्संदेह अपने परिवेश की गहरी पहचान उग्र की कहानियों में मिलती है।

जैनेंद्र, अज्ञेय और इलाचंद्र जोशी कहानी की उस धारा का प्रतिनिधित्व करते हैं, जो सामाजिक यथार्थ का चित्रण करने वाली धारा के समानांतर बह रही थी। इन पर फ्रायड के चेतन-अचेतन सिद्धांत* का प्रभाव दिखाई पड़ता है। इन कहानीकारों के यहाँ सामाजिक विषमता के प्रति आक्रोश का अभाव नहीं है। जैनेंद्र की कहानी **एक रात** असामान्य काम-भावना की कहानी है। जैनेंद्र का पहला कहानी संग्रह **फाँसी** 1929 में प्रकाशित हुआ। जैनेंद्र किसी स्थिति को सहज तौर पर नहीं प्रस्तुत करते। उसमें दार्शनिकता का पुट अवश्य होता है। अज्ञेय ने आतंकवादी पात्रों के अतिरिक्त विदेशी वातावरण की कहानियाँ भी लिखी हैं। उनकी प्रारंभिक कहानियों का संग्रह **विपथगा** 1937 में निकला था। वे वातावरण और पात्रों की मन:स्थिति को परस्पर घुला देने में सिद्धहस्त हैं। इलाचंद्र जोशी की प्रारंभिक कहानियों में सामाजिक यथार्थ को प्रकट करने का आग्रह मिलता है, किंतु 1935-36 तक उन पर फ्रायड के मनोविश्लेषण का गहरा असर पड़ गया। उनके कुछ कहानी संग्रह इस प्रकार हैं– **धूपरेखा** (1933), **दिवाली और होली** (1942), **आहुति** (1954)। जोशी में सामाजिक विषमता के प्रति आक्रोश के अलावा समझ न आ पाने वाली स्थितियों के प्रति रहस्य-भावना भी मिलती है।

नाटक

हास्य रचनाकार जी. पी. श्रीवास्तव नाटकों के क्षेत्र में भी सक्रिय रहे। उन्होंने अनेक प्रहसन लिखे, जिनमें से **दुमदार आदमी** अधिक प्रसिद्ध है।

प्रगतिशील लेखक संघ की स्थापना (1936) के बाद प्रगतिशील रचनाकारों का ध्यान नाटकों की ओर भी गया। 1939 के आसपास जननाट्य संघ (इप्टा**) की स्थापना हुई। इसमें अनेक प्रतिभाशाली रंगकर्मी शामिल हुए। यह जननाट्य संघ अपने आपको जनक्रांति से जोड़ता था। इसने अनेक भारतीय भाषाओं की रचनाओं का हिंदी में अनुवाद कराया और मौलिक नाटकों की रचना को भी प्रेरित किया। बलराज साहनी के नाटक **मशाल** और **जादू**

---

* अचेतन से फ्रायड का तात्पर्य मानव मन के उस भाग/पक्ष से है जिसमें दमित आदिम इच्छाएँ एवं आकांक्षाएँ व्यक्ति के व्यवहार में विविध प्रकार से अभिव्यक्त होती हैं। अत: फ्रायड के मतानुसार व्यक्ति का चेतन व्यवहार भी अवचेतन के द्वारा काफ़ी बड़े पैमाने पर नियंत्रित एवं निर्देशित होता है।

**इंडियन पीपुल्स थियेटर एसोसिएशन

की कुर्सी, ख्वाज़ा अहमद अब्बास का नाटक **मैं कौन हूँ**, अश्क का **तूफ़ान से पहले** और शील के नाटक **बेकारी**, **संघर्ष** तथा **किसान** जननाट्य संघ द्वारा मंचित किए गए।

समालोचना

गद्य साहित्य के प्रसार के द्वितीय उत्थान (1893–1918) के अंतर्गत समालोचना के विकास पर विचार करते हुए पं. रामचंद्र शुक्ल ने लिखा था– "··· पर यह सब आलोचना अधिकतर बहिरंग बातों तक ही रही। भाषा के गुण-दोष, रस, अलंकार आदि की समीचीनता इन्हीं सब परंपरागत विषयों तक पहुँची। स्थायी साहित्य में परिगणित होने वाली समालोचना जिसमें किसी कवि की अंतर्वृत्ति का सूक्ष्म व्यवच्छेद होता है, उसकी मानसिक प्रवृत्ति की विशेषताएँ दिखाई जाती हैं, बहुत कम दिखाई पड़ीं।"

कहने की आवश्यकता नहीं कि शुक्ल जी की दृष्टि से सही आलोचना पद्धति कवि की अंतर्वृत्ति का सूक्ष्म व्यवच्छेद या विश्लेषण-विभाजन है। वे वस्तुतः अपनी समालोचना पद्धति की ही विशेषता बता रहे हैं। समालोचक कवि की मानसिक प्रवृत्तियों का विश्लेषण करनेवाली सामाजिक चेतना तथा बाह्य परिस्थितियों के साथ-साथ रचनाकार के मनोजगत की परीक्षा भी करता चलेगा और यह देखेगा कि यह सब कब उसकी रचना पर कहाँ और कैसे दिखाई पड़ता है।

प्रमुख आलोचक

आचार्य रामचंद्र शुक्ल (1884–1941)

रामचंद्र शुक्ल हिंदी के सर्वश्रेष्ठ एवं सर्वाधिक विश्वसनीय आलोचक हैं। उन्होंने हिंदी आलोचना को गुण-दोष कथन की रूढ़ियों से उठाकर उसे अंतर्राष्ट्रीय स्तर प्रदान किया। इसके लिए उन्होंने भारी तैयारी की, जिसमें शब्दकोश **हिंदी शब्द-सागर** का निर्माण करने की प्रक्रिया में वे हिंदी भाषा और स्वरूप के मर्मज्ञ बने। उसकी भूमिका लिखने की प्रक्रिया में उन्होंने **हिंदी साहित्य का प्रथम वैज्ञानिक इतिहास** (1929) लिखा। विदित है कि हिंदी साहित्य का इतिहास मूलतः **हिंदी शब्द-सागर** की भूमिका के रूप में लिखा गया था। मनोविकार संबंधी निबंध-लेखन मानव-मन के जानने की प्रक्रिया है, जिनसे रामचंद्र शुक्ल ने कवि की मानसिक प्रवृत्ति का विश्लेषण किया। मनोविकारों के अध्ययन के ही आधार पर उन्होंने भारतीय और पाश्चात्य काव्यशास्त्र पर विचार किया। अपने

पर्यवेक्षण और अध्ययन के निष्कर्षों पर उन्हें बहुत भरोसा रहता था। प्राचीन या नवीन, किसी से भी अभिभूत होना उनके स्वभाव में नहीं था।

शुक्ल जी के चिंतन को प्रभावित करने में जर्मनी के प्राणिशास्त्री हेकल की एक पुस्तक* का भी हाथ मालूम पड़ता है। शुक्ल जी ने इसका अनुवाद **विश्व प्रपंच** नाम से किया। यह आधिभौतिक विचारों का प्रतिपादक ग्रंथ है। शुक्ल जी ने इस अनुवाद के लिए लगभग डेढ़ सौ पृष्ठों की लंबी भूमिका भी लिखी।

कहने का तात्पर्य यह है कि शुक्ल जी ने विज्ञान की पर्याप्त जानकारी प्राप्त करके वैज्ञानिकता अर्जित की। इस अर्जित युग-बोध का उपयोग उन्होंने समालोचना में किया। आधुनिक दृष्टि, हिंदी भाषा, साहित्य का इतिहास, मनोविकारों का विश्लेषण और देश-प्रेम, सब उनकी युगांतरकारी समालोचना क्षमता में घुले-मिले हैं।

शुक्ल जी ने हिंदी समालोचना में प्रमुखतः दो काम किए– एक, प्राचीन काव्यशास्त्र की पुनर्व्याख्या करके उसे फिर से रचनात्मकता के लिए संदर्भवान बनाया। दूसरा, जिस तरह उन्होंने काव्यशास्त्र को वर्तमान बोध एवं सहृदयता के लिए संदर्भवान बनाया, उसी प्रकार प्राचीन साहित्य को वर्तमान बोध एवं सहृदयता के लिए। जिस अर्थ-विस्तार को आलोचना का वास्तविक कार्य कहा जाता है, वह शुक्ल जी ने अनेक कवियों विशेषतः जायसी, तुलसी और सूरदास की समीक्षा के माध्यम से किया। वे विश्लेषण-विवेचन के उपरांत विवेच्य रचनाकार की उस विशेषता को ढूँढ़ लेते हैं, जो अन्य से उसे अलग या विशिष्ट बनाती है। उन्होंने तुलसी को 'लोकमंगल' का, सूर को 'जीवनोत्सव' का, जायसी को 'प्रेम की पीर' का कवि कहा। तुलसी और सूर पहले से ही लोकप्रिय थे। शुक्ल जी ने उनके काव्योत्कर्ष को परीक्षित और प्रमाणित किया। दूसरे, अपनी व्यावहारिक आलोचना की प्रक्रिया में उन्होंने अनेक आलोचना संबंधी अवधारणात्मक पदों को नई अर्थवत्ता से युक्त किया तथा अनेक अवधारणात्मक पदों का निर्माण किया। रस, आनंद, करुणा जैसे शब्दों में उन्होंने नई अर्थवत्ता भरी। लोकमंगल, कर्म-सौंदर्य, गल्प-प्रबंध, प्रसंग-गर्भत्व, शीलदशा जैसे पदों का निर्माण किया। इंद्रिय-बोध, संवेदन, विचार, वासना, संस्कार, भाव आदि पर मौलिक विचार करके हिंदी काव्यशास्त्र और सौंदर्यशास्त्र की नींव रखी।

समकालीन साहित्य को वे देखने-परखने के बाद ही स्वीकार करते थे।

---

* The Riddle of the Universe (Ernst Haeckel)

समकालीन काव्य-धारा में श्रीधर पाठक द्वारा प्रवर्तित स्वच्छंदतावाद को वे हिंदी का अपना बनाया हुआ मार्ग समझते थे। 'छायावाद' को वे रवींद्रनाथ ठाकुर की कविताओं के अनुकरण पर चलनेवाली प्रवृत्ति और चित्रात्मक भाषा-शैली तथा लक्षणा का प्रगल्भ विकास मानते थे। छायावादी प्रबंध-काव्यों द्वारा उसकी 'भाव-भूमि' विस्तार का स्वागत करते थे। छायावादी कवियों में पंत उन्हें कदाचित् सर्वाधिक प्रिय थे। वे यूरोपीय साहित्य की पर्याप्त जानकारी रखते थे। अपने लेखन में उन्होंने समकालीन विदेशी साहित्य पर निहायत आत्मविश्वासपरक एवं विश्वसनीय टिप्पणी की है।

शुक्ल जी वस्तुनिष्ठ चिंतक थे। वे काव्य के क्षेत्र में आध्यात्मिकता और रहस्यवाद को अनावश्यक एवं हानिकर समझते थे। पं. हजारीप्रसाद द्विवेदी के अनुसार भारतीय काव्यशास्त्र उनका सुदृढ़ दुर्ग है। उनके सैद्धांतिक निष्कर्षों से मतभेद हो सकता है, किंतु उनकी व्यावहारिक आलोचना परम विश्वसनीय होती है। काव्य में उनके आदर्श रचनाकार वाल्मीकि और तुलसी हैं। कहीं-कहीं सामाजिक मर्यादा-प्रियता उनके काव्यालोचन में बाधक भी हुई। इसी के चलते वे कबीर के काव्योत्कर्ष की पूरी पहचान नहीं कर पाए।

शुक्ल जी के सभी निबंध **चिंतामणि** नाम से तीन भागों संकलित हैं।

पं. नंददुलारे वाजपेयी (1906-1968)

शुक्लोत्तर समालोचकों ने शुक्ल जी का महत्त्व स्वीकार करते हुए भी उनसे कुछ महत्त्वपूर्ण मुद्दों पर मतभेद प्रकट किया। पं. नंददुलारे वाजपेयी ने **हिंदी साहित्यः बीसवीं शताब्दी** में शुक्ल जी के छायावाद-रहस्यवाद विषयक विचारों की आलोचना की। वाजपेयी जी के अनुसार स्थूल व्यवहारवाद को निस्सीम बतलाकर और रहस्यवाद की कनकौए से तुलना कर विद्वान शुक्ल जी ने नवीन कविता के साथ अन्याय किया है। वाजपेयी जी का विचार है कि मनुष्य के अध्यात्म पक्ष का संपूर्ण निरूपण इस प्रकार की कविता की सीमा के अंतर्गत है। रहस्यवाद को कविता के क्षेत्र से खारिज नहीं कर सकते। वे छायावाद के प्रारंभिक और समर्थ समर्थक थे। उन्होंने छायावाद के आध्यात्मिक पक्ष को स्वीकार करते हुए भी यह प्रकट किया कि छायावाद की मुख्य प्रेरणा धार्मिक न होकर मानवीय और सांस्कृतिक है। उन्होंने छायावाद का संबंध बीसवीं शताब्दी की वैज्ञानिक और भौतिक प्रगति से जोड़ा।

वाजपेयी जी मध्यकालीन साहित्य के भी जानकार थे। उन्होंने सूरदास पर

भी पुस्तक लिखी है, यद्यपि उनका आलोचनात्मक योगदान आधुनिक काल की ही समीक्षा में है। उन्होंने मैथिलीशरण गुप्त, रत्नाकर, महावीरप्रसाद द्विवेदी, प्रसाद आदि पर जो निबंध लिखे हैं, वे अपनी सूक्ष्मदर्शिता में बेजोड़ हैं। रत्नाकर पर लिखते हुए उन्होंने कहा– "यद्यपि रत्नाकर का काव्य छंद, शब्द–मैत्री, अलंकार आदि की दृष्टि से उत्कृष्ट है, किंतु उसकी विषयवस्तु अनिवार्य नहीं, अतः वह पिष्टपेषण है। जो काव्य अनिवार्य नहीं, उसे महान नहीं कह सकते।"

वाजपेयी जी समकालीन सर्जना के लिए समाजवादी विचारों को अनिवार्य मानते थे।

पं. हजारीप्रसाद द्विवेदी (1907–1979)

पं. हजारीप्रसाद द्विवेदी की **हिंदी साहित्य की भूमिका** शुक्ल जी के जीवन–काल में ही 1940 में निकली। उनकी दूसरी प्रसिद्ध पुस्तक **कबीर** 1942 में प्रकाशित हुई। दोनों में शुक्ल जी की मान्यताओं का खंडन था। शुक्ल जी ने भक्ति के उद्‌भव को भारत पर इस्लाम की विजय से जोड़ा था। उनके अनुसार हिंदू जाति निराशा के कारण भगवान की भक्ति करने लगी। द्विवेदी जी ने भक्ति का सामाजिक–ऐतिहासिक आधार प्रस्तुत करते हुए घोषणा की कि यदि इस्लाम न आया होता तो भी हिंदी साहित्य का अधिकांश वैसा ही रहता। उन्होंने हिंदी साहित्य के इतिहास को लोक–चिंता के संदर्भ में देखने का प्रस्ताव किया और भारतीय चिंतन–धारा के स्वाभाविक विकास पर बल दिया। उन्होंने वैदिक मत के समानांतर विकसित–प्रवाहित लोक–धारा के भी महत्त्व को समझने–समझाने का उद्यम किया।

शुक्ल जी कबीर की प्रतिभा के कायल तो थे लेकिन उनके काव्य की मार्मिकता के बारे में प्रायः मौन थे। वे निर्गुण पंथ की ज्ञानाश्रयीधारा को लोक–भूमि पर स्थित नहीं मानते थे। निर्गुण पंथ का हठयोग और उसकी रहस्यात्मक अंतस्साधना, उलटबाँसी शुक्ल जी की रुचि की नहीं थी। सवर्ण समाज से उपेक्षित और तिरस्कृत अवर्णों की विचारधारा और उनकी भावना सवर्ण विचारधारा से भिन्न होगी, इसे शुक्ल जी ने नहीं समझा। इसीलिए पं. हजारीप्रसाद द्विवेदी को कबीर की जुलाहा जाति, वर्ण–व्यवस्था के प्रति उनके विद्रोह–आक्रोश को समझाने की आवश्यकता पड़ी। द्विवेदी जी ने कबीर को साहित्यिक भूमि पर नए सिरे से प्रतिष्ठित किया। द्विवेदी जी की पहली किताब सूरदास पर थी, जिसमें उन्होंने राधा–कृष्ण के प्रेम की अलौकिकता की सहृदयतापूर्ण व्याख्या की थी।

द्विवेदी जी हिंदी के अलावा संस्कृत, प्राकृत, अपभ्रंश और बँगला के भी मर्मज्ञ विद्वान थे। कालिदास उनके प्रिय कवि थे। उन्होंने कालिदास पर एक स्वतंत्र पुस्तक लिखी है, जिसमें कालिदास की रचना-प्रक्रिया को समझाने का प्रयास किया गया है। द्विवेदी जी ने कालिदास द्वारा प्रयुक्त अनेक शब्दों की ही सहायता से कालिदास की कविता की व्याख्या की है और अनेक गुत्थियाँ सुलझाई हैं। इस तरह इन शब्दों को अवधारणात्मक पदों के रूप में प्रतिष्ठित किया गया है। द्विवेदी जी समाजवादी विचारों को भारतीयता का विरोधी नहीं मानते। वे मनुष्य को साहित्य का लक्ष्य मानते हैं, इसीलिए उन्हें मानवतावादी समालोचक कहा जाता है।

डॉ. नगेन्द्र (1915-2000)

डॉ. नगेन्द्र की पुस्तक **सुमित्रानंदन पंत** (1938) शुक्ल जी के जीवन-काल में ही प्रकाशित हो गई थी। उन्होंने छायावाद की तकनीक पर विचार करने के लिए इस पुस्तक की प्रशंसा भी की थी। डॉ. नगेन्द्र ने छायावाद को 'स्थूल के प्रति सूक्ष्म का विद्रोह' कहा और उसे केवल 'शैली' मानना उचित नहीं समझा। डॉ. नगेन्द्र ने **साकेत: एक अध्ययन** (1939) भी लिखा। इन दोनों पुस्तकों में पंत और मैथिलीशरण गुप्त के काव्य की सहृदयता के साथ समीक्षा की गई है। डॉ. नगेन्द्र ने पंत के काव्य में विचारों की भूमिका को सबसे महत्त्वपूर्ण माना है, उनके इंद्रिय-बोध की संवेदनशीलता को रेखांकित किया है। **साकेत** को डॉ. नगेन्द्र ने 'जीवनवादी' काव्य कहा है। आगे चलकर डॉ. नगेन्द्र ने रीतिकाल पर अनुसंधान किया और रस-सिद्धांत पर ग्रंथ लिखा। उन्होंने **कामायनी**, **उर्वशी** एवं महादेवी वर्मा, जैनेंद्र कुमार, हरिवंश राय 'बच्चन' तथा नरेन्द्र शर्मा की कृतियों पर भी आलोचनात्मक निबंध लिखे हैं।

शुक्लानुवर्ती आलोचकों में पं. विश्वनाथ प्रसाद मिश्र और पं. कृष्णशंकर शुक्ल उल्लेखनीय हैं। पं. विश्वनाथ प्रसाद मिश्र की पुस्तक **बिहारी की वाग्विभूति** (1936) स्वाधीनता के पूर्व निकल चुकी थी। उनका काम विशेषत: संपादन और टीका के क्षेत्र में रहा। पं. कृष्णशंकर शुक्ल ने **रत्नाकर** (1935) और **केशव** (1936) पर उल्लेखनीय कार्य किया।

पं. शांतिप्रिय द्विवेदी काव्योचित भाषा में आलोचना लिखते थे। उन्हें प्रभाववादी आलोचक माना जाता है। प्रसाद, 'निराला', पंत, महादेवी वर्मा आदि ने भी अनेक लेखों के माध्यम से काव्यालोचना करके हिंदी समीक्षा को समृद्ध किया।

1936 में प्रगतिशील लेखक संघ की स्थापना के बाद हिंदी में मार्क्सवादी आलोचना का उदय हुआ। 1937 के **विशाल भारत** में शिवदान सिंह चौहान का **भारत में प्रगतिशील साहित्य की आवश्यकता** नामक लेख प्रकाशित हुआ। इसमें हिंदी साहित्य की पड़ताल की गई और समय की माँग को ध्यान में रखते हुए प्रगतिशील साहित्य की रचना की आवश्यकता बताई गई है। इस प्रकार मार्क्सवादी आलोचना का उदय 1940 के पूर्व ही हो चुका था। प्रकाशचंद्र गुप्त और डॉ. रामविलास शर्मा ने इस धारा को आगे बढ़ाया। प्रारंभ में मार्क्सवादी आलोचना एक प्रकार के निषेधात्मक एवं अतीत विरोध की भावना से ग्रस्त थी। डॉ. रामविलास शर्मा मार्क्सवादी आलोचकों के दल में बाद में आए। भारतेंदु, निराला और प्रेमचंद पर उनकी पुस्तकें स्वतंत्रता के पूर्व ही आ चुकी थीं, किंतु उनका महत्त्वपूर्ण आलोचनात्मक लेखन बाद में सामने आया।

काशी विश्वविद्यालय में हिंदी विभाग की स्थापना के साथ ही पाठ्यपुस्तकीय आलोचना का, जिसे अब 'प्राध्यापकीय आलोचना' कहते हैं, उदय हुआ। इसके प्रवर्तक बाबू श्यामसुंदर दास थे। उन्होंने पाठ्यपुस्तकों की आवश्यकता की पूर्ति के लिए भाषा-विज्ञान आदि नए विषयों पर पुस्तकें लिखीं या तैयार करवाईं। **साहित्यालोचन** सैद्धांतिक समालोचना का ग्रंथ है, जिसमें संस्कृत, हिंदी और अंग्रेज़ी साहित्यालोचना का सुलभ संग्रह है। आगे चलकर इस दिशा में लेखन करने वालों में बाबू गुलाबराय विशेष रूप से उल्लेखनीय हैं। विश्वविद्यालयों की और हिंदी विभागों में विद्यार्थियों की बढ़ती हुई संख्या को देखते हुए ऐसे कार्य के महत्त्व से इनकार नहीं किया जा सकता।

कविता

इस काल-खंड की काव्य-धारा की प्रधान प्रवृत्ति को छायावाद की संज्ञा दी जाती है और इसके साथ रहस्यवाद भी जोड़ा जाता है। रहस्यवाद को सामान्यत: छायावाद का एक पक्ष माना जाता है। इस साहित्यिक काव्य-खंड के विविध काव्य-रूपों पर विचार करने के पूर्व हमने स्वाधीन चेतना और वैज्ञानिक प्रगति से कल्पना का संबंध जोड़ते हुए देखा था कि कल्पना स्थितियों को नए तरीके से संयोजित करती है। कवि-चित्त में वह नया सादृश्य-विधान उदित करती है। कल्पना से जानने का भी काम लिया जाता है। कोई चीज़ कैसी हो सकती है, वह इसका संकेत या आभास भी देती है। इससे रहस्य-भावना उत्पन्न होती है। हम जान नहीं पाते, लेकिन उसका अस्पष्ट संकेत या आभास पा लेते हैं।

इसीलिए छायावाद में कल्पना-प्रवणता के साथ रहस्य-भावना भी जुड़ी है। नई जानकारी होने पर वस्तुएँ नया प्रभाव डालती हैं। इससे अंततः परिचित वस्तु में नवीनता आती है। उसे पूरी तरह जान लेने के आग्रह के कारण अपरिचय का भाव पैदा होता है। छायावादी कविता में कल्पना-प्रवणता, नवीन सादृश्य-विधान, वस्तुओं से पड़नेवाला नवीन प्रभाव और अपरिचय का भाव, यह सब मिलता है। यह समूची काव्य-साधना स्वाधीनता संग्राम के युग की है। अतएव स्वाधीनता संग्राम के केंद्रीय भाव से जुड़कर ही यह सारी काव्य-साधना फलीभूत होती है, इसीलिए छायावाद अपनी सारी कल्पना-प्रवणता और रहस्य-भावना के साथ शक्ति, जागरण और लोकमंगल का काव्य है, जिसमें व्यक्तिगत पीड़ा, दुख और अवसाद भी समाविष्ट हैं। इसके लिए छायावाद ने कविता का रूप बदला, शब्द-योजना, छंद, लय आदि में नया प्रयोग किया।

छायावादी काव्य में सामाजिकता और वैयक्तिकता, दोनों का स्वर था। कालांतर में वैयक्तिक अनुभूति का आग्रह रखने वाले और सामाजिकता का आग्रह रखने वाले कवियों का अंतर स्पष्ट हुआ। यहाँ यह ध्यान रखना चाहिए कि स्वाधीनता की चेतना दोनों प्रकार के कवियों में है। यहाँ तक कि 'हालावाद' भी एक प्रकार की 'विरोध-कविता'(ए पोएट्री ऑफ़ प्रोटेस्ट) है। सामाजिकता का आग्रह रखनेवाले कवियों में से अधिकांश समाजवादी विचारधारा से जुड़े। इससे 1936 में प्रगतिशील लेखक संघ की स्थापना के बाद प्रगतिवादी कविता का प्रवर्तन हुआ। इस काव्य-धारा का विकास आगे भी हुआ। जिन कवियों में कल्पना की प्रवणता नहीं थी, वे पुराने ढर्रे पर ही अर्थात् इतिवृत्तात्मक शैली में ही काव्य रच रहे थे। यूरोपीय साहित्य के संपर्क में आए हुए नवीनता के लिए आतुर रचनाकारों को हम पाँचवें दशक में नई 'राहों के अन्वेषी' के रूप में पाते हैं। अब हम इस कालावधि की प्रधान काव्य-प्रवृत्ति 'छायावाद' पर विचार करेंगे। इसकी कविताओं में विश्वयुद्ध की विभीषिका और वैज्ञानिकों द्वारा खोजी गई नई विराटता एवं अनिश्चय के समक्ष निराशा और कुंठा का भाव भी सिमट आया है।

छायावाद

छायावाद का उल्लेख 1920 के आसपास मिलने लगता है। शुक्ल जी इसे रवींद्रनाथ ठाकुर की कविताओं के प्रभाव से आया हुआ मानकर इसका संबंध ईसाई संतों के फैंटैसमाटा(छायाभास) शब्द से जोड़ते थे। उन्होंने छायावाद को चित्रभाषा-शैली भी कहा। पं. नंददुलारे वाजपेयी ने इसका संबंध युग-बोध से जोड़ते हुए भी इसे व्यक्त

सौंदर्य में 'आध्यात्मिक छाया का भान' कहा। डॉ. नगेन्द्र ने छायावाद को 'स्थूल के विरुद्ध सूक्ष्म का विद्रोह' माना। डॉ. नामवर सिंह ने अपनी पुस्तक **छायावाद** में विश्वसनीय तौर पर दिखाया कि छायावाद वस्तुतः कई काव्य-प्रवृत्तियों का सामूहिक नाम है और वह 'उस राष्ट्रीय जागरण की काव्यात्मक अभिव्यक्ति है जो एक ओर पुरानी रूढ़ियों से मुक्ति पाना चाहता था और दूसरी ओर विदेशी पराधीनता से।' छायावादी काव्य की प्रमुख प्रवृत्तियाँ इस प्रकार हैं–

वैयक्तिकता

छायावादी काव्य ने निर्वैयक्तिकता का आवरण उतार फेंका है। छायावादी कवि निजी ढंग से बातें करता है, पाठक का आत्मीय बनकर। वह साहसपूर्वक काव्य में व्यक्त अनुभूतियों को अपनी अनुभूतियाँ कहकर प्रस्तुत करता है। इस कविता में 'मैं', 'मेरा' उसी प्रकार फिर सुनाई पड़ने लगा जिस प्रकार भक्ति काल में सुनाई पड़ा था। निराला ने लिखा– *मैंने 'मैं' शैली अपनाई* या *देखा मुझे उस दृष्टि से*। पंत ने लिखा– *बालिका मेरी मनोरम मित्र थी*। इसी प्रकार अन्य कवियों ने भी अपने आपको व्यक्त किया। वस्तुतः छायावाद की स्वच्छंदता का संबंध व्यक्तिवाद से था। इस युग में आत्मकथा लिखने की प्रथा का प्रचलन हुआ। आत्मकथा में भी तो अपनी बात खुल कर कहने के साहस की आवश्यकता पड़ती है। कहने का तात्पर्य यह है कि छायावादी कवि अपनी व्यक्तिगत और निजी अनुभूतियों को अपनी अनुभूति कहकर प्रस्तुत करता है, उसके काव्य में वैयक्तिकता का स्वर होता है।

जिज्ञासा

छायावादी कवि प्रश्नाकुल है। वह जीवन-जगत के रहस्यों को जान लेना चाहता है। प्रात:कालीन चिड़ियों का स्वर तो पहले के कवियों ने भी सुना था। नदी को किसने नहीं देखा था! पेड़-पौधों का झूमना सबने देखा था, लेकिन छायावादी कवियों ने इन सबको कुछ ऐसे देखा कि उन्हें कुछ और जानने की तीव्र इच्छा हुई–

1. *प्रथम रश्मि का आना रंगिणि, तूने कैसे पहचाना?* (पंत)
2. *किस अनंत का नीला अंचल हिला-हिलाकर आती तुम सजी मंडलाकर?* (निराला)
3. *तृणवीरुध लहलहे हो रहे किसके रस से सिंचे हुए?* (प्रसाद)

4. *तोड़ दो यह क्षितिज मैं भी देख लूँ उस ओर क्या है।* (महादेवी वर्मा)

इसी जिज्ञासा से रहस्य-भावना का संबंध है। कवि-मानस चारों ओर सब कुछ जानना चाहता है, परम सत्य को भी, चाहे वह कितना ही अज्ञेय क्यों न हो। जिज्ञासा का भाव प्राय: सभ्यता के नए विकास के साथ उदित होता है, जब नया बोध प्राचीन में कुछ नई जानकारी जोड़ लेता है।

प्रकृति

प्रकृति की ओर जाना स्वच्छंदतावाद की प्रवृत्ति है। मनुष्य प्रकृति की ओर मानव निर्मित व्यवस्था से असंतुष्ट होकर भी जाता है। पराधीनता का बोध असंतोष और क्षोभ उत्पन्न करता है। पराधीनता का बोध स्वाधीनता की कामना से जुड़ा है और देश-प्रेम से भी। देश-प्रेम वस्तुतः देश की प्रकृति, भाषा, संस्कृति सबसे प्रेम करने का ही नाम है। प्रकृति-प्रेम वैज्ञानिक उपलब्धियों का भी नतीजा होता है। मनुष्य का स्वभाव द्वंद्वात्मक है। वह एक ओर प्रकृति से जूझता है, दूसरी ओर उससे प्रेम करता है। जंगल काटता है और बाग लगाता है। छायावाद के प्रकृति-प्रेम के पीछे वे सभी कारण थे। प्रकृति-चित्रण खड़ी बोली कविता में श्रीधर पाठक से ही आरंभ हो गया था। छायावादी कवियों ने प्रकृति का आलंबन चित्रण तो किया ही, उसे अपने मनोजगत के प्रतीक रूपों में देखा और उससे अपूर्व तादात्म्य स्थापित किया। निराला ने बादल को 'विप्लव का वीर' कहा। प्रसाद ने देश को 'अरुण मधुमय' कहा।

महादेवी ने रजनी का रूपक अभिसारिका के रूप में बाँधा। पंत का प्रकृति-वर्णन छायावादी कवियों में विशिष्ट है; क्योंकि उन्होंने प्रकृति का चित्रण सर्वाधिक सहज रूप में किया है। प्रकृति की विविधता का चित्रण पंत ने अपूर्व इंद्रिय-बोध के आधार पर किया है। उन्होंने प्रकृति का 'पलपल परिवर्तित हो रहे प्रकृति वेश' देखा और चित्रित किया है।

नारी

छायावादी कवि नारी को दो रूपों में देखता है। एक तो उसका दैहिक रूप है जो अनादि काल से पुरुष को आकृष्ट करता रहा है। इस रूप में छायावाद ने नारी को स्वप्निल और दैवी बना दिया है, जो पूरी तरह पहचान में नहीं आ रही है। नारी का दूसरा रूप लौकिक है, जिसे छायावाद बंधनमुक्त करना चाहता है। निस्संदेह छायावाद ने नारी को मानवीय सहृदयता के साथ अंकित किया है। पंत की प्रसिद्ध

पंक्ति है– *देवि माँ सहचरि प्राण!!* प्रसाद ने नारी को आदर्श श्रद्धा के रूप में देखा जो रागात्मक वृत्ति की प्रतीक है और मनुष्य को मंगल एवं श्रेय के पथ पर ले जानेवाली है। निराला नारी की यथार्थ स्थिति को काफ़ी पहचान कर उसे चित्रित करते हैं। उन्होंने विधवा को इष्ट देव के मंदिर की पूजा कहा। इलाहाबाद के पथ पर पत्थर तोड़ती हुई मज़दूरनी का चित्र खींचा, तुलसीदास की पत्नी रत्नावली का चित्रण रीतिकालीन नारी-विषयक धारणा को तोड़नेवाली के रूप में किया।

राष्ट्रीय स्वाधीनता एवं शक्ति का काव्य

छायावाद साम्राज्यवाद विरोधी मानवतावादी काव्य-धारा है। वह व्यक्ति के सुख-दुःख का उदात्तीकरण करके उसे राष्ट्रीयता, अंतर्राष्ट्रीयता एवं सर्वात्मवाद तक पहुँचा देता है। प्रसाद ने **आँसू** के उत्तरार्ध में 'आँसू की घनीभूत पीड़ा' को 'दुःख दावा से दग्ध' विश्व की पीड़ा से जोड़कर इस जग के वृंदावन बन जाने की कामना की है। उनकी **कामायनी** शक्तिशाली और विजयी बनने का आह्वान करती है– *शक्तिशाली हो विजयी बनो विश्व में गूँज रहा जयगान*। 'निराला' ने **शिवाजी का पत्र** में मुगल शासन को साम्राज्यवादी कहा। **राम की शक्ति पूजा** में 'न्याय जिधर है उधर शक्ति' लिखकर अन्यायी और शक्तिशाली ब्रिटिश साम्राज्यवाद से निपटने के लिए केवल धर्म, न्याय और विवेक को अपर्याप्त बताते हुए 'शक्ति की आराधना' का प्रस्ताव किया।

कला-पक्ष

आभ्यंतर प्रभाव-साम्य के आधार अर्थात् हृदय पर पड़नेवाले प्रभाव की समानता के आधार पर नए प्रकार का सादृश्य-विधान छायावाद की महत्त्वपूर्ण कलात्मक विशेषता था। इसके लिए सूक्ष्म संवेदनशील इंद्रिय-बोध अपेक्षित था। पंत जी निर्जन को 'गुंजित अलि' कहते हैं। प्रसाद की इन पंक्तियों से छायावाद के नए प्रकार के सादृश्य-विधान का कुछ पता चल जाएगा–

झंझा झकोर गर्जन था, बिजली थी नीरद माला
पाकर इस शून्य हृदय को सबने आ डेरा डाला।

यहाँ 'शून्य हृदय' आकाश है। 'झंझा झकोर' मानसिक क्षोभ का, 'बिजली' तड़प का और 'नीरद माला' आर्द्र करुण मनःस्थिति का द्योतक है। छायावाद ने नए प्रकार के बिंब और प्रतीक प्रस्तुत किए। मानवीकरण छायावाद का प्रिय अलंकार है।

छायावाद निराला के मुक्त छंद के लिए विख्यात है। निराला ने कविता को भाव एवं अर्थ-प्रवाह की दृष्टि से पुनर्व्यवस्थित किया। भावानुसारी होकर कविता की पंक्तियाँ निश्चित मात्राओं में बद्ध नहीं रह गईं। वे लंबी-छोटी लिखी जाने लगीं। जैसे–

जागो फिर एक बार,

समर में अमर कर प्राण सैंधव तुरंगों पर चतुरंग चमू संग आदि।

पंत का प्रिय छंद रोला है, लेकिन उन्होंने भी रोला छंद को बीच-बीच में तोड़कर भावानुप्रवाही बना लिया है। छायावादी कवियों ने उत्कृष्ट गीत लिखे हैं। महादेवी के गीतों में नारी-सुलभ करुणा एवं सतर्क संकोच का भाव मिलता है। छायावादी कवियों की भाषा तत्सम-बहुला है। वे व्याकरण के प्रति, विशेषत: वाक्य-गठन के प्रति, बहुत सचेत नहीं हैं। शब्दों की नाद-व्यंजना पर काफ़ी भरोसा करते हैं।

छायावाद के प्रमुख कवियों प्रसाद, निराला, पंत और महादेवी वर्मा का संक्षिप्त परिचय निम्नलिखित है–

जयशंकर प्रसाद (1889-1937)

जयशंकर प्रसाद का जन्म काशी के प्रतिष्ठित व्यापारी परिवार में हुआ। इन्होंने प्रारंभिक काव्य-रचना ब्रजभाषा में की। ये मूलत: मादकता और आनंद के कवि हैं। इनकी प्रारंभिक कविताओं में संकोच का भाव है। बाद में अपने मन के गहरे विषाद को इन्होंने **आँसू** में लोकमंगल की भावना से जोड़ा है। जयशंकर प्रसाद टीस-कचोट और जगत की नश्वरता के समक्ष मानव-जीवन की नगण्यता के बोध के कवि हैं। कभी-कभी उनमें सूफ़ी कवियों जैसी उत्कृष्ट वेदना का भाव पाया जाता है। जयशंकर प्रसाद दार्शनिक कवि हैं। उन्होंने अपने इतिहास और दर्शन के ज्ञान को **कामायनी** में प्रबंध-योजना से समन्वित करके अभिव्यक्त किया है। **कामायनी** मानव के बाह्य और आंतरिक विकास का कथा-काव्य है, जो अंत में शैव आनंदवादी दर्शन में समाधान ढूँढ़ता है, यद्यपि इस विशद् कृति पर अनेक आधुनिक विचारों का भी प्रभाव है। इनकी प्रसिद्ध काव्य-कृतियाँ हैं– **काननकुसुम** (1912), **प्रेमपथिक** (1913), **महाराणा का महत्त्व** (1914), **चित्राधार** (1918), **आँसू** (1926), **झरना** (1927), **लहर** (1935) और **कामायनी** (1937)।

सूर्यकांत त्रिपाठी 'निराला'(1816-1961)

सूर्यकांत त्रिपाठी 'निराला' का जन्म महिषादल राज्य(बंगाल) में हुआ। उनका गाँव बैसवाड़ा(अवध) उन्नाव ज़िले के अंतर्गत पड़ता है। निराला ओज, औदात्य एवं विद्रोह के कवि हैं। उनपर वेदांत और रामकृष्ण परमहंस तथा विवेकानंद के दर्शन का प्रभाव रहा है। इसलिए उनकी कविताओं में रहस्यवाद भी मिलता है। निराला अकुंठ एवं वयस्क शृंगार-दृष्टि तथा तृप्ति के कवि हैं। वे सुख-दुख दोनों को भरपूर देखकर उससे ऊपर उठकर चित्रण करने की क्षमता रखते हैं। उनकी कविताओं में बौद्धिकता का भरपूर दबाव और तर्क-संगति है। अपने युग का विषय-यथार्थ और उससे उबरने की साधना उनकी तीन प्रबंधात्मक दीर्घ कविताओं– **तुलसीदास**, **सरोजस्मृति** और **राम की शक्तिपूजा** में प्रकट हुई है। **सरोजस्मृति** उनकी कन्या सरोज की मृत्यु पर लिखी गई कविता है। अपनी कन्या का बचपन और युवावस्था का ऐसा अकुंठ और संयमित वर्णन अन्यत्र दुर्लभ होगा।

निराला हिंदी में मुक्त छंद के लिए प्रसिद्ध हैं। वे स्थितियों के संश्लेष से कम-से-कम शब्दों द्वारा अधिक-से-अधिक भाव-पक्ष प्रकट करते हैं। नाद-योजना का उनकी काव्यात्मकता में विशिष्ट स्थान है। इसीलिए उनकी कविताओं में कभी-कभी दुरूहता आ जाती है।

निराला में प्रारंभ से ही छायावाद के साथ-साथ सरल और बोलचाल की भाषा में जीवन के विषय-यथार्थ को अभिव्यक्त करने की प्रवृत्ति रही है। यह महत्त्व निराला को ही प्राप्त है कि नई हिंदी कविता की सभी प्रवृत्तियों के कवि अपना संबंध उनसे जोड़ने में गौरव का अनुभव करते हैं। उनकी प्रसिद्ध काव्य-कृतियाँ हैं– **अनामिका**(1923), **परिमल**(1930), **गीतिका**(1936), **अपरा**, **कुकुरमुत्ता**, **अणिमा**, **बेला**, **नए पत्ते**।

सुमित्रानंदन पंत(1900-1977)

सुमित्रानंदन पंत का जन्म अल्मोड़ा जिले के कौसानी नामक मनोरम स्थान पर हुआ। उनकी कविता में प्रकृति को विशेष महत्त्व प्राप्त है। पंत जी प्रधानत: संवेदनशील इंद्रिय-बोध के कवि हैं। छायावादी कवियों में सबसे सहज, अत: तत्काल स्वीकार्य और लोकप्रिय होने वाले कवि पंत थे। उनकी कविता ने छायावाद को प्रतिष्ठित करने में महत्त्वपूर्ण भूमिका निभाई। उनकी काव्य-चेतना ने कई मंज़िलें तय की हैं। युग-बोध के अनुसार अपनी काव्य-भूमि का विस्तार

करते रहना पंत की काव्य-चेतना की विशेषता है। प्रारंभ में वे प्रकृति-सौंदर्य से अभिभूत थे, फिर मानव-सौंदर्य से। मानव-सौंदर्य ने उन्हें समाजवाद की ओर आकृष्ट किया। समाजवाद से वे अरविंद दर्शन की ओर प्रवृत्त हुए। वे मानवतावादी कवि थे, जो मानव-इतिहास के नित्य विकास में विश्वास करते थे। वे अतिवादिता एवं संकीर्णता के घोर विरोधी रहे। उनका अंतिम काव्य **लोकायतन** है, जो उनके परिपक्व चिंतन को समेट देता है। उनकी प्रमुख काव्य-कृतियाँ हैं– **उच्छ्वास** (1922), **पल्लव** (1927), **वीणा** (1927), **ग्रंथि** (1939), **गुंजन** (1932), **युगांत** (1937), **युगवाणी** (1929), **ग्राम्या** (1940), **स्वर्णधूलि**, **स्वर्ण किरण** (1950)।

महादेवी वर्मा (1907-1987)

महादेवी वर्मा का जन्म फ़र्रुखाबाद में हुआ। महादेवी जी की कविताओं में करुणा की भावना प्रधान है। उनपर बौद्ध दर्शन का भी प्रभाव बताया जाता है। फिर भी, उनकी कविताओं में निर्वैयक्तिकता नहीं है। आतुरता, प्रतीक्षा, समर्पण, जिज्ञासा उनकी कविताओं की प्रमुख भावनाएँ हैं। उनमें नारी-सुलभ सतर्क संकोच भी है, जिससे उनकी कविताओं की दोहरी व्याख्या होती है। कभी उन्हें शृंगारी समझा जाता है, तो कभी रहस्यवादी। वस्तुत: महादेवी जी की कविताएँ भारतीय नारी की मानसिकता की उपज हैं। उनकी कविताओं की करुणा का संबंध लोक में व्याप्त और उनके निजी दु:ख से है। उस दु:ख के दूर होने की उनमें प्रबल आकांक्षा है– *मैं नीर भरी दु:ख की बदली* उनकी प्रतिनिधि पंक्ति कही जाती है, किंतु उन्हीं की एक प्रसिद्ध पंक्ति है– *रात के उर में दिवस की चाह का शर हूँ*। 'दीपक' और 'बादल' उनके प्रिय प्रतीक हैं। गीत रचना में उन्हें विशेष सफलता मिली है। उनकी प्रसिद्ध काव्य-रचनाएँ हैं– **नीहार** (1930), **नीरजा** (1935), **सांध्यगीत** (1936), **यामा** (1936) और **दीपशिखा** (1942)।

छायावादी पद्धति पर कविता करने वालों में जानकीवल्लभ शास्त्री, रामकुमार वर्मा आदि अन्य कवि उल्लेखनीय हैं।

छायावादोत्तर काव्य

छायावाद के अंत की घोषणा छायावादी कवियों ने ही कर दी थी। निराला **राम की शक्ति पूजा** की समास-युक्त तत्सम पदावली छोड़कर **कुकुरमुत्ता**, **महँगू महँगा रहा** जैसा काव्य रचकर समाज के निम्न वर्ग की दारुण स्थिति का चित्र

बोलचाल की भाषा में खींच रहे थे और पंत ने तो युगांत की घोषणा ही कर दी थी। छायावाद में वैयक्तिक और सामाजिक, दोनों प्रकृतियों का समन्वय था। छायावादी कवि निजी स्वर में ही सही किंतु साम्राज्यवाद और सामंतवाद का विरोध कर रहे थे। बाद में छायावाद में दो प्रवृत्तियाँ अलग दिखलाई पड़ती हैं। एक प्रवृत्ति मस्ती के आलम का गीत गाती है। इसे समाज विरोधी नहीं कह सकते, क्योंकि ये कवि व्यक्तिगत अनुभूतियों के स्तर पर ही सही, व्यवस्था की जकड़न का विरोध करते हैं। अनुभूति-प्रधान होने के कारण इन्होंने गीत की विधा अपनाई है। इनमें से अधिकांश कवि-सम्मेलनों में बहुत लोकप्रिय हुए। इनकी कविताओं में प्राचीनता का विरोध, मस्ती, नश्वरता की अनुभूति, सभी प्रकार की संकीर्णता का विरोध और सबसे तटस्थता–कुल मिलाकर 'सबसे विराग, सब पर ममता' वाला भाव मिलता है। इसे कुल मिलाकर 'विरोध का काव्य' कहेंगे। यहाँ स्वच्छंदता मस्ती बन गई है। इसीलिए इस धारा के प्रतिनिधि कवि बच्चन की कविताओं को 'हालावाद' कहा गया। उनकी कविताओं में 'हाला' की चर्चा भी बहुत होती थी। वहाँ 'हाला' व्यवस्था-विरोध का प्रतीक है, बहुत कुछ फ़ारसी-उर्दू कविता की तरह। बच्चन ने सरस, सहज गीतों के माध्यम से धार्मिक-सामाजिक संकीर्णता का विरोध किया और उद्दाम भावनाओं की अकुंठ अभिव्यक्ति की। इस प्रवृत्ति के काव्य की प्रतिनिधि पंक्तियाँ हैं–

हम दीवानों की क्या हस्ती है, आज यहाँ कल वहाँ चले।
मस्ती का आलम साथ चला, हम धूल उड़ाते जहाँ चले।।

यह पंक्ति मस्ती के दूसरे गायक भगवतीचरण वर्मा की है। बालकृष्ण शर्मा 'नवीन', दिनकर, नरेन्द्र शर्मा, रामेश्वर शुक्ल 'अंचल' और गोपालसिंह 'नेपाली' में भी यह मस्ती पाई जाती है। किंतु इनमें से अधिकांश प्रगतिशील भावनाओं के कवि हैं। छायावादी काव्य-धारा के समानांतर राष्ट्रीय भावनाओं की एक ऐसी भी काव्य-धारा चल रही थी, जिसमें कल्पना की उतनी उड़ान और लाक्षणिक प्रतीकात्मकता नहीं थी, किंतु राष्ट्रीय भावनाओं की सहज अभिव्यक्ति थी। ऐसे कवियों में नवीन, दिनकर, माखनलाल चतुर्वेदी, सुभद्राकुमारी चौहान प्रमुख हैं। बालकृष्ण शर्मा 'नवीन', दिनकर और माखनलाल चतुर्वेदी प्रधानतः राष्ट्रीय भावनाओं के ओजस्वी कवि हैं। इन कवियों की वाणी अग्निगर्भा है। नवीन और दिनकर छायावादी युग के कवि हैं, किंतु इनकी शैली अपेक्षाकृत सहज है। ये लाक्षणिक प्रतीकात्मकता का उतना उपयोग नहीं करते। नवीन स्वयं स्वतंत्रता सेनानी थे। उन्होंने स्वाधीनता आंदोलन की विविध मनःस्थितियों पर उद्बोधपरक

और मार्मिक कविताएँ लिखीं हैं। **आज खड्ग की धार कुंठिता** और **कवि कुछ ऐसी तान सुनाओ** उनकी प्रसिद्ध कविताएँ हैं। स्वतंत्र भारत में उनका प्रबंध-काव्य **उर्मिला** छपा।

रामधारी सिंह 'दिनकर'(1908-1974)

रामधारी सिंह 'दिनकर' ओजस्वी और राष्ट्रीय भावनाओं के कवि के रूप में विख्यात हैं। **रेणुका**, **हुंकार** आदि उनके प्रसिद्ध काव्य-संग्रह हैं। हिमालय पर लिखी गई उनकी कविता अत्यंत प्रसिद्ध हुई। स्वतंत्र भारत में भी वे काव्य-रचना में रत रहे। दिनकर में साम्राज्यवाद और सामंतवाद की अमानवीयता के विरुद्ध घोर असंतोष और क्षोभ की भावना थी। वे अहिंसा को सर्वत्र उचित नहीं मानते। वे एक प्रकार से अधैर्य के कवि हैं। स्वतंत्र भारत में अनेक प्रसिद्ध रचनाएँ छपीं, जिनमें **कुरुक्षेत्र**, **परशुराम की प्रतीक्षा** और **उर्वशी** प्रसिद्ध हैं। **कुरुक्षेत्र** में युद्ध पर विचार किया गया है। स्पष्टत: यह रचना द्वितीय विश्वयुद्ध की विभीषिका से प्रेरित है। **उर्वशी** नर-नारी के सनातन यौन-संबंधों को मनोविज्ञान की दृष्टि से देखने वाला श्रृंगारी काव्य है। इसमें ऐतिहासिक दृष्टिकोण भी अपनाया गया है।

माखनलाल चतुर्वेदी(1889-1968)

माखनलाल चतुर्वेदी राष्ट्रीय भावनाओं के ओजस्वी कवि हैं। उन्होंने 'एक भारतीय आत्मा' उपनाम से ओजपूर्ण राष्ट्रीय कविताएँ लिखीं। किंतु वे राष्ट्रीय कविताओं में भावनाओं को कभी-कभी इतने सूक्ष्म सादृश्य-विधान के आधार पर प्रकट करते हैं कि कविताएँ दुरूह हो जाती हैं और रहस्यमय हो उठती हैं। इस शैली के वे विशिष्ट और अकेले कवि हैं। उन्होंने सहज ढंग से अत्यंत मार्मिक राष्ट्रीय कविताएँ भी लिखी हैं। **पुष्प की अभिलाषा** ऐसी ही अत्यंत लोकप्रिय एवं प्रेरक कविता है।

नरेन्द्र शर्मा(1913-1989)

नरेन्द्र शर्मा ने अनेक उत्कृष्ट कविताएँ लिखी हैं। वे जीवन की जटिल स्थितियों को सरल छंदोबद्ध पंक्तियों में प्रस्तुत करने की क्षमता रखते हैं। प्रकृति चित्रण में वे पंत के अनुगामी हैं। नरेन्द्र शर्मा स्वाधीनता आंदोलन के सिलसिले में जेल गए। बाद में वे समाजवादी विचारधारा और प्रगतिशील काव्य-धारा से घनिष्ठ रूप से जुड़ गए। पंत के साथ उन्होंने **रूपाभ** पत्रिका का संपादन भी किया। बाद में

वे फिल्मों के लिए गीत लिखने लगे। वहाँ भी उनकी प्रतिभा धूमिल नहीं पड़ी। **पलाश वन**, **प्रवासी के गीत** उनके प्रसिद्ध काव्य-संकलन हैं।

श्रीमती सुभद्राकुमारी चौहान की राष्ट्रीय और ओजस्वी कविताएँ अत्यंत लोकप्रिय हुईं, विशेषत: **झांसी की रानी** पर लिखा गया उनका वीर-काव्य (बैलेड)। ऐसी प्रसिद्धि शायद ही किसी अन्य कविता को मिली है। सोहनलाल द्विवेदी ने भी राष्ट्रीय भावनाओं से ओतप्रोत कविताओं की रचना की।

प्रगतिशील काव्य

1930 के आसपास राष्ट्रीय स्वाधीनता आंदोलन में नया उभार आया। देश में किसान-मज़दूरों के आंदोलन तेज़ हुए और कांग्रेस में वामपंथी रुझान प्रभावशाली हुआ। उधर रूस में समाजवादी राज्य की स्थापना हो गई थी और मार्क्सवादी विचारों की लहर एशिया के देशों में भी चल रही थी। ऐसी स्थिति में 1936 में प्रगतिशील लेखक संघ का अधिवेशन हुआ, जिसके सभापति प्रेमचंद थे। बाद में रवींद्रनाथ ठाकुर, जवाहरलाल नेहरू, श्रीपाद अमृत डाँगे जैसे प्रसिद्ध व्यक्ति भी इसके सभापति बने। प्रगतिशील चेतना का प्रादुर्भाव तो आधुनिक हिंदी साहित्य में भारतेंदु के साथ ही हो गया था, किंतु अब उसे एक सुसंबद्ध विचारधारा भी मिल गई। भारत जैसे निर्धन देश की जनता के हृदय में समाजवादी विचारधारा के प्रति बहुत आकर्षण उत्पन्न हुआ। इस विचारधारा ने स्वाधीनता के स्वप्न को और अधिक सुस्पष्ट बनाया। इसके बाद अपने सारे उतार-चढ़ाव के बावजूद प्रगतिशील काव्य-धारा हिंदी की प्रमुख काव्य-धारा बनी हुई है। जितनी व्यापक संवेदनशीलता इस काव्य में है, अन्यत्र नहीं। यह काव्य-धारा अपना संबंध हिंदी की भारतीय परंपरा से जोड़ती है और भावी समाज से भी। वर्तमान के प्रति वह आलोचनात्मक यथार्थवादी दृष्टि अपनाती है। प्रगतिवादी काव्य-धारा की प्रमुख प्रवृत्तियाँ इस प्रकार हैं–

1. प्रगतिवादी काव्य शोषण का विरोध करता है। वह मानता है कि आज किसान-मज़दूरों पर सामंतों और पूँजीवादियों का अत्याचार हो रहा है। वह मानव-इतिहास के विकास को द्वंद्वात्मक दृष्टि से जाँचता है। किसान-मज़दूर एक होकर इस शोषक व्यवस्था का अंत करेंगे। इस अमानवीय शोषण की उपेक्षा आज की वास्तविक कविता नहीं कर सकती।

2. प्रगतिवादी कवि शोषित में शक्ति देखता है, क्योंकि शोषण इतिहास की गति और सामाजिकता के विपरीत है। अत: प्रगतिवादी कवि को शोषित की

संगठित शक्ति और भविष्य पर आस्था है–

मैंने उसको जब-जब देखा–लोहा देखा
लोहा जैसा तपते देखा, गलते देखा, ढलते देखा।
मैंने उसको गोली जैसे चलते देखा। (केदारनाथ अग्रवाल)

3. **नया सौंदर्य बोध–** प्रगतिवादी कवि श्रम में सौंदर्य देखता है। उसका सौंदर्य-बोध सामाजिक मूल्यों और नैतिकता से रहित नहीं। वह अलंकृत या असहज में नहीं, सहज सामान्य जीवन और स्थितियों में सौंदर्य देखता है। खेत में काम करती हुई किसान नारी का यह चित्र इसी तरह का है–

बीच-बीच में सहसा उठकर खड़ी हुई वह युवती सुंदर
लगा रही थी पानी झुककर सीधी करे कमर वह पल भर
इधर-उधर वह पेड़ हटाती, रुकती जल की धार बहाती। (रामविलास शर्मा)

4. **व्यंग्य–** सामाजिक-आर्थिक विषमता का चित्रण करने से रचना में व्यंग्य आ जाना स्वाभाविक है। व्यंग्य ऊपर-ऊपर हास्य लगता है, किंतु वह अंततः करुणा उत्पन्न करता है। इसीलिए सामाजिक व्यंग्य अमानवीय-शोषण सत्ता का सदैव विरोध करता है। प्रगतिशील कवियों में व्यंग्य तो सबके यहाँ मिल जाएगा, किंतु नागार्जुन इस क्षेत्र में सबसे आगे हैं। एक देहाती मास्टर दुखरन, उसके शिष्यों और मदरसे की यह तस्वीर नागार्जुन ने इस प्रकार खींची है–

घुन खाए शहतीरों पर की बारह खड़ी विधाता बाँचे,
फटी भीत है, छत है चूती, आले पर बिस्तुइया नाचे,
लगा-लगा बेबस बच्चों पर मिनट-मिनट में पाँच तमाचे,
इसी तरह से दुखरन मास्टर गढ़ता है आदम से साँचे।

5. **प्रकृति–** मानव-समाज की भाँति प्रकृति के क्षेत्र में भी प्रगतिवादी कवि सहज स्थितियों में सौंदर्य देखता है। उसका सौंदर्य-बोध चयनवादी नहीं होता। प्रगतिवादी कवियों ने प्रकृति और ग्राम-जीवन के अनुपम चित्र खींचे हैं, जिनमें रूप-रस-गंध-वर्ण के बिंब उभरे हैं। नागार्जुन का **बादल को घिरते देखा है**, केदारनाथ अग्रवाल का **बसंती हवा** और त्रिलोचन का **धूप में जग-रूप सुंदर** उत्कृष्ट कविताएँ हैं।

6. **प्रेम–** प्रगतिवादी कवियों ने प्रेम को सामाजिक-पारिवारिक रूप में देखा है। वर्ग-विभक्त समाज में प्रेम सहज नहीं हो पाता। प्रेम वर्ग-भेद, वर्ण-भेद को मिटाता है। प्रगतिवादी कवि प्रेम की पीड़ा का एकांतिक चित्रण करता है। किंतु वह वास्तविक जीवन-संदर्भों में होता है, अतः उसका एकांत भी समाजोन्मुख

होता है, जैसे त्रिलोचन का यह अकेलापन–

आज मैं अकेला हूँ, अकेले रहा नहीं जाता
जीवन मिला है यह, रतन मिला है यह
फूल में मिला है या धूल में मिला है यह
मोल-तोल इसका अकेले कहा नहीं जाता। आज मैं अकेला हूँ।

समाजवादी देशों का समर्थन भी प्रगतिवादी कविता करती है। प्रगतिवादी कविता ने स्वाधीन भारत की स्थितियों में भी विकास किया और इसकी धारा अवरुद्ध नहीं हुई। नागार्जुन, केदारनाथ अग्रवाल, त्रिलोचन, शिवमंगल सिंह 'सुमन', शील, भारतभूषण अग्रवाल, गजानन माधव 'मुक्तिबोध'(1917-1964) आदि इस धारा के प्रमुख कवि हैं।

1943 में अज्ञेय द्वारा संपादित **तारसप्तक** प्रकाशित हुआ। इसमें सात कवि संकलित थे– गजानन माधव 'मुक्तिबोध', रामविलास शर्मा, नेमिचंद्र जैन, गिरिजाकुमार माथुर, भारतभूषण अग्रवाल, प्रभाकर माचवे और सच्चिदानंद हीरानंद वात्स्यायन 'अज्ञेय'। इनमें से अधिकांश प्रगतिवादी थे। उस समय अज्ञेय भी समाजवादी विचारधारा से अपने को जोड़ते थे। यद्यपि इसमें द्वितीय विश्वयुद्ध से उत्पन्न संदेहवाद, वैज्ञानिक उपलब्धियों से ज्ञात विराट के सम्मुख मनुष्य की नगण्यता आदि का भी बोध कम-से-कम अज्ञेय की कविताओं में मिलने लगता है। इन कवियों को संपादक ने 'राहों के अन्वेषी' कहा। लेकिन कुल मिलाकर **तारसप्तक** प्रगतिवादी चेतना की कविताओं का संकलन है।

निबंध

हम पहले देख चुके हैं कि पं. रामचंद्र शुक्ल के निबंध पं. महावीरप्रसाद द्विवेदी द्वारा संपादित **सरस्वती** में छपने लगे थे। उन्होंने निबंध में प्रस्तुत सूत्रों की उपमा पत्ते की नसों से दी है, जो परस्पर गुँथी होती हैं। शुक्ल जी के अधिकांश प्रसिद्ध निबंध मनोविकारों पर हैं। उन्होंने भारतेंदु, प्रेमघन, फ्रेडरिक पिन्कॉट पर भी लिखा है, लेकिन वे या तो व्यक्तित्व-कृतित्व का परिचय देने वाले हैं, या संस्मरण या जीवनीपरक हैं। निबंधकार के रूप में शुक्ल जी का योगदान मनोविकार संबंधी निबंधों के कारण है। इन निबंधों का संग्रह पहले **विचार-वीथी** के नाम से 1930 में प्रकाशित हुआ था। बाद में **चिंतामणि** (पहला भाग) नाम से 1939 में परिवर्धित और संशोधित संस्करण के रूप में प्रकाशित हुआ।

शुक्ल जी के निबंध गंभीर एवं विचारपरक होते हैं। उनमें सूत्रबद्धता एवं

व्यवस्थित केंद्रोन्मुखता होती है। मनोविकारों की परिभाषा करना कठिन होता है। किंतु शुक्ल जी प्राय: निबंध का प्रारंभ परिभाषा से करते हैं। यहाँ उनका कोशकार रूप सामने आता है। वे कोई सूत्र एक वाक्य में प्रस्तुत कर देते हैं और फिर उसकी व्याख्या में प्रवृत्त होते हैं। व्याख्या करके वे आवश्यकतानुसार सामान्य जीवन-खंड से कोई दृष्टांत भी प्रस्तुत कर देते हैं। इससे निबंध का वह सूत्र हृदयंगम हो जाता है।

शुक्ल जी मनोविकारों का विश्लेषण-परीक्षण जीवन के अनुभव के आधार पर करते हैं। पुस्तकीय ज्ञान के आधार पर वे निर्णय नहीं देते। वस्तुत: उनके मनोवैज्ञानिक निबंध उनके काव्यशास्त्रीय एवं समालोचकीय चिंतन की ही भूमिका हैं। निबंधों से उनके देश-प्रेम के स्वरूप का भी पता चलता है। वे देश-प्रेम को देश की प्रकृति, देश की भाषा, संस्कृति, देश के लोगों के संदर्भ में पहचानते हैं। उन्होंने अपने प्रसिद्ध निबंध **लोभ और प्रीति** में देश-प्रेम की व्याख्या मनोविकार के रूप में की है। उन्होंने करुणा को प्रेम से जोड़ा है।

शुक्ल जी के निबंधों की भाषा बहुत कसी हुई, तथ्य निरूपिणी एवं उपयुक्त होती है। वस्तुत: उनके निबंध लेखन से खड़ी बोली गद्य गंभीर विचारों की अभिव्यक्ति का समर्थ माध्यम बना। शुक्ल जी के निबंधों में गंभीर विचारों के बीच-बीच विशेषत: दृष्टांत प्रस्तुत करते समय, व्यंग्य-विनोद के छींटे भी होते हैं। उनका व्यंग्य शिष्ट, किंतु प्रभाव में अचूक होता है।

इस समय रवींद्रनाथ के प्रभाव से भावात्मक शैली में निबंध लिखे गए। वे रहस्योन्मुख होते थे। उन्हें आध्यात्मिक भी समझा जा सकता था और शृंगारी भी। निबंधों में 'वह' या 'वे' को संबोधित किया जाता था, कभी-कभी 'तुम' को भी। जैसे 1926 में प्रकाशित देव शर्मा 'अभय' की पुस्तक **तरंगित हृदय** का यह वाक्य देखिए– 'हे आनंदघन। तुम ही यदि ऊपर से सहस्रों शीतल धाराओं में मूसलाधार इस पर बरसो तभी इस अग्निकुंड के बुझने की कुछ संभावना है।' रायकृष्ण दास की **साधना**, **छायापथ**, वियोगी हरि की **भावना** आदि इसी शैली की भावमय गद्य रचनाएँ हैं। इन्हें 'गद्य-गीत' भी कहा गया है।

अतीत में रमने की प्रवृत्ति महाराज कुमार रघुवीर सिंह के इतिहासपरक निबंधों में मिलती है। उनके निबंधों का संग्रह **शेष स्मृतियाँ** के नाम से प्रकाशित हुआ।

छायावादी कवियों में प्रसाद के निबंध **काव्य-कला तथा अन्य निबंध** में और निराला के निबंध **प्रबंध प्रतिमा**, **चाबुक** आदि में संग्रहीत हैं। प्रसाद के

निबंधों में गंभीर अध्ययन के साथ-साथ विचारों की गहराई दिखलाई पड़ती है। प्रसाद ने इन निबंधों में हिंदी साहित्य की अनेक प्रवृत्तियों पर मौलिक विचार प्रस्तुत किए हैं। इनका आलोचनात्मक महत्त्व अधिक है। निराला के निबंधों में सामाजिक, साहित्यिक सरोकार के साथ व्यंग्य और क्षोभ मिलता है। महादेवी वर्मा के साहित्यिक निबंध **महादेवी का विवेचनात्मक गद्य** में संकलित हैं, जिनमें उन्होंने छायावाद, यथार्थवाद आदि पर विचार किया है।

पं. हजारीप्रसाद द्विवेदी के निबंधों का पहला संकलन **विचार और वितर्क** 1945 में प्रकाशित हुआ और **अशोक के फूल** 1948 में। द्विवेदी जी निबंधों की रचना स्वातंत्र्योत्तर भारत में भी करते रहे, किंतु लिखना उन्होंने इसी दौर में प्रारंभ किया। द्विवेदी जी के जैसे निबंध हिंदी में पहले नहीं लिखे गए थे। उन्होंने निबंध विधा को अपने लेखन से सर्जनात्मक साहित्य की कोटि में परिगणनीय बना दिया। उनके निबंध मूलतः भारत के सांस्कृतिक इतिहास की पुनर्रचना करते हैं। **अशोक के फूल** उनका प्रतिनिधि निबंध कहा जा सकता है। वे पहले इस फूल का सौंदर्य बताते हैं, फिर उसका इतिहास, उस इतिहास के बहाने मध्यकाल का सांस्कृतिक इतिहास, तत्कालीन जीवन और फिर सामंती वैभव का खोखलापन, उसकी अमानवीयता। अंत में **अशोक के फूल** की वर्तमान उपेक्षा। इन सबसे वे इतिहास की दुर्दांत और निर्मम धारा का प्रभाव पाठकों के दिल पर छोड़ जाते हैं। यह प्रभाव रचनात्मक कृतियों के प्रभाव जैसा होता है।

द्विवेदी जी की बहुत बड़ी शक्ति है, पांडित्य को पीछे रखकर सहज हो पाने की क्षमता। वे बड़ी-से-बड़ी बात को सरल-सहज शैली में कह कर पाठक का विश्वास अर्जित कर सकते हैं। उनकी शैली अनौपचारिक होती है। उसमें पांडित्य और लोक-जीवन का सहज प्रवाह, दोनों हैं।

जैनेंद्र कुमार, सियारामशरण गुप्त, राहुल सांकृत्यायन और पदुमलाल पुन्नालाल बख्शी, बाबू गुलाबराय, सद्‌गुरुशरण अवस्थी आदि अन्य उल्लेखनीय निबंधकार हैं। शिवपूजन सहाय सहज, सरल शैली के गद्यकार थे। **हिमालय, बालक** और **मतवाला** के संपादक के रूप में उन्होंने हिंदी के उन्नयन में महत्त्वपूर्ण योग दिया है।

नाटक

भारतेंदु-युग में नाटक साहित्य ही प्रधान काव्य-रूप बन गया था। किंतु बाद में नाट्य-रचनाएँ कम हो गईं। इस क्षेत्र में जयशंकर प्रसाद ने महत्त्वपूर्ण कार्य किया।

उनके नाटकों से हिंदी साहित्य में बहुत बड़े अभाव की पूर्ति हुई। नाट्य-रचना का विधान प्राचीन काव्यशास्त्र में विस्तार से किया गया है। हिंदी नाटककारों ने उस विधान को ज्यों-का-त्यों स्वीकार नहीं किया। नांदी, मंगलाचरण, प्रस्तावना को हटाया जाने लगा। विष्कंभक, प्रवेशक आदि का विधान छोड़ दिया गया। विदूषक के बदले कोई मनोरंजक पात्र रखा जाने लगा। साँचे में ढले हुए पात्रों के स्थान पर निजी व्यक्तित्व की विशेषताओं से युक्त पात्र आने लगे। मृत्यु और वध के दृश्य दिखाए जाने लगे। समकालीन सामाजिक, राजनीतिक परिवेश एवं बोध का दबाव पात्रों, घटनाओं और नाटक के उद्देश्य पर पड़ना अनिवार्य था।

इस काल में ऐतिहासिक नाटक लिखने की धूम रही। जयशंकर प्रसाद के अतिरिक्त हरिकृष्ण 'प्रेमी', गोविंदवल्लभ पंत, सेठ गोविंद दास आदि ने ऐतिहासिक नाटक लिखे। उग्र ने **महात्मा ईसा** नामक साहसपूर्ण नाटक लिखा। सामाजिक समस्याओं पर नाटक लिखने वालों में लक्ष्मीनारायण मिश्र, उपेन्द्रनाथ 'अश्क' तथा भुवनेश्वर प्रमुख हैं। डॉ. रामकुमार वर्मा ने ऐतिहासिक और सामाजिक, दोनों प्रकार के नाटक लिखे। इसी समय एकांकियों का भी प्रचलन हुआ और रेडियो नाटकों का भी। प्रसाद जी के नाटकों का क्षेत्र प्राचीन हिंदूकाल है और प्रेमी जी का मुस्लिमकाल।

प्रसाद के ऐतिहासिक नाटकों पर अपने समय अर्थात् बीसवीं शती की समस्याओं का पूरा प्रभाव है। उनके नाटक राष्ट्रीयता, अतीत-गौरव की भावना से परिपूर्ण हैं। उनमें सांप्रदायिक एकता तथा विश्वबंधुत्व की भावना भी दिखाई पड़ती है, जिसे अंतर्राष्ट्रीय भावना भी कह सकते हैं। **चंद्रगुप्त** (1931) नाटक में एक ओर तो राजनीतिक चालें और चाणक्य का सूत्र-संचालन है, और दूसरी ओर उसका इन सबसे विरक्त ब्राह्मण-व्यक्तित्व है। इससे उस पात्र में अंतर्द्वंद्व तो आ ही गया है, शील-वैचित्र्य भी आ गया है। **स्कंदगुप्त** (1928) की 'देवसेना' ठेठ छायावादी पात्र है। प्रसाद के नाटकों में उनका कवि मुखर है। उनके कुछ श्रेष्ठ गीत इन नाटकों में यत्र-तत्र दिखलाई पड़ते हैं। प्रसाद नारी-रूप के विश्वसनीय जानकार हैं। भारतीय नारी के शोषण के प्रति क्षोभ को ही व्यक्त करने के लिए उन्होंने **ध्रुवस्वामिनी** (1933) लिखा, जिसमें कायर पति को त्याग कर एक प्राचीन हिंदू रानी अपने देवर का वरण करती है। कहने की आवश्यकता नहीं कि प्रसाद इस नाटक द्वारा उचित कारण होने पर पुनर्विवाह के विधान को उचित ठहरा रहे हैं।

प्रसाद के नाटकों पर यह आरोप लगाया जाता है कि वे अभिनय-योग्य कम

हैं। उनके संवाद एकरस और अधिक काव्यात्मक हैं। फिर भी प्रसाद के नाटकों का मंचन उनके जीवन-काल से ही होता रहा है। प्रसाद की अन्य उल्लेखनीय नाट्य-कृतियाँ हैं– **अजातशत्रु**, **राज्यश्री**, **विशाख**, **जनमेजय का नागयज्ञ**, **कामना**। **कामना** को स्वप्न रूपक समझना उचित होगा, इसमें एक अपूर्व लोक का निर्माण किया गया है।

श्री हरिकृष्ण 'प्रेमी' के **शिवासाधना** और **रक्षाबंधन** नाटक प्रसिद्ध हैं। श्री प्रेमी के नाटकों के कथोपकथन स्वाभाविक हैं। **शिवासाधना** छत्रपति शिवाजी के जीवन पर है और **रक्षाबंधन** इस प्रसिद्ध ऐतिहासिक अनुश्रुति पर कि 'मेवाड़ की महारानी कर्मवती द्वारा राखी भेजने पर हुमायूँ ने गुजरात के शासक बहादुरशाह को युद्ध में पराजित करके अपनी धर्म-बहन की रक्षा की थी' आधारित है। दोनों नाटकों पर स्वाधीनता आंदोलन के विचारों का प्रभाव स्पष्ट है। सेठ गोविंद दास के **कर्त्तव्य** में राम और कृष्ण दोनों के चरित्रों को एक ही नाटक में गूँथ दिया गया है और दिखाया गया है कि राम लोकहित का पालन मर्यादा के द्वारा करते हैं और कृष्ण अपनी अवसरानुकूल रणनीति द्वारा। श्री गोविंद वल्लभ पंत का सबसे प्रसिद्ध नाटक **राजमुकुट** है, जो पन्ना धाय के अपूर्व त्याग की कथा पर आधारित है। श्री उदयशंकर भट्ट ने पौराणिक आधार लेकर **राधा**, **विश्वामित्र** और **मत्स्यगंधा** आदि रीति नाटकों की रचना की।

हिंदी नाटक को एक नया मोड़ श्री लक्ष्मीनारायण मिश्र ने **मुक्ति का रहस्य** (1932) और **सिंदूर की होली** (1934) लिखकर दिया। दोनों समस्या-नाटक हैं। समस्या-नाटक से तात्पर्य ठेठ समकालीन जीवन की समस्याओं से है, जो बहुत कुछ व्यक्ति के मनोजगत से संबद्ध है। इनमें भावुकता से भरसक बचा गया है।

इस दौर में एकांकी नाटकों का प्रचलन बढ़ा। शुक्ल जी ने लिखा है– "एकांकी भारतीय साहित्य में कोई नई विधा नहीं है। ... एक अंक वाले कई उपरूपक हमारे यहाँ बहुत पहले से माने गए हैं। एकांकी में समय की बचत होती है और कथ्य को अधिक धारदार ढंग से प्रस्तुत किया जा सकता है।" प्रसाद के **एक घूँट** को अनेक विचारकों ने एकांकी कहा है। कथा साहित्य में जो स्थान कहानी का है, वही रूपक के क्षेत्र में एकांकी का। रामकुमार वर्मा, उपेन्द्रनाथ 'अश्क', भुवनेश्वर आदि ने एकांकी साहित्य की श्रीवृद्धि की। रामकुमार वर्मा द्वारा लिखित **एक तोले अफ़ीम की कीमत**, **दस मिनट**, **स्वर्ग का कमरा** आदि प्रसिद्ध एकांकी हैं। अश्क ने **चरवाहे**, **लक्ष्मी का स्वागत**, **सूखी डाली**, **पहेली**

आदि एकांकी लिखे। भुवनेश्वर के अधिकांश एकांकी विकृत स्थितियों को लेकर लिखे गए हैं। **स्ट्राइक, प्रतिभा का विवाह** उनके उल्लेखनीय एकांकी हैं। एकांकी विधा की उपयोगिता रेडियो का प्रचार होने के बाद और बढ़ी, क्योंकि वहाँ निश्चित समय में ही संवाद और ध्वनि द्वारा नाटक पूरा कर देना होता है।

अध्याय 5

स्वातंत्र्योत्तर हिंदी साहित्य

सामान्य परिचय

1947 में भारत स्वतंत्र हो गया। भारत खंडित होकर स्वतंत्र हुआ। शुरू में कुछ समय तक भारत की स्वतंत्र सरकार को शरणार्थियों के पुनर्वास और उनकी सुरक्षा की समस्या से उलझना पड़ा। भारत-विभाजन के पूर्व और उसके कुछ समय बाद भी भयंकर सांप्रदायिक दंगे हुए, जिनमें लाखों आदमी बेघरबार होकर भारत से पाकिस्तान गए और पाकिस्तान से भारत आए। इतिहास के अतिप्राचीन काल से भारत की जो अखंड मूर्ति थी वह खंडित हो गई। हिंदू मुसलमान भाई-भाई कहलाते थे। दंगों में वे एक-दूसरे के खून के प्यासे हो गए। हिंदी क्षेत्र को विभाजन का अनुभव दूर से ही हुआ। इसीलिए विभाजन की ऐतिहासिक त्रासदी ने हिंदी साहित्य को अधिक प्रभावित नहीं किया। जो साहित्य रचा भी गया है, वह प्रायः उन्हीं साहित्यकारों द्वारा, जो पंजाब के हैं और पाकिस्तान से यहाँ आए हैं।

भारत ने विकास के लिए मिश्र अर्थव्यवस्था को अपनाया और समाजवाद को अपना लक्ष्य घोषित किया। अंतर्राष्ट्रीय क्षेत्र में भारत ने 'निर्गुटता' की नीति अपनाई। स्वाधीन भारत की मानसिकता के निर्माण में दो प्रक्रियाओं का सर्वाधिक महत्त्व है– एक, आम चुनावों और दूसरी, पंचवर्षीय योजनाओं का। इन्होंने ही इन स्थितियों में परिवर्तन की प्रक्रिया प्रारंभ की और उन परिस्थितियों को प्रस्तुत किया, जिनपर स्वाधीनता के उपरांत का साहित्य, जिसे स्वातंत्र्योत्तर साहित्य कहा जाता है, आधारित है।

पंचवर्षीय योजनाओं से देश के कोने-कोने में निर्माण कार्य प्रारंभ हुआ। सुदूर क्षेत्रों तक बिजली और मशीन पहुँचीं। वहाँ हलचल शुरू हुई। भारत के सुदूर क्षेत्र शताब्दियों से 'एकरस' स्थिति में थे। अब वहाँ परिवर्तन होने लगा। प्राचीन विदा होने लगा, नवीन आने लगा। शिक्षा का प्रसार होने से रोज़गार के अनेक अवसर मिलने से, गाँवों के शिक्षित नवयुवक देहात छोड़कर शहरों में आए। छोड़े हुए गाँव की स्मृतियाँ उनके मन को कचोटती थीं। फिर उनके देखे हुए पात्र विदा हो रहे थे। इससे गाँवों के प्रति जो ममता एवं आत्मीयता की भावना पैदा हुई उससे हिंदी साहित्य में आंचलिकता की प्रवृत्ति पैदा हुई। यह आंचलिकता कविता और कथा साहित्य, दोनों– यहाँ तक कि निबंध-साहित्य और किसी हद तक नाटक– में भी पाई जाती है।

देहातों से आकर नगर में बस जाने वाले युवक प्रायः अपनी पत्नी और बच्चों के ही साथ रह सकते हैं– नगर में स्थान की कमी, महँगाई और बेहतर सुविधाओं को प्राप्त करने की ललक के कारण। इससे संयुक्त परिवार टूट गया। दूसरी ओर, दिनोदिन बढ़ते हुए उद्योगीकरण के कारण नगरों में भीड़-भाड़ बढ़ती ही गई। इससे अपरिचय का वातावरण विकसित हुआ। भारतीय जीवन में अजनबीपन या अकेलेपन का सबसे बड़ा कारण संयुक्त परिवार का टूटना और नगरों या महानगरों का व्यस्त जीवन है, जहाँ एक को दूसरे की सहायता करने की फुर्सत कम रहती है। इस वास्तविक 'अकेलेपन' और 'अजनबीपन' से 'अस्तित्ववादी अजनबीपन' और 'अकेलापन' मिल गए और साहित्य में चल निकले।

स्वाधीनता के उपरांत नारी-शिक्षा के क्षेत्र में अपूर्व विकास हुआ। अब शिक्षित नारियों की संख्या में बहुत बढ़ोतरी हुई है। वे नौकरी भी कर रही हैं। स्कूलों, कॉलेजों, विश्वविद्यालयों, बैंकों, डॉक्टरी आदि सेवाओं में वे पुरुषों से स्पर्धा करने की स्थिति में आ गई हैं। अब वे आर्थिक तौर पर स्वतंत्र हो रही हैं। इससे पारिवारिक संबंधों में बहुत बदलाव आया है। हमारे साहित्य, विशेषतः कथा साहित्य में स्वावलंबी नारी-पात्रों का प्रवेश हुआ है, जिसके कारण नर-नारी संबंधों, दांपत्य जीवन, और संतान पर पड़ने वाले प्रभावों का भी चित्रण नए ढंग से होने लगा है।

1947 के बाद धीरे-धीरे स्वाधीनता संघर्ष का आवेग कम हो गया। सांप्रदायिकता के उन्माद से ग्रस्त एक व्यक्ति ने गांधी की हत्या कर दी। बड़े नेता मंत्रिपद पर विराजमान हो गए। बाहरी सहायता के रूप में योजनाओं के लिए धन आया, उससे निर्माण का काम होता था। लेकिन उसके वितरण में

भाई-भतीजावाद पनपने लगा। कुछ क्षेत्र उन्नत थे, कुछ पिछड़े हुए। अवसर मिलने पर उनमें परस्पर-स्पर्धा का भाव पैदा हुआ, जिससे क्षेत्रीयता और भाषागत संकीर्णता की भावना बढ़ी। संविधान ने हिंदी को संपर्क-भाषा और राजभाषा के रूप में स्वीकार कर लिया। किंतु अंग्रेज़ी का वर्चस्व बना ही रहा, क्योंकि देश में बड़े पूँजीपतियों और विदेशों की बहुराष्ट्रीय कंपनियों को अंग्रेज़ी में सुविधा है। काले धन का विस्तार बहुत तेज़ी से हुआ। इन सब बातों के कारण स्वाधीनता आंदोलन के दिनों के बनाए हुए सिद्धांत और आदर्श पीछे ही नहीं पड़ गए, बल्कि उनका अवसरवादी उपयोग भी होने लगा जिससे मोह भंग हुआ। कथनी और करनी के अंतर के कारण व्यंग्य-विडंबना की नाटकीय स्थिति उत्पन्न हुई। भाषा का सहज अर्थ खो गया। ठीक अर्थ जानने के लिए संदर्भ की पहचान और काइयाँपन की ज़रूरत पड़ने लगी। स्वाधीनता के उपरांत इस मोहभंग, व्यंग्य, विडंबना और असुरक्षा-भावना की अभिव्यक्ति साहित्य में हुई है।

प्रगतिवादी धारा पहले से चली आ रही थी। स्वाधीनता के बाद के प्रारंभिक वर्षों में केंद्रीय सरकार और भारतीय कम्युनिस्ट पार्टी में टकराहट की स्थिति आई। तेलंगाना में सशस्त्र किसान-विद्रोह भारतीय कम्युनिस्ट पार्टी के नेतृत्व में चला। इन्हीं दिनों हिंदी साहित्य पर अस्तित्ववादी विचारों का प्रभाव भी पड़ने लगा। व्यक्ति-स्वातंत्र्य और राजसत्ता के विरोध का स्वर हिंदी साहित्य, विशेषत: कविता के क्षेत्र में सुनाई पड़ने लगा।

इतिहास की व्यर्थता, क्षणवाद, साहित्य की शुद्धता, निजता की सुरक्षा आदि का नारा इसी क्षेत्र से आया। इन विचारों के प्रचार के लिए पत्र-पत्रिकाएँ भी निकलीं और उनका प्रभाव भी रहा। किंतु देश की वास्तविक स्थितियाँ अस्तित्ववादी विचाराधारा की नहीं, समाजवादी विकास की माँग करती थीं। क्योंकि हमारा देश आर्थिक तौर पर पिछड़ा, किंतु अपार संभावनाओं का है। हम अपने गौरवशाली इतिहास एवं मानवीय परंपराओं को भूल नहीं सकते। इसीलिए यहाँ अस्तित्ववाद (Existentialism)* और अकेलापन उस रूप में नहीं दिखलाई पड़े जैसे कि यूरोप में। यहाँ समाजवादी और अस्तित्ववादी विचारों का सामंजस्य होने की स्थिति अधिक है।

---

* अस्तित्ववाद (Existentialism) की मान्यता है कि यह संसार निस्सार है, अर्थहीन है और इसलिए इसमें मनुष्य का हर फ़ैसला निराधार है, अतर्कित है। फिर भी, विडंबना यह है कि मनुष्य अपने इन्हीं फ़ैसलों का प्रतिफल होता है, इन्हीं से निर्धारित होता है।

हर आम चुनाव में राजनीतिक दल बेहतर भविष्य का वादा करते हैं। यह भी सच है कि स्वाधीनता के बाद भारत ने उन्नति की है। सामान्य जीवन की सुविधाएँ बढ़ गई हैं। ज़मींदारी-उन्मूलन, बैंकों के राष्ट्रीयकरण, आरक्षण, और अनेक ग्रामीण योजनाओं से निम्न वर्ग के लोगों की स्थितियों में थोड़ा-बहुत सुधार हुआ है। किंतु पहले से सुविधाप्राप्त वर्ग ने जितनी आर्थिक उन्नति की है, निम्न वर्ग की तुलना उससे की जाए तो स्थिति असंतोषजनक है। इस असंतोष ने राजनीति के अलावा साहित्य में भी आक्रोश की भावना उत्पन्न की। परिणामस्वरूप आक्रोशमय किंतु मूल्यांध एवं सर्वनिषेधात्मक साहित्य देखने में आया है। संतोष की बात है कि अब नई पीढ़ी के रचनाकार आक्रोश की सीमाएँ समझ चले हैं। वे राजनीति और साहित्य का परस्पर संबंध तो मानते हैं, किंतु राजनीति और साहित्य में अंतर भी करते हैं। बड़ी बात यह है कि वे परंपरा का उचित मूल्यांकन करना सीख चले हैं। उनके साहित्य में परिवर्तन की आतुर प्रतीक्षा तो है, किंतु यथार्थ-स्थितियों की उपेक्षा नहीं। इससे रचनात्मकता में एक सुखद संयम दिखलाई पड़ने लगा है।

भूमंडलीकरण, दलित-चेतना, नारी-चेतना, उत्तर-आधुनिकता, इतिहास का अंत

दलित-चेतना और नारी-चेतना ने स्वातंत्र्योत्तर भारत के नौवें दशक में आंदोलन का रूप धारण कर लिया। 'प्रत्येक व्यक्ति का एक मत' का सिद्धांत नारी सशक्तीकरण और दलित सशक्तीकरण के मूल में है। हमारे देश में दलितों की बहुत बड़ी संख्या है। कोई राजनीतिक पार्टी अपने को इनके मतों से वंचित नहीं रखना चाहती। लेकिन इन चेतनाओं के पीछे वोट-बैंक की ही राजनीति है, यह समझना बहुत बड़ी भूल होगी। वस्तुतः इस देश का शायद ही कोई महापुरुष हुआ हो जो इनकी यातना से द्रवित न हुआ हो। स्वाधीन भारत की जनतांत्रिक व्यवस्था ने इन्हें अपने अधिकारों के प्रति सचेत बनाया। हिंदी साहित्य पर भी इनका प्रभाव दिखलाई पड़ा। दलित-चेतना अधिक आक्रामक है। डॉ. धर्मवीर जैसे आलोचक सही बात को भी झोंक में कहते हैं। लेकिन साहित्य के सर्जक दलित लेखक इस विषय में सावधान हैं। डॉ. ओमप्रकाश वाल्मीकि, मोहनदास नैमिशराय, जयप्रकाश कर्दम, सूरजपाल चौहान, श्योराज सिंह 'बेचैन' दलित-चेतना के उल्लेखनीय लेखक हैं। आश्चर्य है कि हिंदी दलित-लेखन में महिला रचनाकारों की संख्या नगण्य है।

हिंदी साहित्य में नारी-चेतना का प्रभाव अधिकांशतः साहित्य-सर्जना के क्षेत्र में ही दिखलाई पड़ा। इनमें भी नारीवादी लेखक तो शायद ही कोई हो। स्वाधीन भारत में नारी शिक्षा के व्यापक प्रचार-प्रसार ने नारी-चेतना को आंदोलन बनाने में अपनी भूमिका अदा की है। इस बीच साहित्य में नारी-लेखकों की अनुपेक्षणीय संख्या सामने आई है। उनमें अपनी बात को साहसपूर्वक खुलकर कहने का भाव भी है और वे घरेलू जीवन के साथ-साथ अपने व्यक्तिगत जीवन विशेषतः यौन-जीवन को ज्यादा खुलकर प्रस्तुत करने लगी हैं। इस संदर्भ में ममता कालिया, मैत्रेयी पुष्पा, प्रभा खेतान, मृदुला गर्ग, चित्रा मुद्‌गल के नाम उल्लेखनीय हैं। कात्यायनी, निर्मला गर्ग, अनामिका, सविता सिंह, नीलेश रघुवंशी जैसी कवयित्रियाँ साहित्यिक क्षेत्र में नए तेवर के साथ सामने आई हैं। फिर भी नारी-चेतना के आंदोलन को उत्कृष्ट लेखन का आधार नहीं माना जा सकता। महादेवी वर्मा, सुभद्रा कुमारी चौहान, कृष्णा सोबती, मन्नू भंडारी जैसी लेखिकाओं का संबंध नारीवाद या नारी-चेतना से नहीं रहा है।

वैचारिक क्षेत्र में जिस प्रकार द्वितीय विश्वयुद्ध के दौरान फ्रांस में अस्तित्ववाद का उत्थान हुआ था, लगभग उसी प्रकार सोवियत संघ के विघटन के बाद उत्तर-आधुनिकतावाद (Post-Modernism) का प्रचार-प्रसार बढ़ा। राजनीतिक-सामाजिक दृष्टि से उत्तर-आधुनिकतावाद को एकदम से खारिज नहीं किया जा सकता, क्योंकि वह परिधि के हाशिए पर पड़े हुए या उपेक्षित लोगों की चिंता करने का दावा करता है। इसीलिए सबॉल्टर्न (Subaltern) या निम्नवर्गीय चिंता को उत्तर-आधुनिकता के साथ जोड़ा जाता है। दिक्कत यह है कि वह समस्या के समाधान के लिए दिशा-संधान का निर्देश नहीं करता। इसलिए वह किसी आंदोलन की प्रेरणा नहीं देता। उत्तर-आधुनिकता का बहुलतावाद सुनने में तो बहुत अच्छा लगता है, लेकिन समस्याओं को समान महत्त्व का मान लेने से (जो संरचनावाद की विशेषता है) किसी समस्या को प्राथमिकता नहीं मिलती और इस तरह सामाजिक आंदोलन करके समस्याओं का अंत करने या स्थिति को बेहतर बनाने की दृष्टि से उत्तर-आधुनिकतावाद अपंग हो जाता है। वस्तुतः उत्तर-आधुनिकतावाद एक प्रकार का पराजयवाद है, जो यह मानता है कि इतिहास के उद्योग मानव सभ्यता को श्रेयस्कर बनाने में अंतिम रूप से असफल सिद्ध हो चुके हैं। विचारधारा और इतिहास का अंत इसी पराजय-बोध पर टिके हैं।

देखने में यह सिद्धांत कामू के 'मिथ ऑफ़ सिसिफ़स'* के विचार से मिलता है, लेकिन ज्याँ पॉल सार्त्र और अल्बेयर कामू ऐसे अस्तित्ववादी विचारक थे जो सामाजिक और राजनीतिक आंदोलनों में सक्रिय भागीदारी निभाते थे। यह आश्चर्यजनक ही है कि हमारे समय के श्रेष्ठ बुद्धिजीवी समझे जानेवाले भाषाविद् नॉम चोम्स्की** के अराजकतावाद में भी उत्तर-आधुनिकतावाद का कोई स्थान नहीं है।

आलोचना में देरिदा*** के विखंडनवाद (De-constructionism) का योगदान यह है कि वह नए पाठों की खोज की प्रेरणा देकर समीक्षा और आस्वाद को अधिकाधिक समावेशी बनाता है। उत्तर-आधुनिकतावाद का निम्नवर्गीय या सबॉल्टर्न (जो मूलत: मार्क्सवादी विचारक ग्राम्ची**** की अवधारणा है) इस स्तर पर विखंडन के नए (उपेक्षित या अनखोजे) पाठ के मेल में है। लेकिन गति प्राथमिकता के भाव-बोध से मिलती है, और ऊर्जा भी। और यह पूर्ववर्ती बोध को सर्वथा अप्रासंगिक मानने से संभव नहीं। बहरहाल हिंदी साहित्य पर उत्तर-आधुनिकता का कोई उल्लेखनीय प्रभाव नहीं पड़ा है।

स्वातंत्र्योत्तर भारत में रूप के स्तर पर भाषा-प्रयोग सर्वाधिक उल्लेखनीय है। व्यंग्य के कारण तत्सम पदावली का अपूर्व अवमूल्यन हुआ। कथा साहित्य में तो वह प्राय: व्यंग्य-विनोद के लिए या वास्तविकता और दिखावे का अंतर प्रकट करने के लिए प्रयुक्त होती है। आंचलिक साहित्य में क्षेत्रीय शब्दों का उपयोग बहुत जल्द फैशन बन गया। कहानी और कविता में अंग्रेज़ी शब्दों का प्रयोग होने लगा– कभी-कभी भद्दे ढंग से भी। कविता गद्य के बहुत निकट आ गई और कहानी में आत्मालाप और मनोजगत का चित्रण बढ़ गया। भाषा की दृष्टि से

---

* ग्रीक मिथक की एक कथा जिसमें एक राजा को एक चट्टान को लुढ़काते हुए पहाड़ी के शीर्ष पर ले जाना था। पर वह चट्टान शीर्ष पर पहुँचकर बार-बार लुढ़क कर फिर ज़मीन पर आ जाती थी। यह एक प्रतीक-कथा है जो अल्बेयर कामू की पुस्तक The Myth of Sisyphus का आधार है। इसमें मनुष्य-जीवन की अस्तित्ववादी तस्वीर प्रस्तुत है।

** Noam Chomsky मैसाचुसेट्स इंस्टिट्यूट ऑफ़ टेक्नोलॉजी में भाषा-विज्ञान के प्रोफ़ेसर थे। भाषा-विज्ञान के अलावे वे दर्शन-शास्त्र, समसामयिक विषयों/ मुद्दों, अंतर्राष्ट्रीय राजनीति आदि पर भी व्यापक रूप से लिखते-बोलते रहे हैं।

*** Jacques Derrida फ्रेंच दार्शनिक थे जिनके द्वारा प्रतिपादित आलोचना-सिद्धांत De-constructionism के नाम से प्रसिद्ध हुआ।

**** Antonio Gramsci (1891-1937) बीसवीं सदी के एक सुविख्यात मार्क्सवादी चिंतक थे जिन्हें इटली के फासिस्ट तानाशाह मुसोलिनी ने नजरबंद कर दिया था।

सबसे क्षतिग्रस्त हिंदी आलोचना की भाषा हुई। लेकिन यह बात असमर्थ आलोचकों की भाषा के बारे में ही कही जा सकती है। स्वातंत्र्योत्तर हिंदी आलोचना की भाषा में नया निखार और पैनापन भी आया है। समर्थ आलोचकों के यहाँ उसका वस्तुगत रूप निखरा है।

भारत के इतिहास में 1947 का वर्ष राजनीतिक दृष्टि से भले ही महान परिवर्तन का बिंदु हो, किंतु साहित्य में तत्काल कोई महत्त्वपूर्ण परिवर्तन घटित नहीं हुआ। कुछ दिनों तक कविता, उपन्यास, कहानी, नाटक, निबंध, समालोचना आदि विधाओं के अंतर्गत क्रमागत प्रवृत्तियों के अनुरूप ही रचनाएँ होती रहीं। इसलिए आधुनिक काल के अन्य पूर्ववर्ती युगों की तरह 1947 से किसी नितांत भिन्न साहित्यिक काल के आरंभ का आभास नहीं मिलता, फिर भी यह तथ्य है कि स्वाधीनता-प्राप्ति के बाद धीरे-धीरे जो राजनीतिक, आर्थिक एवं सामाजिक परिवर्तन हुए, उनसे साहित्य भी क्रमशः प्रभावित हुआ और हिंदी साहित्य की विभिन्न विधाओं में कुछ नवीन प्रवृत्तियों का उदय हुआ।

कविता

यों तो हिंदी कविता की प्रायः सभी पूर्व प्रवृत्तियाँ स्वातंत्र्योत्तर काल में भी परिलक्षित होती हैं, किंतु नई काव्य-प्रवृत्ति के रूप में सबसे अधिक चर्चा 'नई कविता' की हुई।

1951 में **दूसरा सप्तक** और 1959 में **तीसरा सप्तक** प्रकाशित हुआ। संपादक अज्ञेय ही थे। **तारसप्तक** अर्थात् पहला सप्तक 1943 में प्रकाशित हुआ था, जिसका प्रमुख स्वर प्रगतिशील काव्य का था। दूसरे और तीसरे सप्तक में स्थिति भिन्न हो गई। दूसरे सप्तक के कवि हरिनारायण व्यास, भवानीप्रसाद मिश्र, शमशेर बहादुर सिंह, नरेश मेहता, शकुंत माथुर, रघुवीर सहाय और धर्मवीर भारती थे। तीसरा सप्तक के कवि थे प्रयाग नारायण त्रिपाठी, कुंवरनारायण, कीर्ति चौधरी, केदारनाथ सिंह, मदन वात्स्यायन, विजयदेवनारायण साही और सर्वेश्वर दयाल सक्सेना। इसी बीच मासिक **प्रतीक** (पत्रिका) का प्रकाशन प्रारंभ हुआ। इसके संपादक अज्ञेय थे। फिर **निकष**, **नयी कविता** आदि साहित्यिक पत्रिकाएँ लगातार निकलीं। ये सामाजिक प्रतिबद्धता से कविता को दूर ले जाना चाहती थीं। उनकी मुख्य चिंता यह थी कि कविता के क्षेत्र में राजनीति को प्रवेश नहीं मिलना चाहिए। 'प्रयोगवाद' और 'नई कविता' प्रगतिशील काव्य-धारा के समानांतर प्रवाहित होने वाली काव्य-प्रवृत्तियाँ हैं। इनमें कविता की निजता की

सुरक्षा का आग्रह है। प्रयोगवाद में मोहभंग और उससे उत्पन्न व्यंग्य विद्रूपता की मन:स्थिति प्रमुख है। स्वाधीनता-प्राप्ति के उपरांत व्यवस्था से असंतोष और द्वितीय विश्वयुद्ध में नरसंहार के कारण मानवीय प्रयत्नों पर से विश्वास उठ गया। देश-काल की असीमता के बोध ने मनुष्य को नगण्य बना दिया। इससे शिक्षित युवक-कवियों के मन में एक प्रकार के मोहभंग की स्थिति पैदा हुई। यह अज्ञेय और प्रभाकर माचवे की कविताओं में दिखलाई पड़ने लगता है। इसी मन:स्थिति में अज्ञेय चाँदनी को 'वंचना' कहते हैं और प्रभाकर माचवे लिखते हैं-

विज्जाकाया के दो पद सुनकर चित्त हुआ गद्‌गद।

यहाँ 'गद्‌गद' होना गद्‌गद होने का मज़ाक उड़ाना हुआ।

यह प्रवृत्ति प्रपद्यवाद में सीमांत पर पहुँची, जिसमें मन को बिल्कुल खुला छोड़कर कविता हुई और अनगढ़ और अपरिचित शब्दों का प्रयोग बहुत हुआ।

प्रयोगवाद कुल मिलाकर अपने शिल्पगत प्रयोगों और भावुकता विरोध के लिए प्रसिद्ध है। इस दौर में प्रगतिशील चेतना के कवि शमशेर बहादुर सिंह ने फ्रांसीसी प्रतीकवादी कवियों* के प्रभाव में पर्याप्त प्रयोग किए, जिनके कारण उनको 'कवियों का कवि' कहा गया। प्रयोगवाद की प्रवृत्ति **तारसप्तक** में संकलित अज्ञेय और प्रभाकर माचवे की कुछ कविताओं में मिलने लगती है, किंतु **प्रतीक** और **दूसरा सप्तक** के प्रकाशन के बाद प्रयोगवाद अधिक चर्चित हुआ।

द्वितीय विश्वयुद्ध के उपरांत यूरोप में अस्तित्ववाद की लहर तेज़ी से फैली। सार्त्र और कामू इसके नए विचारक बने। अनिश्चय, चयन की पीड़ा, मानव-इतिहास की व्यर्थता, मृत्यु का संत्रास- इसके प्रमुख सूत्र हैं। इससे हिंदी के विचारक कवि भी प्रभावित हुए। अजनबीपन की बात यहाँ भी होने लगी। जिन ऐतिहासिक स्थितियों में यह यूरोप में बीसवीं सदी में प्रभावशाली बना था, वे स्थितियाँ भारत में नहीं थीं। लेकिन विचार में इससे प्रभावित होना अस्वाभाविक नहीं था। विशेष

---

* Stéphen Mallarmé, Paul Verlaine, Jules Laforgue, Arthur Rimbaud - ये फ्रेंच प्रतीकवादी कवि हैं। इनका मानना था कि कला जिस सत्य का उद्‌घाटन करती है वह इंद्रियानुभूत या बुद्धिग्राह्य सत्य से बड़ा और गहरा सत्य होता है। सत्य का ऐसा उद्‌घाटन कवि द्वारा प्रतीकों की चतुर योजना से ही संभव हो पाती है।

चूँकि ऐसा सत्य केवल कवि ही पकड़ पाता है इसलिए उसकी कविता में कवि के विज़न पर ही ज़ोर रहता है, न कि सत्य की अभिव्यक्ति पर। इस कारण उसकी कविता उसके पाठकों को प्राय: सायास रूप से दुरूह लगने लगती है।

रूप से अज्ञेय, धर्मवीर भारती जैसे कवियों के लिए, जिनकी कविता 'साहित्येतर' अतिरेकों से अपने को सुरक्षित रखना चाहती थी। समाजवादी विचारधारा द्वितीय विश्वयुद्ध के उपरांत अस्तित्ववाद की अपेक्षा कहीं अधिक व्यापक पैमाने पर फैल रही थी। अनेक नए देशों में समाजवादी व्यवस्था आ गई थी। इसमें कुछ कवियों को सामाजिकता अथवा सामूहिकता के अतिचार की आशंका हुई। अज्ञेय 'निजता की सुरक्षा' के प्रतिनिधि कवि हैं। उन्हें व्यक्तिवादी कवि कहा गया है। **नदी का द्वीप, यह दीप अकेला** आदि उनकी प्रतिनिधि कविताएँ हैं, जो साहित्य की विशिष्टता की सुरक्षा और व्यक्ति-स्वातंत्र्य का प्रतिपादन करती हैं। एकरूपता की अस्वीकृति अज्ञेय की कविताओं की टेक है। उनके बिंब भी प्राय: ऐसे होते हैं जहाँ एकरूपता को चीर कर कोई दूसरी वस्तु अकेली गतिशील होती है।

अज्ञेय जहाँ अपने व्यक्तित्व को किसी दृश्य या विचार में तल्लीन कर लेते हैं, वहाँ वे उत्कृष्ट काव्य रचते हैं। उन्होंने प्रकृति पर अनेक उत्कृष्ट कविताएँ लिखी हैं।

'नई कविता' में सभी वादों से मुक्ति और 'लघुमानव' के महत्त्व की प्रतिष्ठा की गई है। इस प्रवृत्ति से यह अवश्य हुआ कि व्यक्ति की सामान्य मन:स्थितियों को अभिव्यक्त करने वाली कुछ ऐसी कविताएँ लिखी गईं जो सचमुच नई थीं। वे मध्यवर्गीय व्यक्ति के मन की जटिलताओं को अधिक अपनापे से प्रकट करती हैं, यद्यपि उन्हें समझने का उतना प्रयास नहीं करतीं।

1960 के बाद अकविता का जो दौर आया उसमें अस्वीकृति का तेवर सीमा पर पहुँच गया। अकविता का आशय ऐसी काव्य-प्रवृत्ति से था जैसी कविता अब तक नहीं हुई है। इसके लिए उसके नाम में ही परंपरा को पूरी तरह नकारने का भाव था। वस्तुत: यह विवेक-पक्ष की उपेक्षा करके विद्रोह या व्यवस्था-विरोध की काव्य-प्रवृत्ति थी।

इस प्रवृत्ति का निरसन मुक्तिबोध और धूमिल आदि की कविताओं के प्रकाशन-प्रचार के बाद हुआ। इनकी चर्चा हम आगे प्रगतिशील काव्य-धारा के अंतर्गत करने जा रहे हैं।

प्रगतिशील काव्य-धारा

शमशेर बहादुर सिंह यद्यपि प्रगतिशील चेतना के कवि हैं, किंतु उनकी कविताएँ मन की गहरी पर्तों को सांकेतिकता और बहुत कुछ चित्रकला की सहायता से खोलती हैं। शमशेर बहादुर की कविताएँ शब्दों की मितव्ययिता बरतती हैं। अत: अर्थ

निकालने का प्रयास काफ़ी करना पड़ता है। इसी कारण उनकी कविताओं में मौन, यानी जो कहा जाना चाहिए किंतु नहीं कहा गया, की महिमा मिलती है। उनपर फ्रांसीसी प्रतीकवादी कवियों का काफ़ी प्रभाव है। जब वे संवेदनशील इंद्रिय-बोध और करुणा के बोध का संतुलन स्थापित कर लेते हैं, तब उनकी कविताएँ ग्राह्य प्रतीकों और बिंबों में या सहज उक्तियों में ढलकर सुगम हो जाती हैं। **अमन का राग**, **सलोना जिस्म**, **आओ न** ऐसी ही कविताएँ हैं।

गिरिजाकुमार माथुर और नरेश मेहता प्रगतिशील कवियों के रूप में प्रसिद्ध रहे हैं। नरेश मेहता बिंबों का प्रयोग करने में कुशल हैं। वे प्रगतिशीलता को सौंदर्य की व्यापक भूमि पर देखने वाले कवि के रूप में विख्यात हुए थे। उनकी **समय-देवता** कविता एक 'विराट गतिशील बिंब' बनाती है। बाद में भाषा-प्रयोग की ओर उनकी रुचि बहुत बढ़ गई।

गिरिजाकुमार माथुर ऐंद्रियता के कवि हैं। उनके अनेक गीतों में रूप-वर्ण का आकर्षक संश्लेष होता रहा। उनमें संगीतात्मकता का गुण भी है। वे नई कविता और उसमें भी वैज्ञानिकता का प्रभाव लाने में अधिक व्यस्त रहे। **पृथ्वीकल्प** उनके इसी उद्यम का परिणाम है।

भवानीप्रसाद मिश्र भाषा के चलतेपन और भावों के खुलेपन के कवि हैं। उनकी कविताओं के प्रभाव के विषय में उनकी वाचन-पद्धति को भूलकर सोचना कठिन है। वे स्थितियों को सहजता से संयोजित करके प्रबंधकार के ढंग से मार्मिकता पैदा करते हैं। **सतपुड़ा के जंगल** में उनकी प्रबंध-प्रतिभा की झलक मिल जाती है। उनकी काव्य-भाषा के समान भाव भी सहज, किंतु मार्मिक हैं।

1964 में मुक्तिबोध की मृत्यु हिंदी कविता के लिए एक ऐतिहासिक घटना बन गई। मुक्तिबोध सप्तक के कवि थे। लेकिन उनका कोई काव्य संकलन नहीं छपा था। उनकी लंबी कविताओं ने बहुत कम लोगों का ध्यान आकृष्ट किया था। अंतिम बीमारी में लोगों का ध्यान उनके जीवन-संघर्ष और काव्य-संघर्ष की ओर गया। मरणासन्न स्थिति में उनका प्रथम काव्य संकलन **चाँद का मुँह टेढ़ा है** (1964) प्रकाशित हुआ। लोगों को पता चला कि मुक्तिबोध की कविताएँ स्वाधीन भारत का 'इस्पाती दस्तावेज़' हैं। मुक्तिबोध अमानवीय व्यवस्था में पनपे और उन्होंने प्रचलित रुग्ण सौंदर्य-बोध के स्थान पर नए मानवीय प्रगतिशील सौंदर्य-बोध का निर्माण किया। चाँद गतकालिक सौंदर्य-बोध का प्रतीक है। अब उसकी, यानी अमानवीय व्यवस्था की कुरूपता पहचान ली गई है। इसीलिए उसका मुँह टेढ़ा नज़र आता है। मुक्तिबोध की कविताओं में व्यक्ति के दो

व्यक्तित्व-अंगों का परस्पर-विरोध दिखलाया जाता है। इनमें से एक मानवीय एवं आदर्शवादी होता है, दूसरा स्वार्थी एवं सुविधाजीवी। मुक्तिबोध स्वातंत्र्योत्तर भारत में दिखाई पड़ने वाले कथनी और करनी के अंतर को नाटकीय ढंग से प्रस्तुत करते हैं। इस प्रकटीकरण के लिए वे स्वप्न कथा या फैंटेसी की शैली अपनाते हैं। मुक्तिबोध को परंपरा का गहरा बोध है। वे करुणा के कवि हैं। उनकी भाषा-शैली और उनका सादृश्य-विधान बिल्कुल अपना है। वे गहन अनुभूति और तीव्र इंद्रिय-बोध के कवि हैं।

चाँद का मुँह टेढ़ा है के प्रकाशन-काल के ही लगभग सुदामा पांडेय 'धूमिल' ने काव्य-रचना प्रारंभ की। धूमिल का रचनाकाल केवल एक दशक का रहा होगा। लेकिन स्वातंत्र्योत्तर भारत में पनपी-पली अवसरवादी सुविधाजीविता के वास्तविक रूप को उद्घाटित करने की क्षमता के कारण उनकी कविताओं ने शीघ्र ही पाठकों को अपनी ओर आकृष्ट कर लिया। धूमिल की कविताओं का तेवर जासूसी है, जो छिपे-छिपे मानव-विरोधी व्यवहार को ताड़ लेती है।

संसद से सड़क तक, **कल सुनना मुझे** और **सुदामा पांडे का प्रजातंत्र** उनके काव्य संकलन हैं।

मुक्तिबोध और धूमिल की कविताओं से हिंदी कविता में एक प्रकार से प्रगतिशील कविता की धारा व्यापक और वेगवती हुई। कविता में दिन-प्रतिदिन होने वाली घटनाओं को महत्त्व देने से अखबारीपन आया।

इसका सुपरिणाम हुआ कि रघुवीर सहाय, सर्वेश्वर दयाल सक्सेना, केदारनाथ सिंह जैसे कवि सामाजिक यथार्थ की ओर उन्मुख हुए। सामान्य से सामान्य एवं परिचित से परिचित स्थिति में कुछ ऐसा देख लेना कि वह पहली बार मार्मिक लगे, रघुवीर सहाय की अचूक क्षमता है। लेकिन इस क्षमता का उपयोग पहले वे अधिकांशतः दृश्यों या मन की गहरी पर्तों को उघाड़ने में ही करते थे या व्यंग्य-विनोद में। बाद में उनकी कविताएँ गहरी राजनीतिक हुईं–

राष्ट्रगीत में भला कौन वह भारत-भाग्य विधाता है।
फटा सुथन्ना पहने जिसका गुन हरचरना गाता है।

इन्हें पढ़कर लगता है जैसे ये नागार्जुन की पंक्तियाँ हों। **रामदास की हत्या** जैसी संत्रास पैदा करनेवाली कविताएँ हिंदी में कम लिखी गई होंगी। एक कविता के इस दृश्य की अति सामान्यता देखिए और इसके प्रभाव की गहराई पर गौर कीजिए–

मैंने गोद में बच्चा लिए स्त्री को बस में चढ़ते देखा
और मेरे मन में दूर तक कुछ घिसटता-सा चला गया।

राजनीतिक दबाव सर्वेश्वर की **कुआनो नदी** और केदारनाथ सिंह की **यहाँ से देखो** संकलन की कविताओं में द्रष्टव्य है। श्रीकांत वर्मा पर भी राजनीति का दबाव देखा जा सकता है। उन्होंने राजसत्ता, इतिहास और काल-बोध का संश्लेष **मगध** की कविताओं में किया है।

राजनीति-धर्मा होने से हिंदी कविता के क्षेत्र में एक महत्त्वपूर्ण बात यह हुई कि नागार्जुन, केदारनाथ अग्रवाल और त्रिलोचन के महत्त्व की ओर नई पीढ़ी का ध्यान नए सिरे से गया और वे कवि नई पीढ़ी के लिए अत्यंत संदर्भवान हो उठे।

आधुनिक कविता ने तुक, छंद, अलंकार आदि का मोह छोड़कर गद्यात्मकता को यथार्थ-चित्रण के लिए अपनाया था। लेकिन व्यक्तिवादी कवियों ने गद्यात्मकता को अपना कर भी उसे और अमूर्त बना दिया। नागार्जुन, केदार, त्रिलोचन अधिकांशतः छंदों और तुकों में लिखते हैं। उनके यहाँ बोध और चित्रात्मकता कभी नहीं छूटते। उनका वाक्य-गठन सुव्यवस्थित रहता है। इस विषय में त्रिलोचन की ठेठ भाषा का ठाठ अन्यत्र दुर्लभ है। नागार्जुन ने अपना बनाया हुआ काव्य-मार्ग कभी नहीं छोड़ा। वे दोहा, मंत्र, हरगंगा, सब लिखते हैं– बिना इस बात की परवाह किए कि लोग उन्हें आधुनिक समझेंगे या नहीं। देश अपने विविध रूपों में इन कवियों के यहाँ मौजूद है। इनके फिर से संदर्भवान होने का यही रहस्य है।

इस काल के अन्य उल्लेखनीय कवियों में अजित कुमार, स्नेहमयी चौधरी आदि हैं। इसी काल में गीत के क्षेत्र में भी कुछ उल्लेखनीय नाम उभर कर आए, जिनमें नीरज, वीरेंद्र मिश्र, रामावतार त्यागी, शंभुनाथ सिंह, रमानाथ अवस्थी, बालस्वरूप राही प्रमुख हैं।

नरेश सक्सेना ने वैज्ञानिक चेतना को मानवीय संवेदना में संश्लिष्ट करने के अनुपम प्रयोग किए हैं। समकालीन हिंदी काव्य-धारा में अनेक दृष्टियों, धाराओं के कवि एक साथ रचनारत हैं। इनमें विष्णु खरे अपनी संवेदना और रूप-विन्यास के लिए विशेष रूप से उल्लेखनीय हैं। उनकी कविताएँ कहानी विधा के बहुत निकट हैं, तो उनमें जीवन-संघर्ष के आयामों की नई पहचान भी है।

इसके अलावा चंद्रकांत देवताले, मंगलेश डबराल, आलोकधन्वा, भगवत रावत, मलयज, ऋतुराज, अरुण कमल, राजेश जोशी, अनामिका, निर्मला गर्ग, विष्णु नागर, लीलाधर मंडलोई, नीलेश रघुवंशी, सविता सिंह, एकांत श्रीवास्तव,

कुमार अंबुज, विमल कुमार, हरिश्चंद्र पांडेय आदि हमारे समय के उल्लेखनीय कवि हैं।

उपन्यास

अधिकांश स्वातंत्र्योत्तर हिंदी उपन्यासों ने स्वाधीनता के उपरांत उत्पन्न बाह्य और आंतरिक स्थितियों पर कथानक को आधारित किया है। उपन्यासों की प्रवृत्ति तात्कालिक समस्याओं को सामाजिक संदर्भ में उभारने की अधिक रही है। स्वाधीनता के उपरांत जो परिवर्तन आया है उसे पूर्व-स्थिति के साथ रखकर टूटते हुए आदर्शवाद, बढ़ते हुए अवसरवाद और ईमानदारी को कुटिलता के चक्रव्यूह में जूझते हुए दिखाना हिंदी उपन्यासकारों की प्रवृत्ति रही। सामाजिक परिवर्तनों को ब्योरे से प्रस्तुत भी किया गया।

स्वातंत्र्योत्तर उपन्यासों को विषयवस्तु की दृष्टि से निम्नलिखित श्रेणियों में विभाजित किया जा सकता है–

आंचलिक उपन्यास

आंचलिक उपन्यासों में विकास का प्रवाह कम गतिशील होता है। इनका उद्देश्य वातावरण की विशिष्टता का चित्रण होता है। व्यतीत होता हुआ पात्र पाठक में एक प्रकार की कचोट या मोहकता भर देता है। आंचलिक कृतियों की प्रकृति, भाषा, रीति-रिवाज, सब मिलकर अपने आप में ही उद्देश्य बन जाते हैं। उनका आत्मीय विवरण ही ऐसा रंगीन हो जाता है कि यथार्थगत विषमता ओझल हो जाती है। ऐतिहासिक विकास अपेक्षाकृत महत्त्वहीन हो उठता है। सभी आंचलिक उपन्यासों के बारे में यह कथन समान रूप से लागू नहीं होता। लेकिन सर्वाधिक प्रसिद्ध और चर्चित आंचलिक उपन्यास **मैला आँचल** (फणीश्वरनाथ 'रेणु') आदि के बारे में यह कथन दूर तक लागू होता है। **मैला आँचल** की शक्ति उसके सविस्तार अंकन में है। **मैला आंचल** का कथा-क्षेत्र बिहार का पूर्णिया ज़िला है। एक ओर, उनपर पड़ता हुआ नई स्थितियों का दबाव और दूसरी ओर, परंपरा का मोह। इस ताल-मेल से दोनों की विशेषता निखर उठी है। शताब्दियों से एकरस जीवन पर नए युग की पहली चोट बहुत मार्मिक हो उठी है। इस आंचलिकता में कितना दारुण यथार्थ है और उसे दूर करने की कितनी शक्ति है, यह नहीं दिखाया गया। रेणु और प्रेमचंद का यह बहुत बड़ा अंतर है। कुछ ऐसे आंचलिक उपन्यास अवश्य हैं, जिनमें यथार्थ की विषम स्थितियाँ

ओझल नहीं रहतीं, जैसे नागार्जुन का **रतिनाथ की चाची**, **बलचनमा**, भैरवप्रसाद गुप्त का **गंगा मैया**, **धरती** आदि।

राही मासूम रज़ा का **आधा गाँव** इसीलिए विशिष्ट नहीं है कि वह किसी मुसलमान लेखक द्वारा हिंदी में रचित उपन्यास है। यह अपने अकुंठ यथार्थ-चित्रण और पूर्वी उत्तर प्रदेश के एक गाँव में बसे मुसलमान ग्रामीणों की कथा होने के कारण भी विशिष्ट है। इस गाँव के मुसलमान पाकिस्तान के बारे में कुछ नहीं जानते, लेकिन भारत-विभाजन की त्रासदी झेल रहे हैं। मुसलमानों की हिंदुओं से विशिष्टता या भिन्नता तो लोग देखते थे, किंतु उन्हें किसी अंचल का अंग बनाकर पहली बार इसी उपन्यास में प्रस्तुत किया गया है। **झीनी-झीनी रे बीनी चदरिया** अब्दुल बिस्मिल्लाह का ऐसा उपन्यास है, जो आंचलिकता और प्रगतिशील सामाजिक आंदोलन को साथ-साथ चित्रित करता है।

सामाजिक-पारिवारिक उपन्यास

इस दौर के सामाजिक-पारिवारिक उपन्यासों में टूटते हुए परिवारों, स्त्री-पुरुष के नए संबंधों, राजनीतिक भ्रष्टाचार का पात्रों पर प्रभाव और यौन-चेष्टाओं का चित्रण– यह सब मिला-जुला मिलता है, यद्यपि कथानक प्राय: आर्थिक स्थिति एवं स्त्री-पुरुष संबंध के ही चारों ओर घूमता है। भगवतीचरण वर्मा के उपन्यासों **टेढ़े-मेढ़े रास्ते**, **भूले बिसरे चित्र** आदि में राजनीति-मात्र को भ्रष्टाचार का स्रोत बताया जाता है। मोहन राकेश का **अँधेरे बंद कमरे** वस्तुत: नागरिक जीवन में रूढ़िग्रस्त संस्कारों की यातना की कथा है। मोहन राकेश के इस उपन्यास का प्रभाव उनकी अधिकांश कहानियों के प्रभाव से भिन्न नहीं। राजेंद्र यादव का **उखड़े हुए लोग** उस दंपती की कथा है, जो बेईमानी और कुटिल दाँव-पेंच की दुनिया में रह नहीं सकता। इसमें भी ध्यान राजनीतिक और नर-नारी संबंधों के स्वार्थपूर्ण उपयोग का उद्घाटन करने पर है। उपेंद्रनाथ अश्क मध्यवर्ग के जीवन की विविधता को उसकी संपूर्णता में प्रकाशित कर देते हैं। वे कथा को विस्तार से कहते हैं। निस्संदेह अश्क में औपन्यासिक क्षमता है, जो उनके उपन्यास **गिरती दीवारें** में पूरी तरह दिखलाई पड़ती है। **बड़ी-बड़ी आँखें** उनका अन्य उपन्यास है। कामकाजी नारी की आर्थिक स्थिति मज़बूत होने के बावजूद मध्यवर्गीय संस्कारों का आघात उसे कैसे सहना पड़ता है, इसे चित्रित करने की दृष्टि से रमाकांत का उपन्यास **तीसरा देश** उल्लेखनीय है। **बेघर** में ममता कालिया ने गतकालिक नैतिकता से चिपटे नवयुवक की यातना का चित्रण किया

है। यह उपन्यास आधुनिक यौन-नैतिकता की प्रतिष्ठा सहज ढंग से करता है। इधर असगर वजाहत का **सात आसमान** नामक उपन्यास इस कोटि की उत्तम कृति है।

फ्रायड आदि मनोविश्लेषण शास्त्रियों का प्रभाव हिंदी कथा साहित्य पर स्वतंत्रता के पूर्व ही पड़ चुका था। इलाचंद्र जोशी, जैनेंद्र और अज्ञेय ने मनोविश्लेषण शास्त्र के सिद्धांतों का उपयोग किया। इसी परपंरा में दर्शन-शास्त्र के विद्वान डॉ. देवराज ने **अजय की डायरी** लिखी। अज्ञेय के उपन्यास **नदी के द्वीप** पर राजनीति, अस्तित्ववाद और मनोविश्लेषण, तीनों का प्रभाव है। कुल मिलाकर **नदी के द्वीप** यौन-भावना प्रधान उपन्यास है, जो अज्ञेय की चिंतन-पद्धति को ध्वनित करता है। **अजय की डायरी** डायरी-शैली में लिखा गया है। इसमें दांपत्य-जीवन का विचलन, लड़कियों की शादी की समस्या, शिक्षा जगत में फैला भ्रष्टाचार, इन सबको एक-दूसरे से संबद्ध कर दिया गया है।

अस्तित्ववादी उपन्यास

अज्ञेय का एक अन्य उपन्यास **अपने-अपने अजनबी** है, जहाँ तीन-चार लोग भयंकर बर्फ़ीले मौसम में एक घर में साथ-साथ रहने को बाध्य हो गए हैं। मानव की अंतिम नियति मृत्यु उन पर छाई रहती है। मृत्यु के संदर्भ में उनकी अतीत और वर्तमान चेष्टाएँ महत्त्वहीन और निरर्थक लगती हैं। नियति और व्यर्थता-बोध उपन्यास के केंद्र में है।

ऐतिहासिक उपन्यास

इस युग में ऐतिहासिक उपन्यास अधिकांशतः उन्होंने लिखे, जो पहले से लिख रहे थे। वृंदावनलाल वर्मा ने **मृगनयनी** (1950) लिखा। वर्मा जी के उपन्यासों की कथावस्तु में बहुत विचित्रता एवं आकर्षण है। बुंदेलखंड का जीवन सांस्कृतिक दृष्टि से संपन्न है। यह उनके उपन्यासों में पर्याप्त दिखाई पड़ता है। राहुल सांकृत्यायन ने **सिंह सेनापति** (1957) लिखा। सिंह सेनापति का नाम **अंगुत्तार निकाय** में आया है। वह जैन धर्म छोड़कर बौद्ध धर्म में दीक्षित हो गया था। उस युग के अनेक सूत्रों को अपने युग से मिलाना इस उपन्यास का उद्देश्य मालूम पड़ता है। चतुरसेन शास्त्री ने **वैशाली की नगरवधू** (1949) नामक एक वृहत् रोमानी उपन्यास लिखा जिसमें कथा को ऐतिहासिक वातावरण में देखा गया है। लेखक ने ह्रासोन्मुख बुद्धकालीन भारत के विलासी और मादक रूप को

धार्मिक, राजनीतिक और सामाजिक घटनाओं के बीच प्रस्तुत किया है।

इस बीच पं. हजारीप्रसाद द्विवेदी ने **चारुचंद्र लेख** (1963), **पुनर्नवा** (1973) और **अनामदास का पोथा** (1977) लिखा। इन उपन्यासों में द्विवेदी जी अधिकाधिक वस्तुनिष्ठ होते गए हैं। **बाणभट्ट की आत्मकथा** में वातावरण और मन:स्थितियों की तीव्रता और संयम का चित्रण प्रधान था। **चारुचंद्र लेख** की मूल कथा **प्रबंध चिंतामणि** से ली गई है। इसमें आदिकालीन राजनीतिक, धार्मिक, सामाजिक आदि स्थितियाँ चित्रित हैं। उस काल में अनेक धार्मिक साधनाएँ किस प्रकार एक-दूसरे से टकरा रही थीं, यह देखने में आ जाता है। इस उपन्यास का मूल उद्देश्य धार्मिक कर्मकांड और रहस्यमयता की निस्सारता दिखाकर मानवीयता को प्रतिष्ठित करना है। **पुनर्नवा** में लोरिक-चंदा की लोक-कथा को **मृच्छकटिकम्** की कथा से जोड़कर कथा में कालिदास को भी ले आया गया है। इसमें सामाजिक विधि-निषेधों की पुनर्परीक्षा की गई है। **अनामदास का पोथा**, **छांदोग्य उपनिषद्** की एक कथा पर आधारित है। इसमें परम सत्ता-विषयक ज्ञान-साधना और रागात्मक वृत्ति का एक प्रकार से सामंजस्य है। द्विवेदी जी के उपन्यासों में प्राचीन भारत का वातावरण सांस्कृतिक साधना के साथ इस ढंग से चित्रित कर दिया जाता है कि वे आधुनिक मानव की बाह्य और आंतरिक समस्याओं और समाधान की व्यंजना करने लगती हैं। अमृतलाल नागर का उत्कृष्ट उपन्यास **मानस का हंस** 1974 में प्रकाशित हुआ। यह हिंदी के महान कवि तुलसीदास के मानसिक विकास और उस युग के विविधतापूर्ण जीवन को साक्षात कर देता है।

राजनीतिक उपन्यास

इस दौर में बढ़ती हुई राजनीतिक चेतना के व्यापक प्रभाव को ध्यान में रखकर ऐसे सामाजिक उपन्यास लिखे गए, जिनसे ऐतिहासिक प्रवाह की अनुभूति पाठक को हो जाती है। इनमें सामान्य जन-समूह पर पड़ते हुए राजनीतिक दबाव को बहुत सामान्य घटनाओं और मन:स्थितियों के चित्रण के माध्यम से संकेतित किया गया है। यशपाल का **झूठा सच**, अमृतलाल नागर का **बूँद और समुद्र**, भीष्म साहनी का **तमस** ऐसे ही उपन्यास हैं। इनमें लेखक की परिपक्व राजनीतिक समझ राजनीति को बहुत व्यापक संदर्भ में प्रस्तुत करती है। **झूठा सच** (1958) विभाजन की महाकाव्यात्मक गाथा है। भारत-विभाजन की त्रासदी कितनी भयंकर और प्रभाव में दूरगामिनी है, इस पर यशपाल जैसे पुराने

क्रांतिकारी और प्रतिबद्ध लेखक का ध्यान जाना उचित ही था। एक बहुप्रचारित झूठ, यानी सांप्रदायिकता ने कितने बड़े सच अर्थात् भारतीय जनता की वास्तविक आकांक्षा को पीछे धकेल दिया। इस घटना ने कितने व्यक्तियों को कितने रूपों में पीड़ित किया, इसकी वेदना यह उपन्यास पाठक को संप्रेषित करता है। कामता नाथ का **काल कथा** और अमरकांत का **इन्हीं हथियारों से** स्वाधीनता आंदोलन पर आधारित उपन्यास हैं।

महानगरीय उपन्यास

महानगरीय जीवन को लेकर जगदंबा प्रसाद दीक्षित ने **मुर्दाघर** और पंकज विष्ट ने **लेकिन दरवाज़ा** लिखा। **मुर्दाघर** बंबई के वेश्या-जीवन पर और **लेकिन दरवाज़ा** दिल्ली के साहित्यकारों के ह्रासोन्मुखी सुविधा-खोजी जीवन पर आधारित है। मन्नू भंडारी का **आपका बंटी** और **महाभोज** भी आधुनिक जीवन की विसंगतियों को रूपायित करते हैं। अलका सरावगी ने **कलिकाया बायपास** प्रसिद्ध उपन्यास लिखा।

व्यंग्यप्रधान उपन्यास

भैरवप्रसाद गुप्त ने **अंतिम अध्याय** नामक उत्कृष्ट व्यंग्यपरक उपन्यास लिखा। इस दौर में अन्य प्रसिद्ध व्यंग्य उपन्यास श्रीलाल शुक्ल का **राग दरबारी** और मनोहर श्याम जोशी का **कुरु-कुरु स्वाहा** हैं। जोशी का **कसप** क्षेत्रीय प्रेम-कथा है। काशीनाथ सिंह का **अपना मोर्चा** शिक्षा-जगत की हलचलों का चित्रण मौलिक ढंग से करता है। इस क्षेत्र को उपन्यास के विषय के रूप में चुनना महत्त्वपूर्ण प्रयोग है।

पंजाब की विभाजन-पूर्व स्थितियों का स्मृत रूप कृष्णा सोबती के **ज़िन्दगीनामा** उपन्यास में दिखलाई देता है।

कहानी

इस काल-खंड का सामान्य परिचय देते हुए कहा जा चुका है कि स्वाधीन भारत के सुदूर क्षेत्रों में निर्माण कार्य, आम चुनावों, राजनीतिक अधिकारों के प्रति चेतना जगाने एवं शिक्षा का प्रसार होने से इन क्षेत्रों का संबंध नगरों से अभूतपूर्व तौर पर जुड़ा, जिससे आंचलिक साहित्य सामने आया। साथ ही साथ स्त्री-शिक्षा का व्यापक प्रचार होने और नौकरियाँ पाने से परिवार में उनकी स्थिति बदली। नगरों, महानगरों में औद्योगिक विकास होने से सामूहिक जीवन का महत्त्व सामने आया।

व्यक्ति का मनोजगत कहीं अधिक जटिल हो गया। हिंदी कहानी पर इन सबका दबाव पड़ा। इससे वस्तु-संवेदना के साथ कहानी का रूप-विधान भी बदला। 1955 के आसपास 'नई कहानी' आंदोलन चल निकला। इस कहानी आंदोलन को प्रवर्तित और प्रतिष्ठित करने में **नई कहानियाँ** के संपादक भैरवप्रसाद गुप्त की महत्त्वपूर्ण भूमिका थी। नई कहानियों के माध्यम से उन्होंने हिंदी को अनेक प्रतिभाशाली कहानीकार दिए।

'नई कहानी' के आंदोलन ने स्वातंत्र्योत्तर स्थितियों के दबाव से पैदा होने वाली मानसिकता की जटिलता को अपनी संवेदना में समेट लिया। इसीलिए नई कहानी की वस्तु-संवेदना के अनेक पक्ष हैं। उन सभी को सामूहिक तौर पर नई कहानी की वस्तुगत विशेषताओं में गिना जाता है। आंचलिकता, नए पारिवारिक संबंध, भ्रष्टाचार, व्यंग्य-विडंबना आदि नई कहानी की संवेदना का निर्माण करते हैं।

आंचलिक कहानियों से तात्पर्य उन कहानियों से है जिनमें किसी क्षेत्र के वातावरण की विशेषता को ही रेखांकित करना कहानीकार का उद्देश्य होता है। इस दृष्टि से आंचलिकता को ग्राम-कहानी से अलग किया जा सकता है। ग्रामीण जीवन की कहानियों में देहाती वातावरण हो सकता है, किंतु वातावरण का चित्रण अपने आप में उद्देश्य नहीं होगा। वे ग्रामीण जीवन की कोई चारित्रिक या सामाजिक समस्या को सामने लाएँगी। आंचलिक कहानीकार समस्या को लाएगा भी तो ऐसे ढंग से नहीं कि वही कहानी का मुख्य विषय बन जाए। जो हो, स्वाधीनता के कुछ वर्षों बाद ही ग्रामीण जीवन को लेकर लिखी गई कहानियों का दौर चला। ऐसी स्थितियाँ और चरित्र जो सर्वदा के लिए लुप्त हो रहे हैं या अपनी ग्रामीण विचित्रता के कारण असामान्य हैं, चित्रित होने लगे। शिवप्रसाद सिंह की **दादी माँ**, मार्कण्डेय की **गुलरा के बाबा** ऐसी ही चरित्र-प्रधान ग्रामीण कहानियाँ थीं। आंचलिकता की चर्चा वस्तुतः रेणु के उपन्यास **मैला आंचल** से शुरू हुई। रेणु की कहानियों में पात्रों की चेष्टाएँ, भाषा आदि क्षेत्रीय वातावरण में घुली-मिली होती हैं। इंद्रिय-बोध, लोक-कथा, लोक-धुनें रेणु की कहानियों के विशिष्ट उपादान हैं। अपनी सर्वाधिक प्रसिद्ध कहानी **तीसरी कसम** में चालीस वर्षीय ग्रामीण गाड़ीवान हिरामन और नर्तकी हीराबाई के परस्पर आकर्षण की कथा के आधार पर रेणु ने कहानीकार के रूप में मौलिक प्रतिभा का परिचय दिया।

भारतीय समाज, विशेषतः सवर्ण समाज में नारी की स्थिति दयनीय रही

है। स्वाधीन भारत में शिक्षित और नौकरीप्राप्त नारियाँ भी कहानियों के पात्र बनने लगीं। पहले की कहानियों में पत्नी या प्रेमिका ज्यादा व्याकुल होती थीं। प्रेमी या पति उपेक्षा दिखाता था या कहीं और अनुरक्त हो जाता था। पत्नी या प्रेमिका को अधिकतर उस पर रीझी हुई या प्रेममग्न ही दिखाया जाता था। मोहन राकेश की कहानी **एक और ज़िंदगी** में नायक उद्विग्न है, उसे पाठक की सहानुभूति की तलाश है। कारण यह है कि पत्नी उसकी उपेक्षा करती है। पत्नी नौकरी करती है और आर्थिक तौर पर स्वतंत्र है। नर-नारी के प्रेम की अवधारणा में जो उदारता कहानियों में दिखलाई पड़ती है, उसका कारण कहीं-न-कहीं नारी का आर्थिक रूप से स्वतंत्र होना और शिक्षित होना भी है। इस दृष्टि से कमलेश्वर का **राजा निरबंसिया** और रवींद्र कालिया की कहानी **नौ साल छोटी पत्नी** उल्लेखनीय हैं। स्त्री-पुरुष के संबंध को लेकर एक साहसपूर्ण कहानी कृष्णा सोबती की **मित्रो मरजानी** है। बदलते हुए पारिवारिक संबंधों के साथ मध्यवर्गीय व्यक्ति अनजाने ही क्रमशः अपनी मानवीय संवेदना खो बैठता है, इसे राजेंद्र यादव ने **टूटना** जैसी कहानी में व्यक्त किया है। आधुनिक जीवन में हमारे परंपरागत मूल्य कितनी आसानी से टूट जाते हैं, इसे शानी ने **इमारत ढहाने वाले** कहानी में दिखाया है। शानी मानव संबंधों को उभारने में कुशल हैं। इस प्रसंग में नारी जीवन की एकरसता को मार्मिक तौर पर उभारने वाली कहानी **रोज** का उल्लेख अनिवार्य है। इसके लेखक अज्ञेय हैं।

इस बदलते हुए पारिवारिक वातावरण के संदर्भ में बुजुर्गों की स्थिति को हिंदी कहानी में **चीफ़ की दावत** और **वापसी** के माध्यम से क्रमशः भीष्म साहनी तथा उषा प्रियंवदा ने दरसाया। **चीफ़ की दावत** में उपेक्षिता और परिवार में कूड़ा-करकट की तरह छिपाई जाने वाली वृद्धा माँ का महत्त्व उजागर करके प्रतीकात्मक ढंग से परंपरा का महत्त्व दिखाया गया है। **वापसी** निहायत निर्मम ढंग से यह दिखाती है कि सेवा-निवृत्त होकर मनुष्य अपने ही परिवार में किस तरह फालतू हो जाता है। **वापसी** कहानी में टूटते हुए संयुक्त परिवार की विवश स्वीकृति है।

स्वाधीन भारत में गुजरती हुई पीढ़ी की वास्तविक वेदना तीव्रतम रूप से अमरकांत की कहानी **डिप्टी कलक्टरी** में व्यंजित हुई। इस कहानी में डिप्टी कलक्टरी की परीक्षा देता है बेटा और आतुरता की धार पर वेदना सहता है पिता। पिता की पुत्र से आशाएँ-आकांक्षाएँ मानो अतीत की वर्तमान के प्रति शुभकामनाएँ हैं। सकलदीप बाबू की व्यग्रता और अधीरता की चेष्टा में मध्यवर्गीय समाज की

रूढ़ियाँ, अंधविश्वास, एकरसता और उन सबसे उबरने की मानसिकता है। अमरकांत की कहानियाँ हमारे सामाजिक जीवन की अमानवीय स्थितियों को एक यातनागार की तरह पेश करती हैं और इससे उबरने की असफल चेष्टाओं का चित्रण करके यातनाग्रस्त समाज की दयनीयता को और मार्मिक बना देती हैं। स्वाधीन भारत के मध्य वर्ग में उपजी प्रायः हर प्रकार की कुटिलता किस प्रकार आदर्शवादिता के आवरण में आचरण करती है, इसका चित्रण हिंदी कहानी में समर्थ तौर पर अमरकांत के यहाँ मिलता है। वे अभावग्रस्त पात्रों पर दया नहीं उड़ेलते, उन्हें भी काइयाँ दिखाकर उनकी निरीहता दिखाते हैं। इस दृष्टि से वे प्रेमचंद की **कफ़न** जैसी कहानी की परंपरा का विकास करते हैं। **ज़िंदगी और जोंक**, **सप्ताहांत**, **मूस**, **मकान**, **हत्यारे** इसी तरह की कहानियाँ हैं।

अमरकांत के यहाँ स्वातंत्र्योत्तर भारत का दोमुहाँपन व्यक्त हुआ है। इस स्थिति को झेलकर भी मनुष्य यथासंभव अपनी मूल्यवत्ता संजोए हुए हैं। यह शेखर जोशी की कहानियों की मुख्य संवेदना है। मूल्यवत्ता को प्रकट करने वाली कहानियाँ प्रायः भाववादी पद्धति पर रची जाती हैं। शेखर जोशी ऐसी कहानियों को भी जटिल ताने-बाने से तैयार करते हैं। इस रचनात्मक क्षमता के वे अकेले कहानीकार हैं, जो दबे, सधे और निश्चित ढंग से पात्रों की मानवीयता उभार सकता है। **कोसी का घटवार** का प्रेम, **दाज्यू** में पहाड़ी लड़के का स्वाभिमान, **बदबू** में जड़ व्यवस्था का अंग बनने की अस्वीकृति, **हलवाहा** में निश्चयात्मक बोध आदि इसी रचनात्मक शक्ति से निर्मित हैं।

निर्मल वर्मा मन की गहरी पर्तों को उघाड़ने वाले कहानीकार हैं। यहाँ बाह्य परिस्थितियों से जो प्रभाव पड़ता है, उसका प्रभाव मन पर इस तरह पड़ता है कि पाठक मनोजगत में ही रम जाता है। स्थितियों का ठोसपन या उनका बाहरीपन निर्मल वर्मा की कहानियों में कम महत्त्वपूर्ण है। संगीतात्मकता और दृश्यों का संवेदनशील वर्णन उनकी शैली की विशेषता है। निर्मल वर्मा संवेदना की सूक्ष्मता और पारदर्शिता के लिए महत्त्वपूर्ण हैं, व्यापकता के लिए नहीं।

नई कहानी के रूप-विधान की विशेषता कहानी के सारे तत्त्वों का संश्लेष है। इसमें तत्त्वों की सत्ता अलग नहीं रह गई है। वातावरण उद्देश्य भी व्यंजित कर सकता है, भाषा वातावरण का भी काम करती है। नई कहानी में कथा-तत्त्व का ह्रास हुआ है। इसकी क्षतिपूर्ति प्रधानतः नाटकीयता, सादृश्य-विधान, प्रतीकात्मकता एवं बिंब-विधान से हुई है। नई कहानी में पूर्व-दीप्ति, चेतना-प्रवाह आदि शैलीगत प्रयोग उचित मात्रा में मिलते हैं।

नई कहानी आंदोलन से अलग रहकर जिन कहानीकारों ने अपनी पहचान बनाई या बनाए रखी, उनमें जैनेंद्र, यशपाल, विष्णु प्रभाकर, अज्ञेय, भगवतीचरण वर्मा, द्विजेंद्रनाथ मिश्र 'निर्गुण' तथा चंद्रगुप्त विद्यालंकार उल्लेखनीय हैं। अज्ञेय ने भारत-विभाजन के कारण उत्पन्न शरणार्थी-समस्या और उनकी (शरणार्थियों की) स्थिति पर अनेक कहानियाँ लिखीं। जैनेंद्र पहले की तरह मन की गहरी पर्तों को खोलने वाली कहानियाँ लिखते रहे। नई कहानी आंदोलन से अलग रहने वाले लोकप्रिय और यशस्वी कहानीकार विष्णु प्रभाकर ने **धरती अब भी घूम रही है** जैसी अनेक भाव-प्रवण कहानियाँ लिखीं। विष्णु प्रभाकर सामाजिक जीवन की समस्याओं को लेकर हर प्रकार की मानवीय पीड़ा से व्यथित होने वाले वादमुक्त कहानीकार हैं। भाव-प्रवण कहानियाँ लिखने के लिए द्विजेंद्रनाथ 'निर्गुण' और चंद्रगुप्त विद्यालंकार भी विख्यात हैं।

सातवें दशक के मध्य से भारतीय जन-मानस में प्रतीक्षा का भाव समाप्त हो चला। इसके स्थान पर मोहभंग और सामाजिक परिवर्तन के लिए आतुरता-अधीरता का भाव पैदा हुआ। कहने की आवश्यकता नहीं कि यह नेहरू-युग की समाप्ति के बाद राजनीतिक-आर्थिक स्थिति में परिवर्तन की व्यापक माँग का ही प्रतिफलन था। कहानी की रचना में रत होने वाले नवयुवक कहानीकार सत्ता के प्रति आक्रोशमय रवैया रखते थे। उनका यह रवैया उनकी कहानियों में प्रकट हुआ। जिन कहानीकारों में आक्रोश के साथ स्थिति की पहचान और समझ भी थी, उन्होंने सार्थक कहानियाँ लिखीं। यह आक्रोश और समझ नए कहानीकारों की भाषा को वाणी एवं खुलापन देती है, और व्यंग्यपूर्ण तेवर भी। भ्रष्टाचार कितना सहज और स्वीकार्य बन गया है, इसकी अभिव्यक्ति इन कहानीकारों की महत्त्वपूर्ण प्रवृत्ति है। इसी कारण इनकी रचनाओं में घृणा और क्षोभ है। इसे स्वयंप्रकाश, उदयप्रकाश, शिवमूर्ति, ज्ञानरंजन, काशीनाथ सिंह, पंकज विष्ट, असगर वजाहत, मिथिलेश्वर, कामतानाथ और संजीव की कहानियाँ कलात्मक संयम के साथ व्यक्त करती हैं। इन कहानीकारों में मिलनेवाला व्यंग्य वास्तविक और पैना है।

इस बीच कुछ ऐसी कहानियाँ भी आई हैं, जो विकसित स्थिति की संभावनाओं पर भी ध्यान देती हैं। मधुकर सिंह की एक कहानी **लहू पुकारे आदमी** में दिखाया गया है कि गरीब सवर्ण और गरीब अवर्ण वस्तुतः समान हैं, और इसी प्रकार अमीर सवर्ण और अमीर अवर्ण भी। यह वर्ग चेतना केवल किताबी बोध नहीं है, बल्कि चुनावों और शिक्षा का परिणाम है। अब्दुल

बिस्मिल्लाह की कहानी **सुलह** में एक असहाय ग्रामीण पात्र पुलिस और उच्च वर्ग की मिलीभगत पहचान कर सुलह अपने ढंग से, यानी जालिम को पीटकर करता है। ओमप्रकाश वाल्मीकि ने दलित-जीवन की पठनीय कहानियाँ लिखी हैं।

नाटक एवं एकांकी

स्वातंत्र्योत्तर हिंदी साहित्य में नाटकों की आवश्यकता का अनुभव किया गया, यह भी अनुभव किया गया कि नाटकों की रचना के लिए यह समय उपयुक्त है, किंतु उस मात्रा और गुण में नाटकों की रचना नहीं हुई। इसका सबसे बड़ा कारण हिंदी के अपने रंगमंच का अभाव है। हिंदी क्षेत्र में लोक नाट्य-रूपों की कमी नहीं। स्वांग, नौटंकी, बिदेसिया, सफेड़ा (या सपेरा) यहाँ के बहुप्रयुक्त लोक नाट्य-रूप हैं, किंतु परिनिष्ठित साहित्यिक रंगमंच का उससे कोई व्यावहारिक संबंध नहीं रहा। हिंदी के साहित्यिक नाटक प्रधानतः पाठ्य रचनाएँ हैं। अब तक केवल भारतेंदु के नाटकों के विषय में ही यह बात कही जा सकती है कि उनका जीवित संबंध हिंदी की जातीय नाट्य-परंपरा से है।

पहले से लिखनेवाले अनेक नाटककार स्वाधीन भारत में भी नाटकों की रचना करते रहे। लक्ष्मीनारायण मिश्र ने गांधी जी पर **मृत्युंजय** (1958) रचा। उदयशंकर भट्ट ने **शकविजय** (1949), **नया समाज** (1955) आदि लिखा।

स्वाधीन भारत के नाटक साहित्य में पहला उल्लेखनीय नाम जगदीशचंद्र माथुर का है जिन्होंने **कोणार्क** (1951), **शारदीया** (1959), **पहला राजा** (1969) और **दशरथनंदन** (1974) लिखा। इन नाटकों का महत्त्व भी विषय-वस्तु की दृष्टि से अधिक है, अभिनेयता या रंगमंचीयता की दृष्टि से अपेक्षाकृत कम। इनमें सर्वाधिक प्रसिद्ध **कोणार्क** है, जिसमें कलाकार के संघर्ष की समस्या को प्रस्तुत किया गया है।

गीति-नाटकों की परंपरा में धर्मवीर भारती का **अंधा युग** (1955) निस्संदेह स्वातंत्र्योत्तर हिंदी साहित्य की महत्त्वपूर्ण रचना है। इसकी अभिनेयता भी पुष्ट है। **महाभारत** के अंतिम अंश को कौशल के साथ द्वितीय विश्वयुद्ध के साथ जोड़ा गया है। लेकिन इसमें युद्ध की समस्या कम है, अस्तित्ववादी जीवन-दर्शन का प्रतिपादन अधिक। इसके रूपात्मक ढाँचे पर ग्रीक नाटकों का प्रभाव स्पष्ट है। एक दूसरा उल्लेखनीय गीति-नाटक दुष्यंत कुमार का **एक कंठ विषपायी** (1963) है।

मोहन राकेश अब तक स्वाधीन भारत के सबसे सफल हिंदी नाटककार हैं। उन्होंने ऐतिहासिक कथानक पर आधारित अपनी नाट्य-कृतियों को समकालीन बोध से कुशलतापूर्वक संयुक्त किया। **आषाढ़ का एक दिन** (1958) कालिदास पर आधारित है। इसकी विषयवस्तु की मूल सामग्री कालिदास की रचनाओं से जुटाई गई है। इसमें रचनाकार और राज-सत्ता के जटिल संबंध को दर्शाया गया है। इसमें रचनाकार की निजी और रचनामक नैतिकता भी इससे अप्रभावित नहीं रहती। इसमें प्रेम-संबंध की समस्या को संवेदनशील ढंग से प्रस्तुत किया गया है। **आधे-अधूरे** (1969) स्वांतत्र्योत्तर भारत का पहला हिंदी नाटक है, जिसमें टूटते हुए पारिवारिक मूल्यों को यथार्थवादी ढंग से प्रस्तुत किया गया है। सभी पात्र अपनी इच्छाओं की पूर्ति और आचरण में अपूर्ण हैं। अधूरेपन का यह अहसास हमारे युग की नियति है। मोहन राकेश का एक अन्य प्रसिद्ध नाटक **लहरों के राजहंस** (1963) है। यह अश्वघोष की कृति **सौंदरनंद** पर आधारित है।

लक्ष्मीनारायण लाल ने अभावग्रस्त ग्राम्य जीवन के सामाजिक और पारिवारिक संघर्ष को **अंधा कुआँ** (1955) में प्रस्तुत किया है। **मादा कैक्टस** (1959), **रक्तकमल** (1962) आदि उनके प्रतीकात्मक नाटक हैं। लक्ष्मीनारायण लाल के नाटकों में अभिनेयता होती है और वे रंगमंच की आवश्यकताओं का ध्यान रखते हैं। **तोता मैना** (सगुन पंछी) उनकी एक प्रयोगात्मक रचना है, जिसमें लोक-शैली को अपनाया गया है।

अन्य नाटककारों में सर्वाधिक उल्लेखनीय सुरेंद्र वर्मा हैं, जिन्होंने **द्रौपदी**, **सूर्य की अंतिम किरण से सूर्य की पहली किरण तक** और **आठवाँ सर्ग** की रचना की है। इनके नाटकों का विषय सामाजिक, पारिवारिक भी होता है और ऐतिहासिक भी।

सर्वेश्वरदयाल सक्सेना, लक्ष्मीकांत वर्मा, मुद्राराक्षस आदि ने भी नाटकों की रचना की ओर ध्यान दिया। इधर भीष्म साहनी ने **हानूश**, **कबिरा खड़ा बाजार में** और **माधवी** की रचना की है। **कबिरा खड़ा बाजार में**, **हानूश** एवं **माधवी** सफलतापूर्वक दूरदर्शन पर दिखाए जा चुके हैं।

स्वतंत्रता के बाद सफल उल्लेखनीय एकांकी बहुत कम रचे गए हैं। बात यह है कि एकांकी के नाम पर अधिकांशतः रेडियो एकांकी ही लिखे जाते हैं, जो बहुत कुछ सामयिक विषयों पर और रेडियो की माँग पर तैयार किए जाते हैं। उपेन्द्रनाथ अश्क, भुवनेश्वर, जगदीश चंद्र माथुर आदि प्रसिद्ध एकांकीकार केवल रेडियो एकांकी नहीं लिखते थे। रेडियो एकांकियों का साहित्यिक स्तर

प्राय: बहुत ऊँचा नहीं होता। इसलिए इस क्षेत्र में बहुत कम नाम इस बीच उभर कर आए। विष्णु प्रभाकर, जगदीश चंद्र माथुर, लक्ष्मीनारायण लाल मुख्यत: नाटककार हैं। उन्होंने एकांकी भी लिखे हैं। एकांकी विधा को अपनाने वाले रचनाकारों में विनोद रस्तोगी और चिरंजीत भी उल्लेखनीय हैं।

वस्तुत: नाटक ऐसी विधा है, जो वस्तुनिष्ठता की बहुत माँग करती है। नाटक केवल लिखा नहीं जाता। वह अभिनीत होकर दर्शकों से तादात्म्य स्थापित करने के बाद पूरा होता है। इस दृष्टि से हिंदी नाटक अपने युग की आवश्यकताओं की पूर्ति करते नहीं प्रतीत होते। इस युग में कथनी-करनी के अंतर का जो बोध है उसे प्रकट करने के लिए नाटक सर्वोत्तम विधा है। इसीलिए अन्य साहित्य-विधाओं में नाटकीयता का महत्त्व बढ़ गया है। हिंदी की जातीय नाट्य-परंपरा का थोड़ा-बहुत उत्थान जननाट्य मंच (इप्टा) में दिखलाई पड़ा था। हबीब तनवीर के **आगरा बाज़ार** और **चरनदास चोर** को हिंदी की जातीय नाट्य-परंपरा की आशाप्रद कृतियाँ समझना उचित होगा।

निबंध

निबंध ऐसी गद्य-विधा है, जो विचारपरक और अनुभूतिपरक, दोनों हो सकती है। विचारपरकता उसे शास्त्र की ओर ले जाती है और अनुभूतिपरकता सर्जनात्मक साहित्य की ओर। पं. रामचंद्र शुक्ल के निबंध विचारपरक हैं। वे अपने निबंधों में शास्त्र (काव्यशास्त्र) का निर्माण करते हैं। पं. हजारीप्रसाद द्विवेदी के अधिकांश निबंध सर्जनात्मक साहित्य की कोटि में आते हैं। द्विवेदी जी के निबंधों की चर्चा पिछले क्षेत्रों के निबंधकारों के साथ हो चुकी है। उनके अनेक श्रेष्ठ निबंध स्वातंत्र्योत्तर काल में भी निकले– **नाखून क्यों बढ़ते हैं, आम फिर बौरा गए, ठाकुर की बटोर** आदि। वे अंतिम समय तक निबंध लिखते रहे। **देवदारु** और **कुटज** जैसे निबंध 1960 के बाद लिखे गए। द्विवेदी जी मूलत: सर्जनात्मक या ललित निबंधकार हैं। उनका मन सबसे अधिक इसी विधा में रमा है। अत: उनके निबंधों पर यहाँ भी कुछ चर्चा कर लेना अप्रासंगिक न होगा।

द्विवेदी जी अपने निबंधों में भारत के सांस्कृतिक इतिहास का पुनर्निर्माण करते हैं। उनकी पद्धति आश्चर्यजनक रूप से नृतत्व विज्ञान (ऐंथ्रोपोलॉजी) और भाषा-विज्ञान की आंतरिक निर्माण-पद्धति से मिलती-जुलती है। वे सिक्कों, शिलालेखों, पुस्तकों आदि को ही नहीं, भाषा, रीति-रिवाजों, मिथकों, अंधविश्वासों, रूढ़ियों, यहाँ तक कि बच्चों के खेल का भी इतिहास की

आधारभूत सामग्री के रूप में उपयोग करते हैं। यह अवश्य है कि वे इतिहास को इतने स्थूल रूप में नहीं लेते।

अपने अगाध पांडित्य को बोझ न बनाकर सामान्य मनुष्य की तरह सोच-समझ पाना और अनुभव कर पाना उनकी सबसे बड़ी शक्ति है। वे हर जानकारी, हर अनुभव को सामान्य मनुष्य के व्यापक हित की कसौटी पर कसते हैं। काल-बोध उनके चिंतन की दूसरी विशेषता है, जिसे वे कई बार 'मनुष्य की जय-यात्रा' जैसे प्रयोग से प्रकट करते हैं। काल की निर्बाध-अकुंठ गतिशीलता में सारतत्त्व क्या है–यह उनकी मुख्य चिंता है। द्विवेदी जी वनस्पति, साहित्य, भाषा, इतिहास सबका इतिहास बताते हैं, जिससे उन सबको हम नए ढंग से पहचानने लगते हैं। द्विवेदी जी प्राचीन साहित्य और संस्कृति के पंडित हैं, फिर भी उनकी शैली बहुत सहज, अनौपचारिक और आत्मीय है। वे तद्भव ही नहीं, ठेठ क्षेत्रीय शब्दों का प्रयोग भी धड़ल्ले से करते हैं।

अज्ञेय के अनेक निबंध-संग्रह प्रकाशित हुए हैं। 'कुट्टिचातन' उपनाम से उनके व्यक्तिपरक निबंध छपे हैं। अज्ञेय ने साहित्य, कला-संस्कृति जैसे विषयों पर गंभीर निबंध भी लिखे। निबंधों में उनका चिंतक रूप उभरा है। **आत्मनेपद** और **भवंती** उनके प्रतिनिधि निबंध-संग्रह हैं। जैनेंद्र ने इस प्रकार के गंभीर चिंतनपरक निबंध अज्ञेय से पहले लिखे थे। जैनेंद्र जी बाद में भी निबंध लिखते रहे।

रामवृक्ष बेनीपुरी और भदंत आनंद 'कौसल्यायन' ने निबंध साहित्य की श्रीवृद्धि की। बेनीपुरी जी सामाजिक उत्पीड़न से विक्षुब्ध होने वाले लेखक हैं, किंतु उनके निबंध भाव-प्रवण होते हैं, जबकि 'कौसल्यायन' उन्हीं समस्याओं को तर्कपूर्ण और सीधे-सादे, किंतु प्रभावशाली ढंग से प्रस्तुत करते हैं। गुलाबराय, दिनकर, नगेंद्र, विनयमोहन शर्मा, विजयेंद्र स्नातक ने अधिकांशतः साहित्यिक निबंध लिखे। इंद्रनाथ मदान ने व्यक्तिपरक निबंध लिखे।

इस युग के निबंधकारों में हरिशंकर परसाई ने व्यंग्यपरक निबंधों को अपूर्व प्रतिष्ठा दी। उनके निबंधों के विषय प्रायः राजनीतिक-सामाजिक होते हैं। व्यंग्य-निबंधों में इतनी पैनी राजनीतिक सूझ-बूझ का परिचय हिंदी में दुर्लभ था। उनके व्यंग्य-निबंधों में व्यंग्य का साहित्यिक प्रतिमान स्थापित हुआ। व्यंग्य भी गंभीर साहित्यिक विधा में गणनीय हुआ। वस्तुतः स्वातंत्र्योत्तर भारत की मानसिकता यदि कहीं निबंधों में व्यक्त हुई है, तो परसाई के निबंधों में। आचार्य नरेंद्र देव, डॉ. राममनोहर लोहिया, डॉ. संपूर्णानंद, राहुल सांकृत्यायन आदि के अधिकांश निबंध सांस्कृतिक विषयों पर हैं, जब कि डॉ. रामविलास शर्मा के राजनीतिक

या संस्मरणात्मक। क्रांतिकारियों के जीवन से संबंधित संस्मरण लिखने के लिए पं. बनारसीदास चतुर्वेदी दीर्घकाल तक हिंदी पाठकों द्वारा कृतज्ञतापूर्वक स्मरण किए जाएँगे। पत्रकार की भाषा कितनी सटीक, चुस्त हो सकती है, यह चतुर्वेदी जी के निबंधों की भाषा-शैली से जाना जा सकता है। डॉ. नामवर सिंह के व्यंग्यपरक निबंधों का एक संकलन **बकलमखुद** के नाम से प्रकाशित हुआ। धर्मवीर भारती का फुटकर निबंध-संग्रह **ठेले पर हिमालय** शीर्षक से छपा।

पं. विद्यानिवास मिश्र, विवेकी राय और कुबेरनाथ राय के निबंध सांस्कृतिक विषयों पर होते हैं। मिश्र जी भारतीय परंपरा के अच्छे जानकार हैं। कुबेरनाथ राय और विवेकी राय के निबंधों में लोक-जीवन की ताजगी मिलती है और उसका आकर्षण भी।

समालोचना

स्वातंत्र्योत्तर हिंदी आलोचना के क्षेत्र में अधिकांश पूर्वोल्लिखित शुक्लोत्तर समालोचक सक्रिय रहे। पं. नंददुलारे वाजपेयी ने जो कुछ लिखा वह आधुनिक साहित्य के विषय में है। डॉ. नगेंद्र ने रस-सिद्धांत पर काम किया। पं. हजारीप्रसाद द्विवेदी ने कालिदास काव्य की लालित्य-मीमांसा (**कालिदास की लालित्य-योजना**) करते हुए काव्य-रचना के विषय में कुछ मौलिक प्रश्नों की ओर ध्यान आकृष्ट किया। इन आलोचकों का प्रभाव तो स्वातंत्र्योत्तर हिंदी आलोचना पर है, किंतु इनके अधिकांश महत्त्वपूर्ण समालोचना ग्रंथ 1947 के पूर्व निकल चुके थे। व्यावहारिक आलोचना ये पहले कर चुके थे। इस काल-खंड में इन्होंने सिद्धांत-निर्माण का काम ज्यादा किया। पं. नंददुलारे वाजपेयी का **हिंदी साहित्यः बीसवीं शताब्दी**, पं. हजारीप्रसाद द्विवेदी का **कबीर** और डॉ. नगेंद्र के **सुमित्रानंदन पंत** और **साकेतः एक अध्ययन** 1947 के पूर्व ही प्रकाशित हो चुके थे।

इन आलोचकों की प्रारंभिक समालोचना शुक्ल जी से टकराकर हुई थी। वाजपेयी जी और डॉ. नगेंद्र ने उनके छायावाद संबंधी विचारों की आलोचना की थी। द्विवेदी जी ने कबीर का मूल्यांकन शुक्ल जी से भिन्न प्रकार का किया और भक्ति आंदोलन के प्रादुर्भाव के कारणों के विषय में भी असहमति प्रकट की। वाजपेयी जी ने 1947 के बाद अधिकांश फुटकल साहित्यिक निबंध लिखे। डॉ. नगेंद्र ने आधुनिक साहित्य पर समीक्षात्मक निबंध लिखे। किसी एक कवि या ग्रंथ पर उनकी कोई पूरी पुस्तक नहीं आई। देव पर उनका शोधग्रंथ अवश्य प्रकाशित हुआ। रस-सिद्धांत की उन्होंने जीवनवादी व्याख्या की, पाश्चात्य एवं

भारतीय काव्यशास्त्र के सिद्धांतों का तुलनात्मक अध्ययन किया, अनेक ग्रंथों का संकलन किया। उनका ध्यान नए-नए आलोचना सिद्धांतों पर लगातार जाता रहा, जैसे बाद में नए समीक्षा साहित्य का समाजशास्त्रीय अध्ययन और शैली-विज्ञान पर भी उनकी किताबें आईं।

हजारीप्रसाद द्विवेदी ठेठ आलोचक नहीं हैं। उनकी समीक्षा आलोचना का अनुशासन स्वीकार नहीं करती। आलोचना लिखते समय भी उनकी शैली ललित निबंधकार की ही होती है। वे रचनापूर्व बाह्यांतर कारणों एवं स्थितियों पर विचार ज्यादा करते हैं। रचनाकार का वास्तविक आशय क्या है, इस पर बहुत ध्यान देते हैं। इसके लिए वे प्रयुक्त शब्दों के अर्थ के ऐतिहासिक अध्ययन में प्रवृत्त होते हैं। इस प्रक्रिया से वे आलोचना के अनुशासन में न भी बँधें तो भी अर्थ का विस्तार करते हैं, जो कि आलोचना का वास्तविक क्षेत्र है। इसीलिए द्विवेदी जी आलोचना शास्त्र का अनुसरण न करके भी श्रेष्ठ आलोचकों में गिने जाते हैं। **मेघदूतः एक कहानी** इसीलिए आलोचना की पुस्तक के रूप में भी उपादेय है। **कालिदास की लालित्य-योजना** में उन्होंने कालिदास द्वारा प्रयुक्त अनेक शब्दों की व्याख्या की। द्विवेदी जी की व्याख्या ऐसी होती है कि उससे काव्यार्थ की पहचान हो जाती है। अंतिम दिनों में द्विवेदी जी का ध्यान विभिन्न कलाओं के विकास के संदर्भ में कविता के उद्भव और विकास की ओर गया था। इसे समझाने के लिए उन्होंने मिथक, नृतत्व विज्ञान आदि का गंभीर अध्ययन करके कुछ निबंध लिखे, जिनका उपयोग **कालिदास की लालित्य-योजना** में हो गया है।

स्वातंत्र्योत्तर हिंदी आलोचना का विकास प्रधानतः प्रगतिशील और व्यक्तिवादी आलोचना के द्वंद्व से हुआ है। प्रगतिशील आलोचना समाजवादी विचारधारा को लेकर चलती है। व्यक्तिवादी आलोचकों ने बहुत कुछ रूपवादी रुख अपनाया। इनका आग्रह इस रूप में भी प्रकट हुआ कि कृति की विशिष्टता को ध्यान में रखकर उसकी समीक्षा की जानी चाहिए। सभी प्रकार की विचारधारा से परहेज और यथासंभव रचना से उसे दूर रखने का भी आग्रह व्यक्तिवादी आलोचना करती है। इस प्रकार की आलोचना अज्ञेय, लक्ष्मीकांत वर्मा, विजयदेवनारायण साही, धर्मवीर भारती आदि के लेखों में मिलती है। इनमें से लक्ष्मीकांत वर्मा ने **नई कविता के प्रतिमान** नामक पुस्तक लिखी जिसमें 'नई कविता' की प्रवृत्तियों को रेखांकित करने का प्रयास है। उनके अनुसार 'लघु मानव' को काव्य का विषय बनाना और कविता को राजनीतिक वादों से बचाए रखना, नई कविता का प्रधान लक्षण है। अज्ञेय ने रचना की निजता, स्वायत्तता और बाहरी अतिवादों से

साहित्य को बचाए रखने पर जोर दिया। अज्ञेय ने रचनात्मक भाषा-शैली के प्रवाह-पतित होकर फैशन या रीति बन जाने को रचनात्मकता के लिए हानिकर बताया। धर्मवीर भारती ने अपनी पुस्तक **मानव मूल्य और साहित्य** में प्रगतिवादी रचना-दृष्टि का विरोध किया। साही की आलोचना-दृष्टि इतिहास निरपेक्ष नहीं है। वे हिंदी साहित्य की परंपराओं का महत्त्व समझते हैं। समीक्षा करते समय उनका ध्यान लोक-जीवन और साहित्य पर भी रहता है। उन्होंने **लघु मानव के बहाने हिंदी कविता पर एक बहस**, **शमशेर की कविताओं की बनावट** आदि विचारोत्तेजक आलोचनात्मक निबंध लिखे, जिनकी गूँज बहुत देर तक बनी रही। उनकी मृत्यु(1983) के उपरांत जायसी पर उनका समीक्षात्मक ग्रंथ **जायसी** प्रकाशित हुआ जो काफ़ी चर्चित हुआ। इसमें साही ने जायसी को शुद्ध कवि के रूप में प्रतिष्ठित करने की कोशिश की है। यह समीक्षा-पुस्तक सृजनात्मक समीक्षा का एक बेहतरीन उदाहरण है।

प्रगतिशील आलोचकों में शिवदान सिंह चौहान, प्रकाश चंद्र गुप्त, डॉ. रामविलास शर्मा, चंद्रबली सिंह, डॉ. नामवर सिंह प्रमुख हैं। शिवदान सिंह चौहान और प्रकाश चंद्र गुप्त ने प्रगतिवादी दृष्टि से अनेक रचनाकारों, कृतियों और जनवादी समस्याओं पर फुटकल निबंध लिखे। इनकी भूमिका लेखकों और पाठकों को मार्क्सवादी चिंतन से परिचित कराना या उन्हें प्रेरित करना है। प्रारंभ में प्रगतिशील आलोचना परंपरा का विरोध करने में संयम कम बरतती थी। रामविलास शर्मा ने परंपरा का उचित मूल्यांकन करके प्रगतिशील समीक्षा को हिंदी की जातीय साहित्यिक परंपरा से जोड़ा। उन्होंने भारतेंदु हरिश्चंद्र, प्रेमचंद, निराला, रामचंद्र शुक्ल, आचार्य महावीरप्रसाद द्विवेदी पर परिश्रमपूर्वक गंभीर पुस्तकें लिखकर प्रगतिवादी आलोचना को प्रतिष्ठित किया। निराला पर पहला लेख उन्होंने 1934 में लिखा था। तबसे लगभग चालीस वर्षों तक वे साहित्य का अध्ययन-मनन करते रहे। इसका परिणाम **निराला की साहित्य-साधना** के तीन खंड हैं। डॉ. शर्मा ने निराला के व्यक्तित्व और साहित्य में अंतस्संबंधता एवं अन्योन्याश्रय संबंध देखा है। **निराला की साहित्य-साधना**(खंड 2) में निराला-साहित्य की समालोचना है। डॉ. शर्मा ने निराला के काव्य की समालोचना स्थापत्य को ध्यान में रखकर की है, जिसमें शब्द और अर्थ की विविधरूपता को एक भवन के आकार की तरह देखा जाता है। निराला की कविताओं को दुरूह समझा जाता रहा है। इसके लिए उनका उपहास भी किया जाता था। डॉ. शर्मा ने उनकी कविताओं में निराला का विश्व-बोध, तार्किकता, अर्थ-संगति

खोजी, उन्हें 'अन्यतम मानवीय करुणा' और 'वयस्क शृंगार' का कवि बताया। निराला के कला-पक्ष की विवेचना करते हुए डॉ. शर्मा ने आधुनिक समीक्षा के क्षेत्र में प्रचलित प्रायः सभी आलोचना पद्धतियों का उपयोग किया है। उन्होंने हिंदी आलोचना को अनुचित रूपवादी आग्रह और वस्तुवादी एकांगिता से बचाकर उसकी समर्थ परंपरा का विकास किया।

डॉ. रामविलास शर्मा के आग्रहों और निष्कर्षों से सर्वत्र सहमत होना असंभव है। पंत, मुक्तिबोध, राहुल सांकृत्यायन, यशपाल, पं. हजारीप्रसाद द्विवेदी पर जो उन्होंने लिखा है, वह उनकी आलोचना का दुर्बल एवं एकाकी पक्ष है।

डॉ. नामवर सिंह मध्यकालीन और आधुनिक साहित्य के मर्मज्ञ विद्वान हैं। हिंदी के समकालीन लेखन को वे सर्वाधिक प्रभावित करने वाले समालोचक हैं। अनेक भाषाओं के साहित्य पर उनकी निगाह रहती है, जिससे उनका साहित्य-चिंतन पुष्ट होता रहता है। डॉ. नामवर सिंह ने समय-समय पर समसामयिक साहित्य की अनेक समस्याओं पर विचार करते हुए अनेक लेखों के अतिरिक्त **छायावाद**, **कहानीः नई कहानी**, **कविता के नये प्रतिमान** और **दूसरी परंपरा की खोज** नामक पुस्तकें लिखी हैं। अंतिम पुस्तक आचार्य हजारीप्रसाद द्विवेदी के इतिहास-लेखन पर है। इसके अतिरिक्त उनके लेखों का एक संकलन **इतिहास और आलोचना** नाम से पहले प्रकाशित हो चुका है।

छायावाद में डॉ. नामवर सिंह ने छायावाद को अनेक प्रवृत्तियों का समुच्चय कहा, जिसमें राष्ट्रीय जागरण की भावना केंद्र में थी। इस पुस्तक में उन्होंने छायावाद के भाव और कलापक्ष की विविध प्रवृत्तियों का विवेचन करके छायावाद के ऐतिहासिक महत्त्व एवं काव्योत्कर्ष की व्याख्या की।

कहानीः नई कहानी का महत्त्व इस बात में है कि इस पुस्तक के द्वारा हिंदी में कहानी-आलोचना की गंभीर परंपरा प्रारंभ हुई। हिंदी आलोचना इसके पूर्व प्रधानतः कविता की आलोचना थी। उपन्यास की तो थोड़ी-बहुत समालोचना हुई भी थी, किंतु कहानी की गंभीर आलोचना नहीं के बराबर थी। इसके द्वारा 'नई कहानी आंदोलन' प्रतिष्ठित और परिभाषित हुआ। इसमें नई कहानी और पुरानी कहानी का अंतर बताया गया और प्रमुख हिंदी कहानियों की विवेचना-व्याख्या की गई।

कविता के नये प्रतिमान में भी नामवर सिंह वस्तुतः नई कविता की ही विवेचना करते हैं। इसमें कविता का विश्लेषण करने में सहायक विभिन्न महत्त्वपूर्ण उपकरणों की व्याख्या नई कविता की व्यावहारिक आलोचना की प्रक्रिया में की गई है। कविता की परिभाषा, रस, अनुभूति की प्रामाणिकता,

व्यंग्य, जटिलता और तनाव, प्रतीक, बिंब आदि को समकालीन बोध एवं हिंदी की समकालीन कविता के संदर्भ में समझाया गया है। **उर्वशी** पर हुए विवाद को मुद्दा बनाकर नए और पुराने बोध का अंतर स्पष्ट करने का प्रयास किया गया है और अंत में मुक्तिबोध की प्रसिद्ध कविता **अंधेरे में** की व्याख्या करके मानो इस पुस्तक के प्रस्तावित प्रतिमानों को परीक्षित कर लिया गया है।

मुक्तिबोध प्रधानतः कवि थे। किंतु उन्होंने आलोचना के क्षेत्र में भी काम किया। **कामायनीः एक पुनर्विचार** में उन्होंने **कामायनी** को वृहत् फैंटेसी कहा और मनु को ध्वस्त होती हुई सामंती व्यवस्था का प्रतीक। कहने की आवश्यकता नहीं कि उनकी यह आलोचना कृति विचारोत्तेजक थी, किंतु अब वह मान्य हो चली है। मुक्तिबोध ने पंत, त्रिलोचन, शमशेर, दिनकर की **उर्वशी** आदि पर मौलिक विचार प्रस्तुत करके अपनी आलोचनात्मक प्रतिभा का परिचय दिया। रचना-प्रक्रिया संबंधी उनके विचार उनके सूक्ष्म काव्य-चिंतन का परिचय देते हैं।

चंद्रबली सिंह प्रतिभाशाली प्रगतिवादी आलोचक हैं, जिनके निबंध **लोक दृष्टि और साहित्य** में संकलित हैं। डॉ. शिवकुमार मिश्र, डॉ. रमेश कुंतल मेघ, श्री सुरेंद्र चौधरी आदि अन्य उल्लेखनीय प्रगतिशील आलोचक हैं।

डॉ. देवराज और डॉ. रामस्वरूप चतुर्वेदी किसी विचारधारा या साहित्यिक सिद्धांत से प्रतिबद्ध आलोचक नहीं हैं। उनकी आलोचना में एक प्रकार का खुलापन हैं। डॉ. देवराज दर्शन के अध्यापक हैं। उनकी आलोचना का स्तर गंभीर होता है और निष्कर्ष स्पष्ट। उन्होंने **छायावाद का पतन** लिखकर ख्याति प्राप्त की। वे विदेशी साहित्य के भी ज्ञाता हैं। इसीलिए वे देशी रचनाकारों की तुलना प्रायः विदेशी रचनाकारों से कर देते हैं।

डॉ. रामस्वरूप चतुर्वेदी समीक्षा में भाषा-प्रयोग की विवेचना को महत्त्वपूर्ण मानते हैं। वे उन आलोचकों में हैं, जो साहित्य की परीक्षा के लिए भाषा को सर्वाधिक विश्वसनीय साधन मानते हैं।

डॉ. रामस्वरूप चतुर्वेदी की पुस्तक **हिंदी साहित्य और संवेदना का विकास** लेखक के ही शब्दों में "भाषा और साहित्य के साथ-साथ, तथा उसके माध्यम से, हिंदी भाषी जाति के जीवन-मूल्यों के विकास को भी रेखांकित करने का उपक्रम" है। यहाँ "हिंदी साहित्य के साथ हिंदी संवेदना का इतिहास भी होने का यत्न" हुआ है।

इधर हिंदी आलोचना पर शैली-विज्ञान और संरचनावाद का प्रभाव पड़ा। वस्तुतः शैली-विज्ञान या संरचनात्मक विश्लेषण समालोचना के उपकरण हैं,

समालोचना नहीं। इन दोनों विषयों पर डॉ. रवींद्रनाथ श्रीवास्तव ने प्रचुर जानकारी देने वाली पुस्तकें लिखी हैं। **आलोचना** पत्रिका के माध्यम से अनेक नए लेखक आलोचना कार्य में हाथ बँटा रहे हैं। सुरेंद्र चौधरी, धनंजय, मैनेजर पांडे, नित्यानंद तिवारी, खगेंद्र ठाकुर, परमानंद श्रीवास्तव, निर्मला जैन, नंदकिशोर 'नवल' आदि हमारे समय के उल्लेखनीय आलोचक हैं।

साहित्यिक पत्र-पत्रिकाएँ

साहित्यिक पत्र-पत्रिकाएँ साहित्य का मंच हैं। उनमें साहित्य के विविध रूप ही नहीं, आंतरिक विवाद, प्रेरणा, पाठक वर्ग की प्रतिक्रिया अर्थात् समूचा साहित्य एवं साहित्यकार-संसार होता है। जो साहित्य पुस्तक-रूप में नहीं आ पाता, वह भी अपने मूलरूप में पत्रिकाओं में मिल जाता है। इसीलिए उनके संरक्षण की आवश्यकता अनुभव की जाती है। हिंदी के विविध आंदोलन और साहित्यिक प्रवृत्तियों को उद्‌भूत एवं सक्रिय करने में पत्रिकाओं की अग्रणी भूमिका रही है। **हरिश्चंद्र पत्रिका**, **कविवचन सुधा**, **सरस्वती**, **माधुरी**, **सुधा**, **हिंदी प्रदीप**, **मतवाला**, **विशाल भारत**, **हंस**, **रूपाभ** आदि का नाम एक-एक साहित्यिक प्रवृत्ति और युग से जुड़ा है। हिंदी साहित्य की सर्जना और बोध की प्रक्रिया इन पत्रिकाओं के माध्यम से ही संचालित और अभिव्यक्त हुई।

स्वातंत्र्योत्तर भारत में **हंस**, **प्रतीक**, **कल्पना**, **वसुधा**, **नई कविता**, **ज्ञानोदय** आदि पत्रिकाओं ने साहित्य को विकसित एवं प्रचारित करने में महत्त्वपूर्ण भूमिका निभाई। इन पत्रिकाओं में **कहानी** और **नई कहानियाँ** विशेष उल्लेखनीय हैं। स्वातंत्र्योत्तर भारत की साहित्यिक पत्रिकाओं के संपादन के क्षेत्र में पं. महावीरप्रसाद द्विवेदी जैसी परंपरा का पालन यदि किसी साहित्यकार ने किया है, तो श्री भैरवप्रसाद गुप्त ने। उन्होंने **कहानी** एवं **नई कहानियाँ** के माध्यम से हिंदी कहानी के विकास में ऐतिहासिक योगदान किया है।

कालांतर में हिंदी में लघु पत्रिकाओं का आंदोलन चला। उसका कारण यह था कि हिंदी पत्रकारिता भी पूँजीपतियों के कब्जे में आ गई। लघु पत्रिकाएँ प्रायः प्रगतिशील साहित्यकारों ने निकाली। यदि लघु पत्रिका कोई पत्रकारिता आंदोलन था, तो इसके प्रवर्तन का श्रेय श्री विष्णुचंद्र शर्मा को मिलना चाहिए। उन्होंने **कवि** नामक पत्रिका 1958 में काशी से प्रकाशित-संपादित की। इसका साहित्यिक स्तर ऊँचा था। **दस्तावेज**, **वाम**, **पहल**, **अब**, **उत्तरशती**, **उत्तरार्ध**, **गीत** और **कथन** कुछ अन्य चर्चित पत्रिकाएँ हैं।

1968 से **आलोचना** नामक प्रसिद्ध समीक्षा पत्रिका डॉ. नामवर सिंह के संपादन में फिर से प्रकाशित होने लगी। इसके प्रथम संपादक श्री शिवदान सिंह चौहान थे। समीक्षा की ही एक अन्य पत्रिका **समालोचक** डॉ. रामविलास शर्मा के संपादन में आगरा से कुछ दिनों तक निकलती रही। श्री नेमिचंद्र जैन ने **नटरंग** नामक नाट्य पत्रिका का संपादन किया।

सरकार भी साहित्य को प्रोत्साहन देने और उसका प्रचार करने के उद्देश्य से कुछ साहित्यिक पत्रिकाएँ निकाल रही है। इनमें **आजकल** प्रमुख है। मध्य प्रदेश सरकार सांस्कृतिक गतिविधियों के क्षेत्र में इधर सक्रिय हुई है। भोपाल से **पूर्वग्रह** और **साक्षात्कार** नामक स्तरीय पत्रिकाएँ प्रकाशित हो रही हैं। साहित्य अकादमी की ओर से सभी भारतीय भाषाओं के साहित्य को हिंदी में प्रस्तुत करने वाली **समकालीन भारतीय साहित्य** प्रकाशित हो रही है। हिंदी साहित्य सम्मेलन से **सम्मेलन-पत्रिका** और नागरीप्रचारिणी सभा की ओर से **नागरीप्रचारिणी पत्रिका** भी अपना काम कर रही है।

अन्य गद्य विधाएँ

रिपोर्ताज

द्वितीय विश्वयुद्ध के दौरान रांगेय राघव ने अकाल-पीड़ित बंगाल का दौरा करके **तूफ़ानों के बीच** नामक रिपोर्ताज लिखा। काव्य-रूप की दृष्टि से इसे कहानी विधा का विस्तार कह सकते हैं। वस्तुत: यह विधा अखबार की रपट के बहुत नजदीक है। इसका उद्‌भव भी द्वितीय विश्वयुद्ध के दौरान साहसी पत्रकारों की रपटों से हुआ। इसी विधा में अमृतराय की **लाल धरती** और भगवतशरण उपाध्याय की पुस्तक **इतिहास के पन्नों पर खून के धब्बे** की भी गणना हो सकती है। नरोत्तम नागर, रामशरण शर्मा 'मुंशी' आदि ने अनेक सफल रिपोर्ताज लिखे हैं। अश्क ने **पहाड़ों में प्रेममय संगीत**, भदंत आनंद कौसल्यायन ने **देश की मिट्टी बोलती है**, शमशेर बहादुर सिंह ने **प्लाट का मोर्चा** और बंगला देश के स्वतंत्रता-युद्ध के दौरान विष्णुकांत शास्त्री ने युद्ध संबंधी रिपोर्ताज लिखे। इसी युद्ध पर धर्मवीर भारती के रिपोर्ताजों का संग्रह **ब्रह्मपुत्र के मोर्चे से** भी प्रकाशित-चर्चित हुआ। आजकल रेडियो, दूरदर्शन से अनेक ऐसे कार्यक्रम प्रसारित होते हैं, जिन्हें रिपोर्ताज कह सकते हैं। **ऋणजल धनजल** फणीश्वरनाथ 'रेणु' के संस्मरणात्मक रिपोर्ताजों का संकलन है।

आत्मकथा

हिंदी में अकबर कालीन जैन कवि बनारसीदास ने ही **अर्द्ध कथानक** नाम से आत्मकथा लिखी थी। आधुनिक हिंदी साहित्य में आत्मकथा सबसे पहले डॉ. श्यामसुंदर दास ने लिखी। गांधी जी ने अपनी आत्मकथा **सत्य के प्रयोग** मूलत: गुजराती में और नेहरू जी ने **मेरी कहानी** मूलत: अंग्रेज़ी में लिखी थी। डॉ. राजेंद्र प्रसाद ने अपनी आत्मकथा हिंदी में लिखी। बच्चन ने अपनी आत्मकथा **क्या भूलूँ क्या याद करूँ**, **नीड़ का निर्माण फिर**, **बसेरे से दूर** और **प्रवासी की डायरी** नाम से चार खंडों में लिखी। राहुल सांकृत्यायन ने **मेरी जीवन-यात्रा** नाम से तीन खंडों में आत्मकथा लिखी। यशपाल के **सिंहावलोकन** को भी आत्मकथा की ही कोटि में रखा जाएगा। सेठ गोविंददास की **आत्मकथा** भी उल्लेखनीय है। रामविलास शर्मा की आत्मकथा दो खंडों में **अपनी धरती अपने लोग** हाल ही में प्रकाशित हुई है।

जीवनी

आधुनिक साहित्य में भारतेंदु की जीवनी ब्रजरत्नदास ने लिखी। फिर प्राचीन महापुरुषों और प्रेरणाप्रद व्यक्तियों की अनेक जीवनियाँ लिखी गईं। स्वतंत्रता के उपरांत जो उल्लेखनीय जीवनी-साहित्य हिंदी में लिखा गया उसमें चंद्रशेखर शुक्ल का **रामचंद्र शुक्ल**, डॉ. रामविलास शर्मा का **निराला की साहित्य साधना** (3 खंड), अमृतराय का **कलम का सिपाही**, विष्णु प्रभाकर का शरतचंद्र की जीवनी **आवारा मसीहा**, विष्णुचंद्र शर्मा द्वारा लिखित **मुक्तिबोध की जीवनी** (मुक्तिबोध की आत्मकथा) प्रसिद्ध हैं।

पत्र-साहित्य

पत्र-साहित्य गद्य-विधा के अंतर्गत रखा जाता है। साहित्यकारों के पत्र संग्रहणीय होते हैं क्योंकि वे कलात्मक, मार्मिक और प्रेरक होते हैं। बालमुकुंद गुप्त का **शिवशंभु के चिट्ठे** काल्पनिक पत्रों का संग्रह है, जिसमें लेखक ने समकालीन स्थितियों पर अपनी प्रतिक्रियाएँ व्यक्त की हैं। पं. हजारीप्रसाद द्विवेदी के पत्र चर्चित हुए हैं। रामविलास शर्मा का **मित्र संवाद** और नेमिचंद जैन का **पाया पत्र तुम्हारा** पत्र-साहित्य के रूप में चर्चित हुए हैं।

ज्ञान का साहित्य

स्वाधीन भारत में हिंदी में ज्ञान-विज्ञान के साहित्य का विकास हो रहा है। आचार्य महावीरप्रसाद द्विवेदी ने **सरस्वती** के माध्यम से यह काम 1900 के आसपास ही प्रारंभ कर दिया था। इस युग में राहुल सांकृत्यायन, आचार्य नरेंद्र देव, डॉ. रामविलास शर्मा, डॉ. भरत सिंह उपाध्याय, जयंत विष्णु नार्लीकर, गुणाकर मुले आदि ने विशेष कार्य किए हैं। आचार्य नरेंद्र देव और डॉ. लोहिया ने प्राचीन भारतीय साहित्य और संस्कृति पर, डॉ. रामविलास शर्मा ने भारतीय भाषाओं, मार्क्सवाद और भारतीय राजनीति पर और डॉ. भरत सिंह उपाध्याय ने बुद्धकालीन भारतीय भूगोल पर और जयंत विष्णु नार्लीकर ने वैज्ञानिक विषयों पर अत्यंत परिश्रमपूर्वक अनुसंधान किया। राहुल जी का इस क्षेत्र में सर्वाधिक योगदान रहा! उन्होंने मध्य एशिया, नेपाल, और तिब्बत का इतिहास लिखा। विज्ञान और भारतीय भाषाओं के क्षेत्र में भी उनका महत्त्वपूर्ण योगदान है। पं. किशोरीदास वाजपेयी का **हिंदी शब्दानुशासन** इस दृष्टि से विशेष उल्लेखनीय है। इस क्षेत्र में अनेक सरकारी, अर्ध-सरकारी संस्थाएँ भी कार्यरत हैं। नागरीप्रचारिणी सभा (काशी), हिंदी साहित्य सम्मेलन (प्रयाग), विज्ञान परिषद (प्रयाग), बिहार राष्ट्रभाषा परिषद आदि ने इस क्षेत्र में सराहनीय कार्य किया है। प्रायः सभी मंत्रालयों में हिंदी एकांश स्थापित हैं, जो सरकारी कामकाज का हिंदी अनुवाद करते हैं। केंद्र में भी अनुवाद ब्यूरो स्थापित है। हिंदी समिति (उत्तर प्रदेश) ने ज्ञान-विज्ञान से संबद्ध अनेक महत्त्वपूर्ण पुस्तकों का हिंदी में अनुवाद कराया है।

इस क्षेत्र में महत्त्वपूर्ण कार्य नागरीप्रचारिणी सभा, काशी द्वारा प्रकाशित **हिंदी विश्वकोश** है। ज्ञानमंडल, बनारस द्वारा दो खंडों में प्रकाशित **साहित्यकोश** साहित्य के अध्येताओं के लिए एक दुर्लभ संदर्भ-ग्रंथ है। इसके प्रधान संपादक धीरेंद्र वर्मा थे।

1996 में **समांतर कोश** (हिंदी थिसारस) का प्रकाशन एक उल्लेखनीय घटना है। अरविंद कुमार ने इसे वर्षों के परिश्रम के बाद तैयार किया है। उनके शब्दों में– "किसी भी भाषा के उपयोक्ताओं के हाथों में थिसारस या समांतर कोश एक शक्तिशाली उपकरण होता है। यह न केवल उनकी शब्द-संपदा को कई गुना बढ़ा देता है, बल्कि अभिव्यक्ति की राह में आने वाली अनेक कठिनाइयों को दूर कर देता है। यह उनके सामने अनेक विकल्प रखकर उन्हें शब्दों के चयन की विवेक शक्ति देता है, ताकि वे अपनी बात कहने के लिए प्रभावशाली, सटीक और सही शब्द चुन सकें।"

रेखाचित्र, संस्मरण

रेखाचित्र और संस्मरण भी आधुनिक गद्य-विधाएँ हैं। रेखचित्र को 'शब्द-चित्र' भी कहा जाता है। हिंदी रेखाचित्र साहित्य में महादेवी वर्मा का नाम सर्वप्रथम उल्लेखनीय है। 1947 में **स्मृति की रेखाएँ** प्रकाशित हुआ जो संस्मरण और रेखाचित्र, दोनों है। इसके पूर्व 1941 में उनका **अतीत के चलचित्र** प्रकाशित हो चुका था। महादेवी जी ने उपेक्षित एवं शोषित व्यक्तियों को इन संस्मरणात्मक रेखाचित्रों में अपार ममता दी है। इनसे महादेवी जी का भी अंतरंग व्यक्तित्व उजागर होता है। रामवृक्ष बेनीपुरी की **माटी की मूरतें** भी रेखाचित्रों के संकलन के रूप में चर्चित हुई। शिवपूजन सहाय का संस्मरण संकलन, **वे दिन वे लोग** 1965 में प्रकाशित हुआ। उपेन्द्र नाथ अश्क ने मंटो संबंधी संस्मरण **मंटो मेरा दुश्मन** 1957 के आसपास प्रकाशित कराया। संस्मरण लिखनेवालों में प्रसिद्ध पत्रकार पं. बनारसीदास चतुर्वेदी का स्थान अत्यंत महत्त्वपूर्ण है। उन्होंने स्वतंत्रता आंदोलन के शहीदों, नेताओं एवं साहित्यकारों पर प्रेरक संस्मरण लिखे। शिवरानी देवी लिखित **प्रेमचंदः घर में** संस्मरण साहित्य की अनूठी कृति मानी जाती है। विष्णुचंद्र शर्मा ने **इन लोगों के मध्य** नाम से एक संस्मरणात्मक पुस्तक लिखी। श्री रायकृष्ण दास ने भारतेंदु से संबंधित अनेक दुर्लभ संस्मरण लिखकर प्रकाशित कराए। काशीनाथ सिंह ने **काशी का अस्सी**, रवींद्र कालिया ने **गालिब छुटी शराब** और कांति कुमार जैन ने **तुम्हारा परसाई** नाम से अच्छे संस्मरण-ग्रंथ लिखे।

यात्रा-वृत्तांत

इस युग में लेखकों ने सुंदर यात्रा-वृत्तांत लिखे। आधुनिक युग में इसका भी प्रवर्तन भारतेंदु ने किया था। प्रमुख यात्रा-वृत्तांत लेखक और उनकी कृतियाँ इस प्रकार हैं– राहुल सांकृत्यायन (**घुमक्कड़ शास्त्र**, **मेरी चीन यात्रा**, **किन्नर देश में** आदि), भगवत शरण उपाध्याय (**वो दुनिया**, **सागर की लहरों पर**), अज्ञेय (**अरे यायावर रहेगा याद**, **एक बूँद सहसा उछली**), यशपाल (**लोहे की दीवार के दोनों ओर**, **स्वर्गोद्यान बिना साँप**), रामवृक्ष बेनीपुरी (**पैरों में पंख बाँधकर**), धर्मवीर भारती (**ठेले पर हिमालय**) और प्रभाकर द्विवेदी (**पार उतरि कहँ जइहौ**, **धूप में सोई नदी**)। अभी हाल में अमृतलाल बेगड़ का **सौंदर्य की नदी नर्मदा** प्रकाशित हुआ है। कृष्णनाथ ने भी पठनीय यात्रा-वृत्तांत (**लद्दाख में राग-विराग**, **स्पीति में बारिश**) लिखे हैं।

सहायक ग्रंथ

1. **हिंदी साहित्य का इतिहास**– पं. रामचंद्र शुक्ल, नागरी प्रचारिणी सभा, वाराणसी।
2. **हिंदी साहित्यः उद्‌भव और विकास**– पं. हजारीप्रसाद द्विवेदी, राजकमल प्रकाशन, दिल्ली।
3. **हिंदी साहित्य का इतिहास**– *सं.* डॉ. नगेंद्र, मयूर पेपरबैक्स, दिल्ली।
4. **हिंदी साहित्य और संवेदना का विकास**– डॉ. रामस्वरूप चतुर्वेदी, लोक भारती, इलाहाबाद।
5. **हिंदी साहित्य का दूसरा इतिहास**– डॉ. बच्चन सिंह, राधाकृष्ण प्रकाशन, दिल्ली।
6. **हिंदी साहित्य का आलोचनात्मक इतिहास**– डॉ. रामकुमार वर्मा, रामनारायण लाल बुकसेलर्स एंड पब्लिशर्स, इलाहाबाद।
7. **हिंदी साहित्य की आधुनिक प्रवृत्तियाँ**– डॉ. नामवर सिंह, राजकमल प्रकाशन, दिल्ली।